“十二五”职业教育国家规划教材
经全国职业教育教材审定委员会审定

钢筋混凝土工程施工

主　编　张亚英　甄进平
副主编　宋桂荣　曹　忠　王　博
参　编　祝新华　李春祥　马开宇
　　　　魏　平　辛金刚

U0875451

机械工业出版社
CHINA MACHINE PRESS

本书为“十二五”职业教育国家规划教材，经全国职业教育教材审定委员会审定。全书根据教育部高等职业教育改革精神，结合新颁布的国家标准、工程质量验收规范及相关职业资格证书考试内容，按照项目教学法的理念进行编写，先以“基础知识储备”的形式，对共性基本知识进行讲解，再按独立基础施工、框架柱施工、梁施工、现浇板施工、墙体施工、现浇楼梯施工等6个项目分别讲述相关内容。每个项目中按施工流程分成若干个教学情境，每个教学情境按施工顺序分为若干个任务，任务明确，过程指导性强。

本书可作为高职高专建筑工程技术和建筑装饰工程技术专业的教材，也可供建筑装饰行业的施工技术人员与管理人员参考。

为方便教学，本书配有电子课件，凡使用本书作为教材的教师可登录机械工业出版社教育服务网 www.cmpedu.com 注册下载。咨询邮箱：cmpgaozhi@sina.com。咨询电话：010－88379375。

图书在版编目（CIP）数据

钢筋混凝土工程施工/张亚英，甄进平主编．—北京：机械工业出版社，2015.9

“十二五”职业教育国家规划教材

ISBN 978-7-111-51533-3

Ⅰ.①钢…　Ⅱ.①张…②甄…　Ⅲ.①钢筋混凝土－混凝土施工－高等职业教育－教材　Ⅳ.①TU755

中国版本图书馆CIP数据核字（2015）第214354号

机械工业出版社（北京市百万庄大街22号　邮政编码100037）
策划编辑：覃密道　李　莉　责任编辑：覃密道　李　莉
责任校对：刘志文　封面设计：鞠　杨
责任印制：李　洋
北京华正印刷有限公司印刷
2015年11月第1版第1次印刷
184mm×260mm・11.75印张・289千字
0 001—3 000册
标准书号：ISBN 978-7-111-51533-3
定价：30.00元

凡购本书，如有缺页、倒页、脱页，由本社发行部调换

电话服务
服务咨询热线：010－88379833
读者购书热线：010－88379649

网络服务
机工官网：www.cmpbook.com
机工官博：weibo.com/cmp1952
教育服务网：www.cmpedu.com
金书网：www.golden－book.com

封面无防伪标均为盗版

前 言

为贯彻落实国务院《关于大力发展职业教育的决定》及教育部《关于全面提高高等职业教育教学质量的若干意见》等相关文件精神，结合国家示范性高等职业院校建设任务，按照建筑工程技术专业新的人才培养方案，特组织编写了本教材。本书彻底打破了传统教材《建筑施工技术》的编写模式，体现以就业为导向，以能力为本位，以岗位需要和职业标准为依据，以促进学生的职业生涯发展为目标的指导思想，并着重体现现代职业教育的发展趋势。

"钢筋混凝土工程施工"是建筑工程技术专业的一门重要的核心课程，通过本课程的学习，掌握钢筋混凝土工程施工的一般规律和主要技术要求，具备钢筋混凝土工程施工技术和施工管理的初步能力，为发展各专门化方向的职业能力奠定基础，达到施工技术指导与施工管理岗位职业标准的相关要求。养成认真负责、善于沟通和协作的职业素养，树立服务意识，对学生职业能力培养和职业素养养成起着主要的支撑作用。

本课程主要采用教、学、做相结合，理论实践一体化的教学模式，精心设计每个教学单元。采取任务驱动项目导向的教学模式，以学生为主体，教师做导演，将课堂搬进实训基地，在学习过程中注重实践操作，在充分运用多媒体等现代教学手段的同时，使学生身临其境地处于学习的实践氛围中。通过完成任务和项目，提高动手操作和解决问题的能力，培养学生的职业能力和职业素养。

教材特色：

1. 以钢筋混凝土结构体系的主要形式——钢筋混凝土框架结构、剪力墙结构工程项目施工任务为背景；以"构件施工"为载体设计教学情境。每一教学情境都为完整的工作过程，从准备工作、任务实施到质量检查验收，体现了工作过程系统化的课程开发思路。

2. 教学情境，设计方式新颖、内容丰富，融入了施工员、质检员和安全员岗位角色训练的内容，实现了"双证融合"的教学思想；每个学习情境精心设计工程任务，按照真实的施工程序，对其施工过程进行分解。从准备工作、任务实施到质量检查验收，学生按照施工班组成员进行角色划分与轮岗，全过程训练学生的综合职业素质：施工质量意识、安全意识、施工速度、沟通与协作能力。

3. 与施工企业工程技术人员合作，进行课程开发，就教材内容多次开会研讨，以校本教材的形式试用了三届学生。其间经过多次修改完善，使教学内容更适合职业岗位的任职要求，并融入职业资格标准。

4. 以工作任务引领知识、技能和态度，"知识链接"引导学生在完成任务的过程中学习相关知识，体现了"知识必需够用"的原则；任务后面"知识拓展"是相关内容的拓展延伸，做到了共性与个性的统一。

5. 教材体例新颖、版式活泼，在内容取材、图文表现等方面符合职业教育的规律和特点，能够提高学生的学习兴趣。

本书由北京工业职业技术学院张亚英、北京筑福建筑事务有限责任公司甄进平任主编，北京门头沟区住房和城乡建设委员会宋桂荣、北京京西勘察建筑设计院曹忠、北京工业职业技术学院王博担任副主编，北京石景山建筑公司祝新华、中铁电气化局集团北京建筑工程有限公司李春祥、中民筑友有限公司马开宇、北京工业职业技术学院魏平、唐县建筑公司技师辛金刚参编。本书参考了书后所列参考文献，在此向审稿者和参考文献的编者一并表示衷心的感谢。

由于作者水平有限，书中难免存在不足之处，望广大读者批评指正，以便改正。

编 者

目　录

绪 论

钢筋混凝土结构是目前最常见的建筑结构，钢筋混凝土结构它有着许多的优点：

（1）能充分利用材料的力学性能，提高构件的承载能力，使混凝土应用范围得到拓宽。

（2）耐久性好，几乎不需要维修和养护。

（3）施工时能就地利用水泥、砂子、石子等地方材料。

（4）可根据设计意图随意造型，适应性较强。

（5）具有良好的耐火性和抗震性。

钢筋混凝土结构正是由于有着众多的优点，所以被广泛应用在房屋建筑、市政、道路、桥梁、隧道等许多土建工程中。

一、课程研究对象和任务

“钢筋混凝土工程施工”是建筑工程技术专业的一门核心课程，本课程以框架结构基础、框架柱、梁板、剪力墙和楼梯等施工任务为载体，设计教学内容。通过本课程的学习，掌握钢筋混凝土结构识图、构造及材料的基础知识，熟悉钢筋混凝土工程施工的一般规律和主要技术要求，具备钢筋混凝土工程施工技术和施工管理的初步能力，并为后续学习其他课程和专门化方向的课程打好基础。

二、课程特点

本课程具有综合性、实践性强的特点，综合性体现在与建筑制图与识图、建筑材料、建筑机械、建筑构造、工程力学、施工组织等多门课程有密切关系。实践性强指本课程与工程实践紧密联系，按照施工现场真实的施工程序、现场组织和技术质量要求编写。

三、本课程的教学方法

本课程结合框架结构和框架剪力墙结构典型施工任务进行教学，旨在让学生对建筑施工项目中的钢筋混凝土工程施工有一个比较全面的认识。学生在教师指导下，借助教学辅导资料，先学会读懂钢筋混凝土工程施工图，做好施工前的各项准备工作。在校内外实训基地，进行梁、板、柱等主要构件的施工，在施工过程中，正确使用操作工具、设备和建筑材料，操作过程要注意劳动安全和环境保护，并学会编制技术交底。对已完成的施工任务进行记录、存档和质量检查。学习完本课程后，学生应当能够进行钢筋混凝土工程施工作业，编制钢筋混凝土工程施工方案。

四、课程评价方法

1）在理论知识考评方面：参考学生日常出勤率、课堂参与度、作业完成情况等指标，进行积分的给定，重点考核学生。

2）在实训技能考评方面：校内实训技能考评，采取实训指导教师、同一团队同学互评的方式评定积分，重点考核学生实训技能的熟练程度和团结协作的能力；校外实训考评，采取实习指导教师和校外实习单位相关人员联合评定积分，重点考核学生的职业技能的掌握情况。

3）在综合素质考评方面：主要考评学生的管理能力、沟通能力和创新能力。

五、本课程主要涉及的施工规范和标准

混凝土结构工程施工规范（GB506666—2011）

混凝土结构设计规范（GB50010—2010）

建筑工程施工质量验收统一标准（GB50300—2013）

混凝土结构工程施工质量验收规范（GB50204—2002）（2011 年版）

混凝土强度检验评定标准 GB/T 50107—2010

基础知识储备

第一节　钢筋混凝土工程基本知识

钢筋混凝土工程包括现浇钢筋混凝土工程、装配式钢筋混凝土工程和预应力混凝土工程等。由模板工程、钢筋工程和混凝土工程等多个单项工程组成。现浇钢筋混凝土工程应用最普遍，模板材料消耗量大，劳动强度高，施工现场运输量大，但结构整体性和抗震性较好，而且可以把梁或柱浇筑成需要的截面形状；装配式钢筋混凝土工程主要工序是结构安装，现场施工周期短，受季节性影响小，多用于工业建筑；预应力混凝土工程与普通钢筋混凝土工程相比，自重轻、结构耐久性、刚度和抗裂性增强，多用于大跨度建筑及道路桥梁工程。

0.1.1　常用结构体系

多、高层现浇钢筋混凝土房屋常用的结构体系有框架结构、框架－剪力墙结构、剪力墙结构（图0-1）。

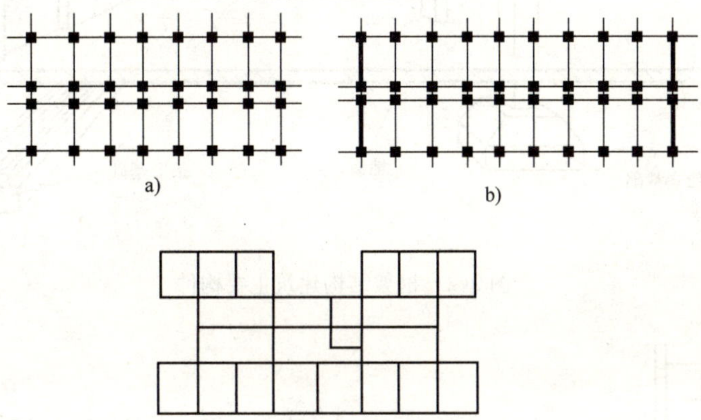

图0-1　现浇钢筋混凝土房屋常用的结构体系

a）框架结构　b）框架－剪力墙结构　c）剪力墙结构

0.1.2　各种体系应用范围

框架结构和框架－剪力墙结构主要用于商务办公、剧场、体育馆等大跨度公共建筑；剪力墙结构主要用于住宅。根据抗震烈度不同，各种结构类型的设计最大高度不同，详见表0-1所示。

表0-1　现浇钢筋混凝土房屋适用的最大高度　（单位：m）

结构类型	烈度			
	6	7	8	9
框架	60	55	45	25
框架－剪力墙	130	120	100	50
剪力墙	140	120	100	60

0.1.3 框架结构主要承重构件

框架结构是指由梁和柱以刚接或者铰接相连接而构成承重体系的结构，即由梁和柱组成框架，共同抵抗水平荷载和竖向荷载。框架结构的墙体不承重，仅起到围护和分隔作用，一般用预制的加气混凝土、膨胀珍珠岩、空心砖或多孔砖、浮石、蛭石、陶粒等轻质板材砌筑或装配而成。框架结构主要承重构件有梁、板、柱和基础（图 0-2），基础类型主要有柱下独立基础、柱下条形基础、十字交叉梁基础、筏板基础、桩基础等，详见图 0-3 ~ 图 0-7。

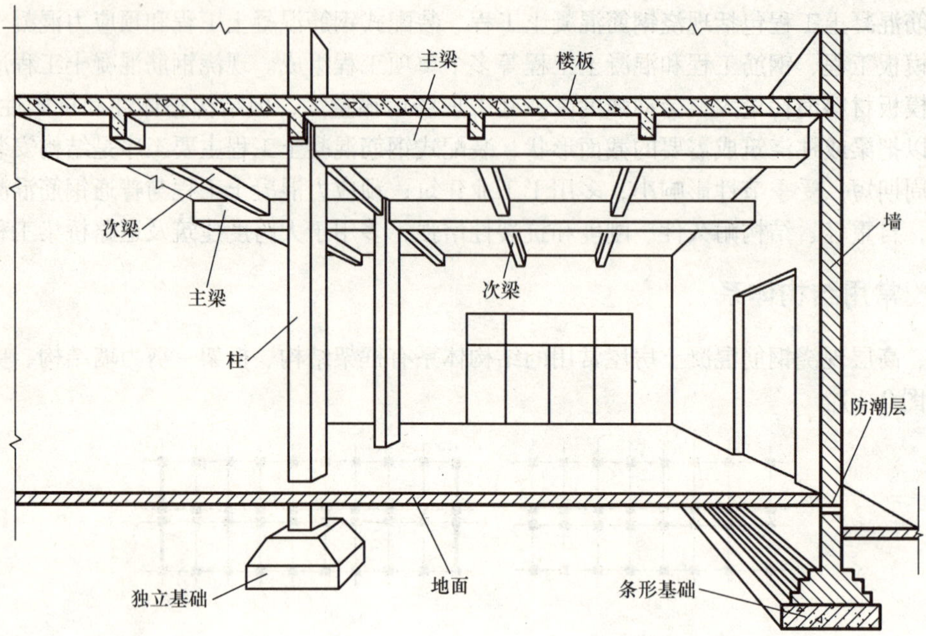

图 0-2 框架结构建筑主要构件

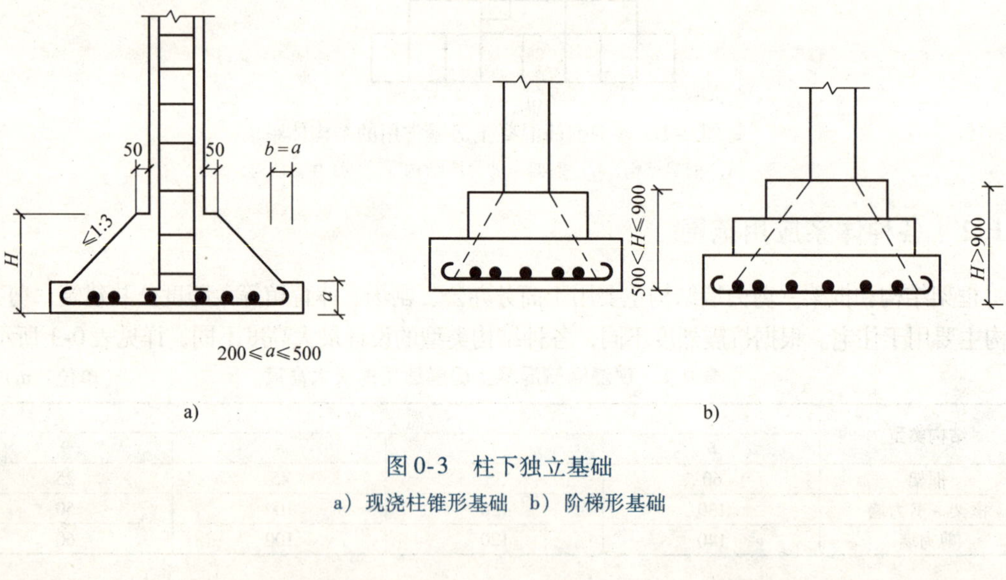

图 0-3 柱下独立基础

a）现浇柱锥形基础 b）阶梯形基础

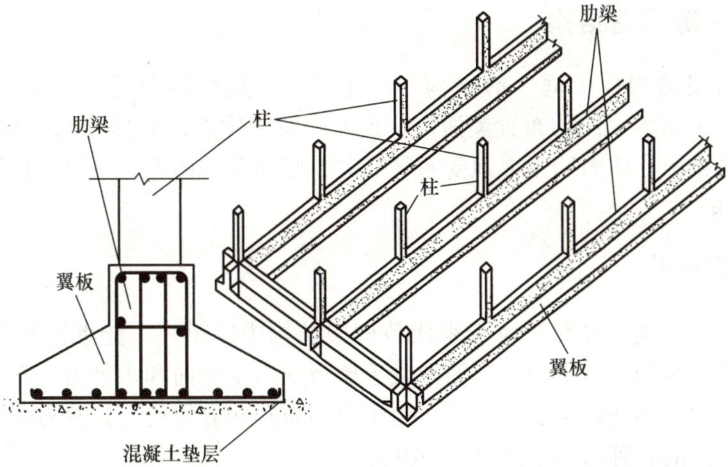

图 0-4　柱下钢筋混凝土条形基础

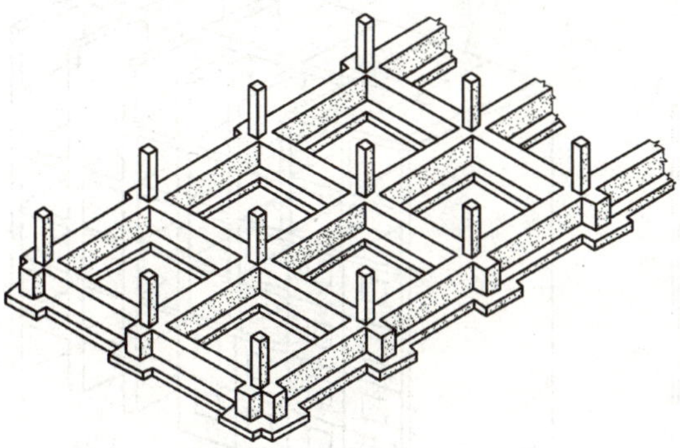

图 0-5　柱下十字交叉梁基础

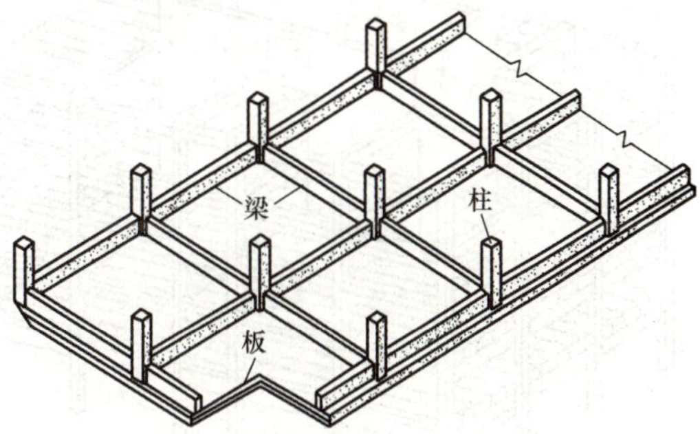

图 0-6　筏板基础

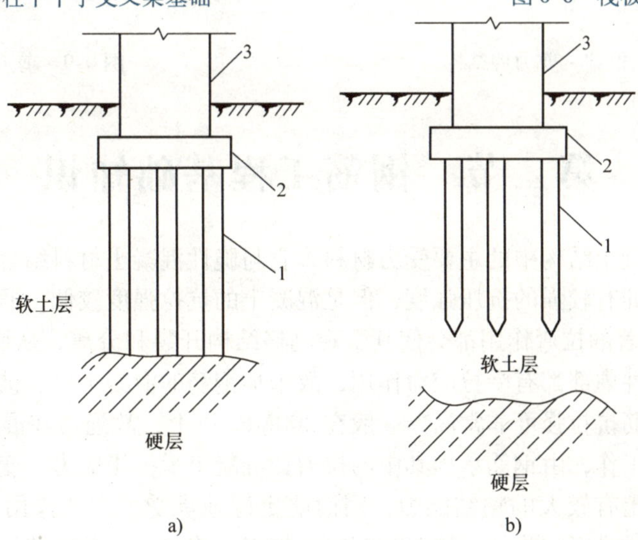

图 0-7　桩基础

a）端承桩　b）摩擦桩

1—桩　2—承台　3—上部结构

0.1.4 框架－剪力墙结构

框架－剪力墙结构也称框－剪结构，是在框架结构中设置适当的剪力墙的结构（图0-8）。它具有框架结构平面的布置灵活、有较大空间的优点，又具有侧向刚度较大的优点。框架－剪力墙结构中，剪力墙主要承受水平荷载，竖向荷载由框架承担。该结构一般适用于10～20层的建筑。

0.1.5 剪力墙结构

剪力墙结构是用钢筋混凝土墙板来代替框架结构中的梁柱，能承担各类荷载引起的内力，并能有效控制结构的水平力。钢筋混凝土墙板能承受竖向和水平力，它的刚度很大，空间整体性好，房间内不外露梁、柱棱角，便于室内布置，方便使用。剪力墙结构形式是高层住宅采用最为广泛的一种结构形式（图0-9）。

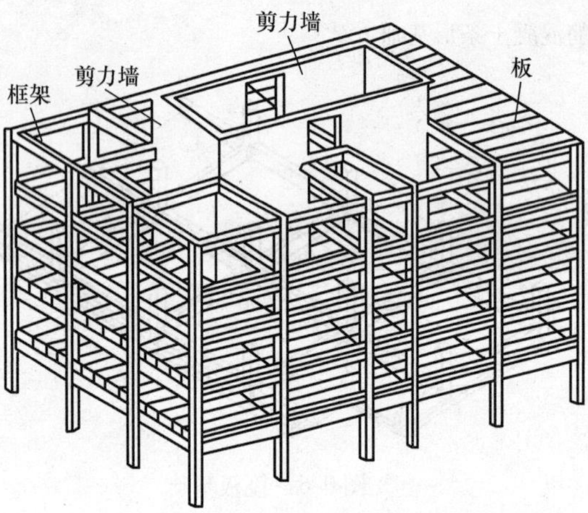

图0-8 框架－剪力墙结构

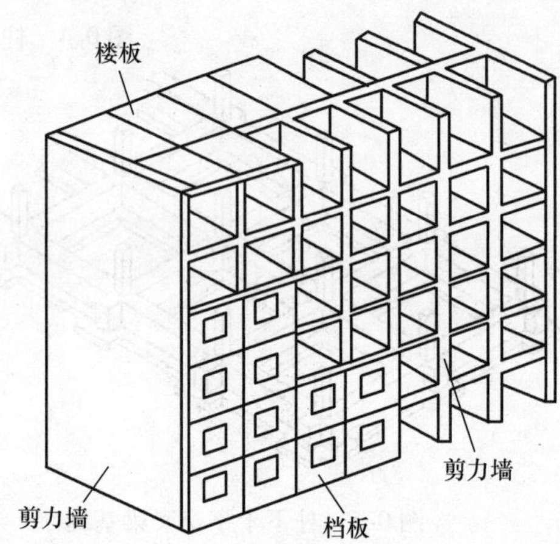

图0-9 剪力墙结构

第二节 钢筋工程基础知识

钢筋是钢筋混凝土结构中的主要受力材料，它与脆性混凝土材料结合，才能构成坚固的实体。混凝土结构拥有较强的抗压强度，但是混凝土的抗拉强度较低，通常只有抗压强度的1/10左右，任何显著的拉弯作用都会使其微观晶格结构开裂和分离，从而导致结构的破坏。而绝大多数结构构件内部都有受拉应力作用，故未加钢筋的混凝土极少被单独用于工程。相对混凝土而言，钢筋抗拉强度非常高，一般在200MPa以上，故通常在混凝土中加入钢筋等加劲材料与之共同工作，由钢筋承担其中的拉力，混凝土承担压应力。变形钢筋由于其表面肋的作用，和混凝土有较大的粘结能力，因而能更好地承受外力的作用。在建筑施工过程中，钢筋工程要经过进料、收料、储存、配料、加工、连接、绑扎安装等工序。

0.2.1 钢筋的分类

钢筋由于品种、规格、型号的不同和在构件中所起的作用不同，在施工中常常有不同的叫法。只有熟悉钢筋的分类，才能比较清楚地了解钢筋的性能和在构件中所起的作用，在钢筋加工和安装过程中不致发生差错。钢筋的分类方法很多，主要有以下几种。

1. 按钢筋在构件中的作用分

（1）受力筋：指构件中根据受力计算确定的主要钢筋，包括受拉筋、弯起筋、受压筋等。

（2）构造钢筋：指构件中根据构造要求设置的钢筋，包括分布筋、箍筋、架立筋、横筋、腰筋等。

2. 按钢筋的外形分类

（1）光圆钢筋：钢筋表面光滑无纹路，主要用于分布筋、箍筋、墙板钢筋等。直径 6 ~ 10mm 时一般做成盘圆，直径 12mm 以上为直条。

（2）变形钢筋：钢筋表面刻有不同的纹路，增强了钢筋与混凝土的粘结力，主要用于柱、梁等构件中的受力筋。变形钢筋的出厂长度有 9m、12m 两种规格。

（3）钢丝：分冷拔低碳钢丝和碳素高强钢丝两种，直径均在 5mm 以下。

（4）钢绞线：有 3 股和 7 股两种，常用于预应力钢筋混凝土构件中。

3. 按钢筋的强度分类

《混凝土结构设计规范》GB50010—2010、《建筑抗震设计规范》GB50011—2010 和平法图集 11G101 –1，将钢筋划分为八种见表 0-2：

表 0-2　钢筋类别

牌号	符号	公称直径/mm	屈服强度标准值（N/mm^2）	极限强度标准值（N/mm^2）
HPB300	Φ	6 ~ 22	300	420
HRB335 HRBF335	Φ $Φ^{F}$	6 ~ 50	335	455
HRB400 HRBF400 RRB400	Φ $Φ^{F}$ $Φ^{R}$	6 ~ 50	400	540
HRB500 HRBF500	Φ $Φ^{F}$	6 ~ 50	500	630

注：1. H—热轧钢筋，P—光圆钢筋，B—钢筋，R—带肋钢筋，F—细晶粒热轧带肋钢筋。

2. HPB 是Ⅰ级，HRB 是Ⅱ级或Ⅲ级和Ⅳ级钢筋，如：HRB335 是Ⅱ级，HRB400 是Ⅲ级，HRB500 是Ⅳ级。RRB400 为余热处理Ⅲ级钢筋。

0.2.2　钢筋的进场验收与储存

钢筋对混凝土结构的承载力至关重要，对其质量应从严要求，按《混凝土结构工程施工质量验收规范》规定，进场时，应检查产品合格证和出厂检验报告，并要抽取试件做力学性能检验，检验结果必须符合有关标准规定。钢筋原材料进场检查验收应注意以下几个方面。

1）钢筋进场时，应该将钢筋出厂质保资料与钢筋炉批号铁牌相对照，看是否相符。注意每一捆钢筋均要有铁牌，还要注意出厂质保资料上的数量是否大于进场数量，否则应不予进场。

2）钢筋的取样原则是：按同一牌号、同一规格、同一炉号，每批质量不大于60t 取一组。也允许由同一冶炼方法、同一浇铸方法的不同炉罐号组成混合批，但各炉罐号含碳量之差不大于0.02%、含锰量之差不大于0.15%，每批质量不足60t 仍取样一组作为力学性能试件。钢筋的选取，不能从钢筋端头截取，因为要消除钢筋生产热轧时对端头的影响，一般要截去1m 左右后再取样。现场取样复检的宗旨是随机取样，使每组试件能真正有普遍性、代表性。

钢筋运进施工现场后，必须按批分等级、牌号、直径、长度挂牌存放，并注明数量，不得混淆。钢筋应尽可能堆入仓库或料棚内，若条件不具备，应选择地势高、土质坚硬的场地，下部垫高，离地至少20cm，防止钢筋生锈，并在堆放场地周围挖排水沟，以利排水。

0.2.3 钢筋配料

钢筋配料是根据构件的配筋图计算构件各钢筋的直线下料长度、根数及重量，然后编制钢筋配料单，作为钢筋备料加工的依据。钢筋配料单的形式见表0-3。

表0-3 钢筋配料单

构件名称及数量	钢筋编号	简图	直径/mm	下料长度/mm	单位根数	合计根数	质量/kg

1. 为什么要进行下料长度计算

构件配筋图中注明的尺寸一般是钢筋外轮廓尺寸，即从钢筋外皮到外皮量得的尺寸，称为外包尺寸。外包尺寸由构件尺寸减去混凝土保护层厚度求得，保护层厚度由设计规定，最小厚度见表0-5。在钢筋加工时，一般也按外包尺寸进行验收。钢筋加工前直线下料，如果下料长度按钢筋外包尺寸的总和来计算，则加工后的钢筋尺寸将大于设计要求的外包尺寸、或者弯钩平直段太长，造成材料的浪费。这是由于钢筋弯曲时外皮伸长，内皮缩短，只有中轴线长度不变。钢筋的弯曲成型下料长度变化示意图见图0-10，从图中可以看出按外包尺寸总和下料是不准确的，只有按钢筋轴线长度尺寸下料加工，才能使加工后的钢筋形状、尺寸符合设计要求。

在施工现场施工时，要对钢筋进行翻样，翻样内容主要有：

（1）将设计图上钢材明细表中的钢筋尺寸改为施工时的适用尺寸。

（2）根据施工图计算钢筋的下料长度。

（3）列出钢筋配料单。

2. 下料长度计算方法

钢筋弯曲或弯折后，弯曲处外皮延伸，内皮收缩，轴线长度不变。钢筋的外包尺寸和轴线长度之间存在一个差值，称为“量度差值”。钢筋的直线段外包尺寸等于轴线长度，两者无量度差值；而钢筋弯曲段，外包尺寸大于轴线长度，两者间存在量度差值。因此，钢筋下

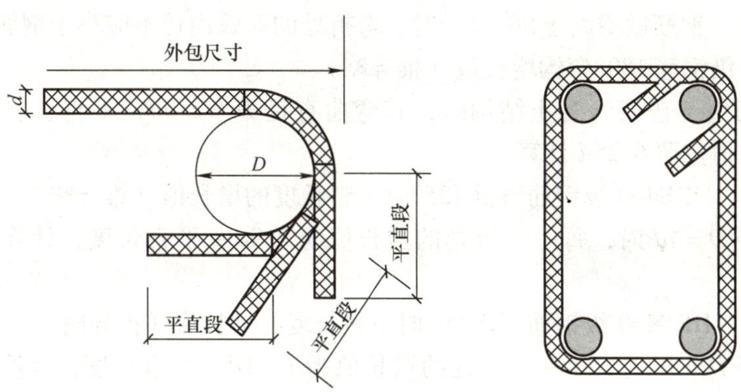

图 0-10　钢筋的弯曲成型下料长度变化

料时，其下料长度应为各段外包尺寸之和减去弯曲处的量度差值，加上两端弯钩的增长值。即：钢筋的下料长度 = 各段外包尺寸之和 - 弯曲处的量度差值 + 两端弯钩的增长值。

（1）钢筋中部弯曲处的量度差值

钢筋中部弯曲处的量度差值与钢筋弯心直径及弯曲角度有关。弯起钢筋中间部位弯折处的弯曲直径 D 不小于钢筋直径 d 的 2.5 倍，如图 0-11 所示。

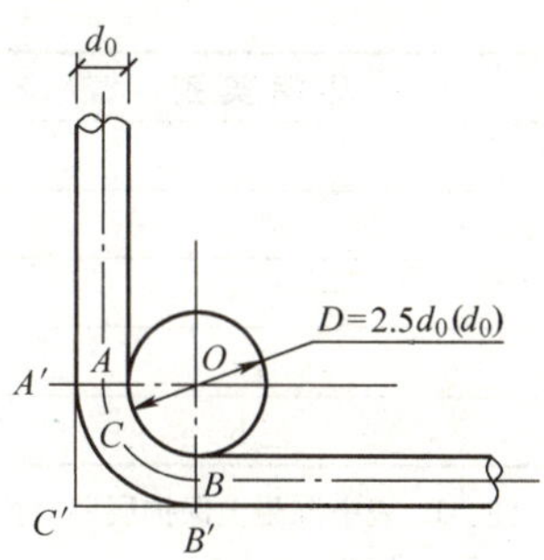

图 0-11　钢筋弯曲处的量度差

1）钢筋弯曲的外包尺寸：

$A'C' + B'C' = 2A'C' = 2\ (D/2 + d)\ \tan\alpha/2 = 2\ (5d/2 + d)\ \tan\alpha/2 = 7d\ \tan\alpha/2$

2）钢筋弯曲处的中线长度：

$ABC = \pi R\alpha/180 = \pi\alpha/180 \cdot (D + d)/2 = \pi\alpha(d + 5d)/360 = 6d\pi\alpha/360 = d\pi\alpha/60$

则弯曲处的量度差值：$A'C' + B'C' - ABC = 7d\ \tan\alpha - d\pi\alpha/60 = (70\tan\alpha - \pi\alpha/60)\ d$

为简化计算，当钢筋弯曲角度 α 取值不同时，量度差值见表 0-4。

表 0-4　钢筋弯曲量度差值

钢筋弯曲角度	30°	45°	60°	90°	135°
钢筋弯曲量度差值	$0.3d$	$0.5d$	$1d$	$2d$	$2.5d$

（2）钢筋末端弯钩或弯折时增长值

为了增加钢筋与混凝土之间的粘结力，光圆钢筋 HPB300 钢筋的末端需要做 180°弯钩，其圆弧内弯曲直径 D，不应小于钢筋直径 d 的 2.5 倍；弯钩的弯后平直部分长度应符合设计要求，平直部分的长度不宜小于钢筋直径 d 的 3 倍（见图 0-12）。

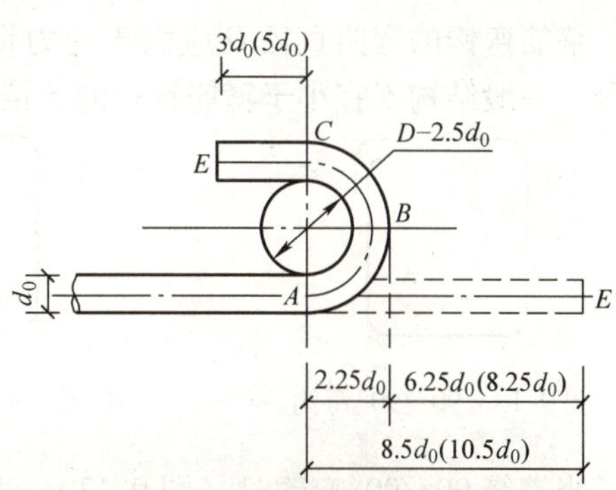

图 0-12　钢筋 180°弯钩增加长度

当设计要求钢筋末端需做 135° 弯钩时，HRB335、HRB400 级钢筋的弯曲直径 D 不宜小于钢筋直径 d 的 4 倍；弯钩的弯后平直部分长度应符合设计要求。钢筋做不大于90°弯折时，弯折处的弯弧内径不应小于钢筋直径的5倍。

① HPB235级钢筋180°弯钩增长值（推导略）。

当光圆钢筋用于普通混凝土结构时，其弯曲直径 $D=2.5d$，平直长度为 $3d$，每一个180°弯钩的增长值按照 $6.25d$ 计算。

② HRB335、HRB400级钢筋弯折135°时下料长度的增长值（推导略）。

当弯曲直径 $D=4d$ 时，每一弯折处的增长值为 $2.9d$ + 平直长度，计算时取 $3d$ + 平直长度。

③ HRB335、HRB400级钢筋弯折90°时下料长度的增长值（推导略）。

当弯曲直径 $D=5d$ 时，每一弯折处的增长值为 $1.21d$ + 平直长度，计算时取 $1d$ + 平直长度。

计算公式：钢筋下料长度 = 构件长度 - 保护层厚度 + 端头弯钩增加长度 - 弯折量度差值

注：保护层厚度指最外层钢筋的外皮至混凝土外表面的距离（11G 101-1图集），参见表0-5。

表0-5　混凝土保护层最小厚度　　（单位：mm）

环境类别	墙、板	梁、柱
一	15	20
二 a	20	25
二 b	25	35
三 a	30	40
三 b	40	50

注：1. 表中混凝土保护层厚度指最外层钢筋外边缘至混凝土表面的距离，适用于设计使用年限为50年的钢筋混凝土结构。

2. 构件中受力钢筋的保护层厚度不应小于钢筋的公称直径。

3. 设计使用年限为100年的钢筋混凝土结构，一类环境中，最外层钢筋的保护层厚度不应小于下表中数值的1.4倍；二、三类环境中，应采取专门的有效措施。

4. 混凝土强度等级不大于C25时，表中保护层厚度数值应增加5mm。

5. 基础底面钢筋保护层的厚度，有混凝土垫层时应从垫层顶面算起，且不应小于40mm。

（3）箍筋弯钩增长值

一般结构如设计无要求时，可按图0-13、图0-14和图0-15加工；有抗震要求和受扭的结构，应按图0-15加工。

箍筋弯钩的弯曲直径 D 应大于受力钢筋直径，且不小于箍筋直径的2.5倍。弯钩平直部分，一般结构不宜小于箍筋直径的5倍；有抗震要求的结构，不小于箍筋直径的10倍。

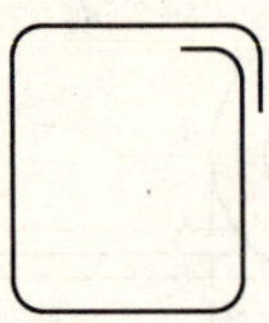

图0-13　90°/90°弯钩

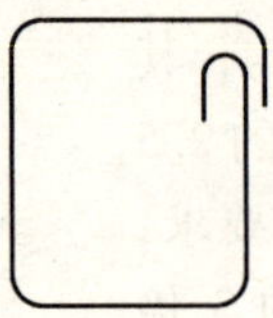

图0-14　90°/180°弯钩

图0-15　135°/135°弯钩

当箍筋90°/90°弯钩时（图0-13），两个弯钩增长值为：

$2\times(0.285D+4.785d)$，当取 $D=2.5d$，平直长为 $5d$ 时，两个弯钩增加值 $=11d$。

箍筋135°/135°弯钩时（图0-15），两个弯钩增长值为：

$2\times(0.68D+5.18d)$，当取 D 为 $2.5d$，平直长为 $10d$ 时，两个弯钩增加值为 $25d$。

当箍筋90°/180°弯钩时（图0-14），两个弯钩增长值为：

$(1.07D+5.57d)+(0.285D+4.785d)=1.355D+10.355d$，当取 $D=2.5d$，平直长为 $5d$ 时，两个弯钩增加值为 $14d$。

式中 d——箍筋直径。

所以，箍筋的下料长度计算式为：

箍筋的下料长度 = 箍筋周长 $-2d\times3$ + 两个弯钩增长值

（4）箍筋调整值

一般情况下，框架结构构件都有抗震和抗扭要求，箍筋末端按照135°弯钩，为了简化计算，通常可以采用以下方法计算箍筋下料：箍筋下料长度 = 箍筋周长 + 箍筋调整值，箍筋调整值为弯钩增长值和弯曲调整值两项之差，见表0-6。

表0-6 箍筋调整值 （单位：mm）

箍筋直径	4～5	6	8	10～12
调整值	40	50	60	70

0.2.4 钢筋加工

钢筋一般在钢筋车间或工地的钢筋加工棚加工，然后运至现场安装或绑扎。钢筋加工过程取决于成品种类，一般的加工过程有冷拉、冷拔、调直、剪切、镦头、弯曲等。

1. 钢筋调直

对局部曲折、弯曲的钢筋和直径小于12mm的线材盘条，要展开调直才可进行加工制作；对大直径的钢筋，要在其焊接调直后检验其焊接质量。钢筋调直普遍使用慢速卷扬机拉直和调直机（图0-16）调直。已调直的钢筋应按级别、直径、长短、根数分扎成若干扎，分区堆放整齐。

钢筋调直的具体要求：

1）在缺乏调直设备时，粗钢筋可采用弯曲机、平直锤或用卡盘、扳手、锤击矫直；细钢筋可用绞盘（磨）拉直或用导车轮、蛇形管调直装置来调直。

2）采用钢筋调直机调直冷拔低碳钢丝和细钢筋时，要根据钢筋的直径选用调直模和传送辊，并要适当掌握直模的偏移量和压紧程度。

图0-16 钢筋调直机

3）用卷扬机拉直钢筋时，应注意控制冷拉率，HPB235级钢筋不宜大于4%；HRB335、HRB400级钢筋不准采用冷拉钢筋的结构，不宜大于1%。用调直机调直钢丝和用锤击法平直粗钢筋时，表面伤痕不应使截面积减少5%以上。

4）调直后的钢筋平直、无局部曲折；冷拔低碳钢丝表面不得有明显擦伤。应当注意：

冷拔低碳钢丝用调直机调直后，其抗拉强度一般要降低 10% ~15%，使用前要加强检查，按调直后的抗拉强度选用。

2. 钢筋切断

钢筋切断分为机械切断和人工切断两种。如：GQ40 钢筋切断机，表示可切断钢筋的最大直径为 40mm。

手工切断常用手动切断机（用于直径 16mm 以下的钢筋）如图 0-17 所示；断线钳（用于钢丝）等工具。图 0-18 为钢筋切断机外形图。

切断操作应注意以下几点：

1）钢筋切断应合理统筹配料，将相同规格钢筋根据不同长短搭配，统筹排料，一般先断长料，后断短料，以减少短头、接头和损耗。避免用短尺量长料，以免产生累积误差；切断操作时，应在工作台上标出尺寸刻度并设置控制断料尺寸用的挡板。

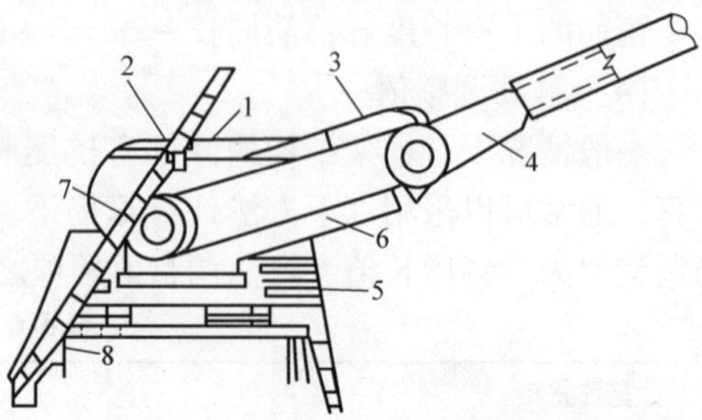

图 0-17　手动切断机示意图

1—固定刀口　2—活动刀口　3—边夹板　4—把柄　5—底座　6—固定板　7—轴　8—钢筋

2）向切断机送料时，应将钢筋摆直，避免弯成弧形，操作者应将钢筋握紧，并应在冲动刀片向后退时送进钢筋。切断长 300mm 以上钢筋时，应将钢筋套在钢管内送料，防止发生事故。

3）操作中，如发现钢筋硬度异常（过硬或过软），与钢筋级别不相称时，应考虑对该批钢筋进一步检验；热处理预应力钢筋切断时，只允许用切断机或氧乙炔割断，不得用电弧切割。

4）切断后的钢筋断口不得有马蹄形或起弯等现象；钢筋长度偏差不应小于 ±10mm。

图 0-18　钢筋切断机

3. 钢筋除锈

大量的钢筋除锈可通过钢筋冷拉或钢筋调直过程中完成；少量的钢筋除锈可采用电动除锈机或喷砂等方法；钢筋局部除锈可采取人工用钢丝刷或砂轮等方法进行，亦可将钢筋通过砂箱往返搓动除锈。

4. 钢筋弯曲成型

钢筋的弯曲成型是将已切断、配好的钢筋，按图纸的要求，将钢筋准确地加工成规定的形状尺寸。弯曲钢筋有手工和机械两种方法。常用的钢筋弯曲机有 GJ7 - 40、WJ40 - 1 等。

适用范围：对Φ12 及以上直径的钢筋均采用机械成型。弯曲成型的顺序是：划线→试弯→弯曲成型。

（1）手工弯曲

手工弯曲钢筋的方法设备简单、成型正确，工地经常采用。

1）工作台：弯曲钢筋的工作台，台面尺寸为 4m × 0.8m，可用 10cm 厚的木板钉制，其高度约为 90 ~ 100cm。弯曲粗钢筋的工作台，台面尺寸为 8m × 0.8m，用 20cm × 20cm 方木拼成，要求平稳牢固。弯曲工作台也有用 20 号以上槽钢拼制的钢制工作台。台面光滑、便于操作。

2）手摇扳：弯曲细钢筋的主要工具（图 0-19）。

弯曲单根钢筋的手摇扳，可以弯 12mm 以下的钢筋；弯曲多根钢筋的手摇扳，每次可以弯曲 4 根Φ8 的钢筋，主要适宜弯制箍筋。

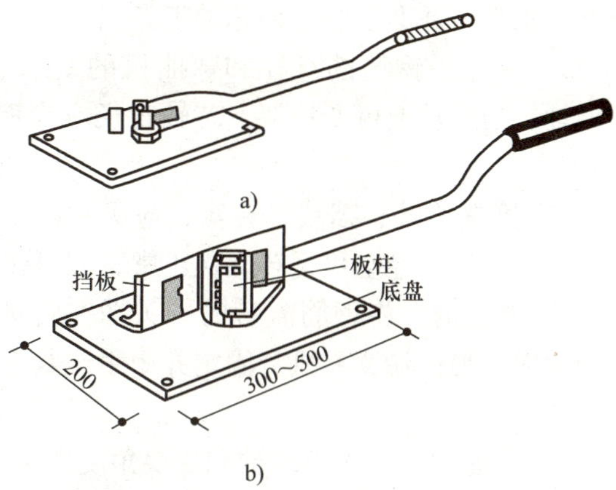

图 0-19　手摇扳

3）卡盘：弯粗钢筋的主要工具（图 0-20）。由一块钢板底盘和板柱（ϕ20 ~ ϕ25）组成，底盘固定在工作台上。卡盘有两种形式：一种是由一块钢板上焊四个板柱（图 0-20a），水平方向净距约为 100mm，垂直方向净距约为 34mm，可弯 32mm 钢筋；另一种钢板上焊三个板柱（图 0-20b），板柱的两条斜边净距为 100mm，底边净距为 80mm，板柱直径一般为 20 ~ 25mm，卡盘钢板厚约 12 ~ 16mm。

4）钢筋扳子：它主要和卡盘配合使用，有横口扳子和顺口扳子两种（图 0-20c、d）。横口扳子又有平头和弯头之分，弯头横口扳子仅在绑扎钢筋时纠正某些钢筋形状或位置时使用，常用的是平头横口扳子。

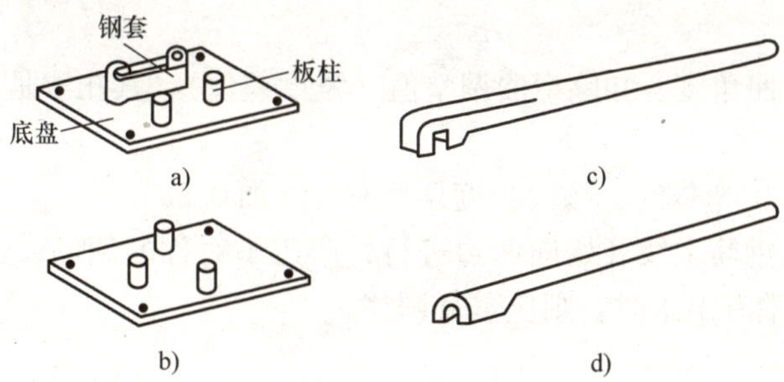

图 0-20　卡盘和扳子

a）四板柱卡盘　b）三板柱卡盘　c）横口扳子　d）顺口扳子

钢筋扳子的扳口尺寸要比弯制的钢筋大 2mm 较为合适，所以在准备钢筋弯曲工具时，应配有各种规格的扳子。

（2）机械弯曲

采用钢筋弯曲机（图 0-21）可将钢筋弯曲成各种形状和角度，使用方便。工作机构是一个在垂直轴上旋转的水平工作圆盘，把钢筋置于图中虚线位置，支承销轴固定在机床上，中心销轴和压弯销轴装在工作圆盘上，圆盘回转时便将钢筋弯曲。为了弯曲各种直径的钢筋，在工作盘上有几个孔，用以插压弯销轴，也可相应地更换不同直径的中心销轴。

钢筋弯曲机使用要点：

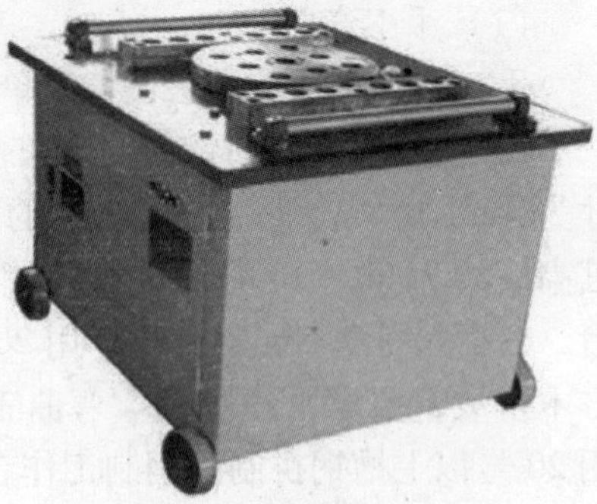

图 0-21　钢筋弯曲机

1）检查其力学性能是否良好、工作台和弯曲机台面保持水平；并准备好各种芯轴工具挡。

2）按加工钢筋的直径和弯曲机的要求装好芯轴、成型轴、挡铁轴或可变挡架，芯轴直径应为钢筋直径的2.5倍。

3）检查芯轴、挡块、转盘，应无损坏和裂纹，防护罩紧固可靠，经空机运转确认正常，方可作业。

4）作业时，将钢筋需弯的一头插在转盘固定备有的间隙内，另一端紧靠机身固定并用手压紧，检查机身固定，确实安在挡住钢筋的一侧方可开动。

5）作业中严禁更换芯轴和变换角度以及调速等作业，亦不得加油或清除。

6）弯曲钢筋时，严禁加工超过机械规定的钢筋直径、根数及机械转速。

7）弯曲高硬度或低合金钢筋时，应按机械铭牌规定换标最大限制直径，并调换相应的芯轴。

8）严禁在弯曲钢筋的作业半径内和机身不设固定的一侧站人。弯曲好的半成品应堆放整齐，弯钩不得朝上。转盘换向时，必须在停稳后进行。

9）作业完毕，清理现场、保养机械、断电锁箱。

（3）钢筋弯曲操作方法

1）准备：要熟悉进行弯曲加工钢筋的规格、形状和各部分尺寸，以便确定弯曲操作步骤和准备工具等。

2）划线：弯曲前将钢筋的各段长度尺寸划在钢筋上，要根据钢筋几种弯曲类型、弯曲角度伸长值，弯曲的曲率半径，板距等因素综合计算后，才能进行。弯起钢筋的划线有如下规定：

① 根据不同的弯曲角度，扣除弯曲调整值（量度差值），其扣法是从相邻两段长度中各扣一半。

② 钢筋末端作180°弯钩时，该段长度划线时，增加0.5d。

③ 划线工作宜从钢筋中线开始向两边进行，两边不对称的钢筋，也可从钢筋的一端开始划线，如划到另一端有出入时，则应重复调整。

0.2.5　钢筋连接

钢筋连接常用的方法有焊接、绑轧连接和机械连接。

钢筋焊接分为压焊和熔焊两种形式。压焊包括闪光对焊、电阻点焊和气压焊；熔焊包括电弧焊和电渣压力焊。其中，电渣压力焊接头只适用于框架结构竖向钢筋连接。此外，钢筋与预埋件T形接头的焊接应采用埋弧压力焊，也可用电弧焊或穿孔塞焊，但焊接电流不宜大，以防烧伤钢筋。除个别情况（如不准出现明火）应尽量采用焊接连接，以保证质量、提高效率和节约钢材。

机械连接有套筒冷挤压连接和螺纹连接。它们不受季节影响、不被钢筋可焊性所制约，具有工艺性能良好和接头性能可靠度高等特点。

从节约钢筋和受力角度考虑，梁柱中直径≥20mm 钢筋的接长很少用绑扎方式，现浇板和墙中的钢筋主要用绑扎方式。本教材介绍几种在建筑工地常用的连接方式。

（1）闪光对焊

闪光对焊主要是使用对焊机来完成钢筋连接工作，见图 0-22。它利用对焊机使两段钢筋接触产生电阻热，使金属熔化，产生强烈飞溅，形成闪光，然后利用轴向送进机构进行轴向加压顶锻，使两段钢筋牢固地焊接在一起。

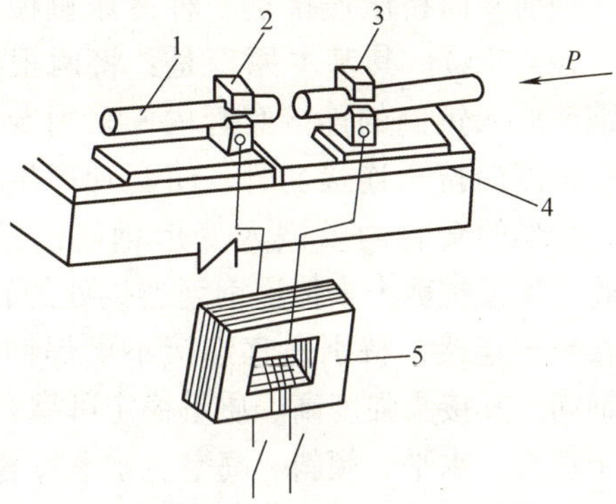

图 0-22　闪光对焊设备示意图
1—钢筋　2—固定电极
3—可动电极　4—机座　5—变压器

闪光对焊在十年前还是建筑工程中大量采用的接头焊接方法，具有成本低、质量好、效率高的优点，常用于钢筋接长、预应力钢筋与螺丝端杆的焊接。闪光对焊由于耗电量大、接头质量不好控制，对操作者要求高，目前工地应用的越来越少。

（2）电阻点焊

电阻点焊主要用于小直径钢筋的交叉连接，如用来焊接钢筋网片、钢筋骨架等。当钢筋交叉点焊时，接触点小，接触处的电阻很大，接触瞬间产生的巨大热量使金属熔化，在电极压力下使焊点的金属得到焊合。电阻点焊生产效率高、节约材料，应用比较广泛。点焊机主要由加压机构、焊接回路、电极组成，如图 0-23 所示。

（3）电渣压力焊

电渣压力焊是利用电流通过渣池产生的电阻热将钢筋端部熔化，然后施加压力使钢筋焊合的。电渣压力焊机构造如图 0-24 所示。电渣压力焊一般用于钢筋混凝土结构中竖向或斜度不大钢筋的连接。

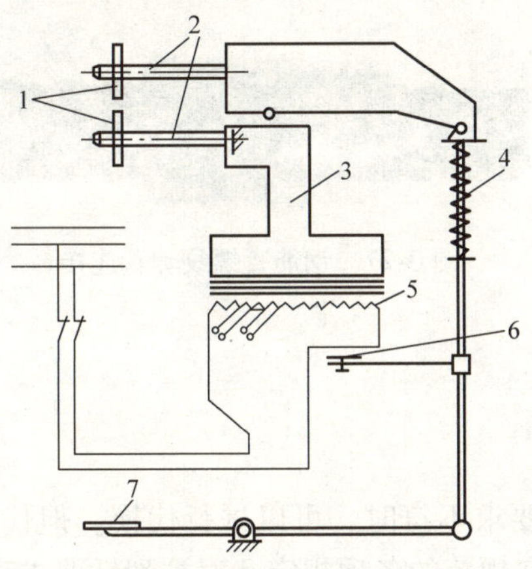

图 0-23　电阻点焊机原理图
1—电极　2—电极臂　3—变压器的次级线圈
4—压紧机构　5—变压器的初级线圈
6—断路器　7—踏板

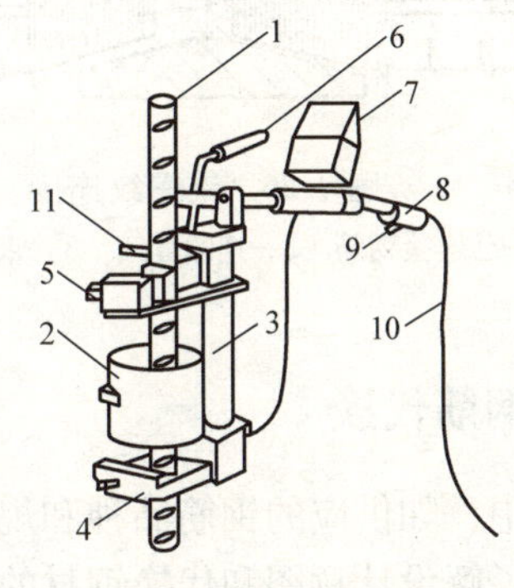

图 0-24　电渣压力焊机构造图
1—钢筋　2—焊剂盒　3—单导柱　4—固定夹头
5—活动夹头　6—手柄　7—监控仪表
8—操作把　9—开关　10—控制电缆　11—电缆插座

电渣压力焊属于熔化压力焊范畴，适用于直径为14～40mm的Ⅰ、Ⅱ、Ⅲ级竖向钢筋的连接，但直径为28mm以上钢筋的焊接技术难度较大。电渣压力焊工艺复杂，对焊工要求高。此外，在供电条件差（电压不稳等）、雨季或防火要求高的场合应慎用。

（4）套筒挤压连接

钢筋套筒挤压连接是一种冷压机械连接方式（图0-25）。其基本原理是：将两根待接长的钢筋插入钢制的连接套管内，采用专用液压压接钳侧向挤压连接套管，使套管产生塑性变形，变形的套管内壁嵌入变形钢筋的螺纹内，由此产生抵抗剪力来传递钢筋连接处的轴向力。套管挤压连接，特别适宜连接不可焊钢筋、进口钢筋。其接头强度高、质量稳定可靠；安全、无明火，不受气候条件影响；适应性强，可用于垂直、水平、倾斜、高空、水下等各方位的钢筋连接。主要缺点是设备移动不便，连接速度较慢。

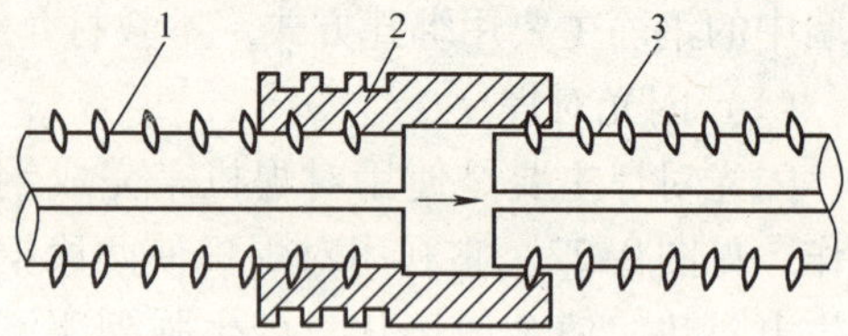

图0-25　套筒挤压连接

1—已挤压的钢筋　2—钢套筒　3—未挤压的钢筋

（5）螺纹连接

钢筋螺纹套管连接分锥螺纹连接与直螺纹连接两种。

锥螺纹连接套（图0-26）是在工厂专用机床上加工制成的，钢筋套丝的加工是在钢筋套丝机上进行的。钢筋螺纹连接速度快，对中性好、工期短、连接质量好、不受气候影响、适应性强。锥螺纹连接由于钢筋的端头在套丝机上加工有螺纹，截面有新削弱，目前已经很少使用。为达到连接接头与钢筋等强，目前主要采用镦粗直螺纹套管连接（图0-27）和滚压直螺纹连接接头。镦粗直螺纹套管连接即将钢筋端头先镦粗后再套丝，使连接接头处截面不削弱；滚压直螺纹连接接头指通过钢筋端头直接滚压或挤（碾）压肋或剥肋后，滚压制作的直螺纹和连接件螺纹咬合形成的接头。直螺纹连接适用于连接Ⅱ、Ⅲ级钢筋，优点是工序简单、速度快、不受气候因素影响等。

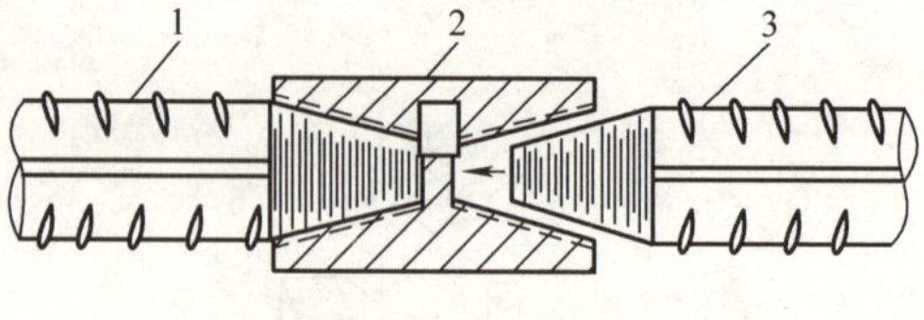

图0-26　锥螺纹连接

1—已连接钢筋　2—连续套筒　3—未连接钢筋

图0-27　钢筋直螺纹套管连接

0.2.6　钢筋代换

施工中，如供应的钢筋品种和规格与设计图纸要求不符时，可以进行代换。但代换时，必须充分了解设计意图和代换钢材的性能，严格遵守规范的各项规定。对抗裂性要求高的构件，不宜用光面钢筋代换变形钢筋；钢筋代换时不宜改变构件中的有效高度；凡属重要的结构和预应力钢筋，在代换时应征得设计单位的同意；代换后的钢筋用量不宜大于原设计用量的5%，亦不低于2%，且应满足规范规定的最小钢筋直径、根数、钢筋间距、锚固长度等要求。

钢筋代换的方法有以下两种：

（1）当结构构件是按强度控制时，可按强度等同原则代换，称“等强代换”。

$$As_2 f_{y2} \geqslant As_1 f_{y1}$$

$$n_2 \geqslant n_1 \frac{d_1^2 f_{y1}}{d_2^2 f_{y2}}$$

式中 As_1——原钢筋设计总面积；

As_2——代换后钢筋总面积；

n_1——原设计钢筋根数；

d_1——原设计钢筋直径；

n_2——代换后钢筋根数；

d_2——代换后钢筋直径；

f_{y1}——原设计钢筋的设计强度；

f_{y2}——代换后钢筋的设计强度。

（2）当构件按最小配筋率控制时，可按钢筋面积相等的原则代换，称“等面积代换”。用于构造配筋或同级别钢筋的代换。

$$As_2 \geqslant As_1$$

$$n_2 \geqslant n_1 d_1^{\ 2}/d_2^{\ 2}$$

当结构构件按裂缝宽度或挠度控制时，钢筋的代换需进行裂缝宽度或挠度验算。代换后，还应满足构造方面的要求（如钢筋间距、最小直径、最少根数、锚固长度、对称性等），及设计中提出的特殊要求（如冲击韧性、抗腐蚀性等）。

课堂练习

某梁设计底部主筋为 4 根 HRB335 级直径 18mm 钢筋，施工现场无该钢筋，拟采用 HRB400 钢筋代换，计算需要几根？

0.2.7 料牌制作

钢筋配料计算完毕，填写配料单，列入加工计划的配料单，将每一编号的钢筋制作一块料牌，作为钢筋加工的依据。配料单和料牌应严格校核，必须准确无误，以免返工浪费。料牌的内容通常如图 0-28 所示。将加工好的钢筋分别捆扎、系上料牌，在安装过程中作为区别、核实工程项目钢筋的标志。

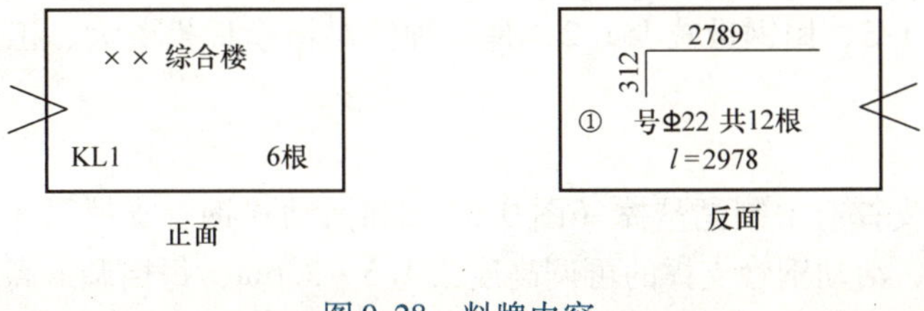

图 0-28 料牌内容

第三节　模板工程基础知识

模板是使混凝土结构和构件按所要求的几何尺寸成型的模型板。模板系统包括模板和支架系统两大部分，此外尚须适量的紧固连接件。模板工程量大，材料和劳动力消耗多。基本要求：形状尺寸准确；足够的强度、刚度及稳定性；构造简单、装拆方便，能多次周转使用；接缝严密，不得漏浆；用料经济。正确选择模板形式、材料及合理组织施工，对加速现浇钢筋混凝土结构施工和降低工程造价具有重要作用。

模板工程主要由模板系统和支撑系统组成。模板系统：与混凝土直接接触，它主要使混凝土具有构件所要求的体积。支撑系统：保证模板位置正确和承受模板、混凝土等重量的结构。

1. 模板的分类

模板按所用的材料不同，分为木模板、定型组合钢模板、胶合板模板、钢木模板、塑料模板和铝合金模板等。

1）木模板（图 0-29）由板条和拼条组成，尺寸切割灵活方便，可用做基础、梁柱模板。由于木材吸水易变形，木模板加工繁琐，且资源紧缺，目前只用于零星小工程。

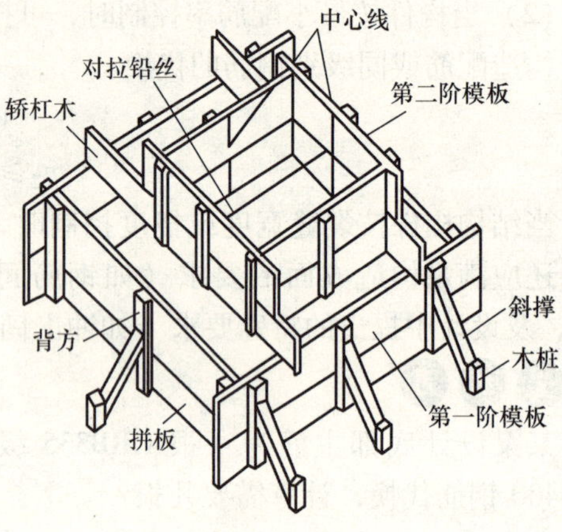

图 0-29　基础木模板

2）定型组合钢模板：它是一种工具式的模板，由具有一定模数的若干类型的板块、角模、支撑和连接件组成。拼装灵活，可拼出多种尺寸和几何形状，通用性强，适应各类建筑物的梁、柱、板、墙、基础等构件的施工需要。钢模板主要包括平面模板、阴角模板、阳角模板、连接角模（图 0-30）。

钢模板连接件主要有钩头螺栓、L 形插销、U 形卡、对拉螺栓等（图 0-31）。

3）竹胶合板模板（图 0-32）：竹胶合板是利用竹材加工余料－竹黄篾，经过中黄起篾、内黄帘吊、经纬纺织、席穴交错、高温高压（130℃，3～4MPa）、热固胶合等工艺层压而成。竹胶合板硬度为普通木材的 100 倍，抗拉强度是木材的 1.5～2.0 倍。具有防水防潮、防腐防碱等特点。

4）钢木定型模板：钢木定型模板（图 0-33）的模板由钢板改为复塑竹胶合板、纤维板等，自重比钢模轻 1/3，用钢量减少 1/2，是一种针对钢模板投资大、工人劳动强度大的改良模板。

2. 支撑系统

模板工程常用支撑有木制琵琶撑（图 0-34）和活动式钢管支撑（图 0-35）。可调式钢管支柱（图 0-36），活动钢管支撑的可调高度为 1.5～3.6m，每档调节高度为 100mm。

当工程规模较大时，一般搭设扣件式钢管架（图 0-37）、碗扣架（图 0-38）或门式架（图 0-39）作为梁板的模板支撑系统。

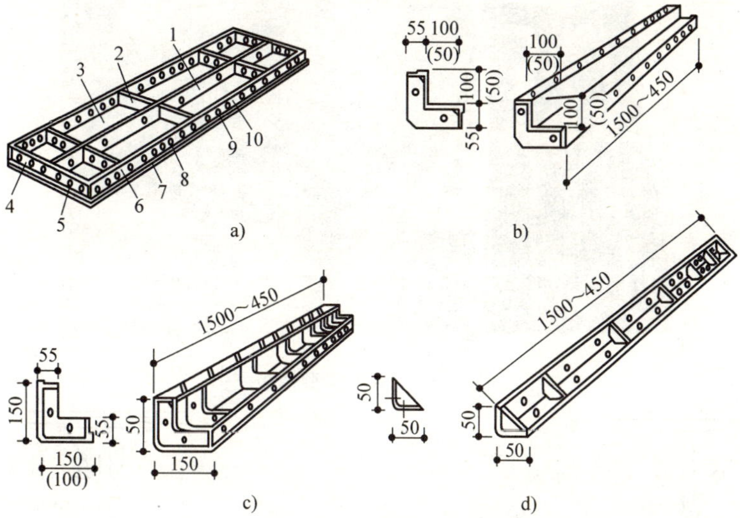

图 0-30　钢模板类型

a）平板模板　b）阳角模板　c）阴角模板　d）连接角模

1—中纵肋　2—中横肋　3—面板　4—横肋　5—插销孔

6—纵肋　7—凸楞　8—凸鼓　9—U 形卡孔　10—钉子孔

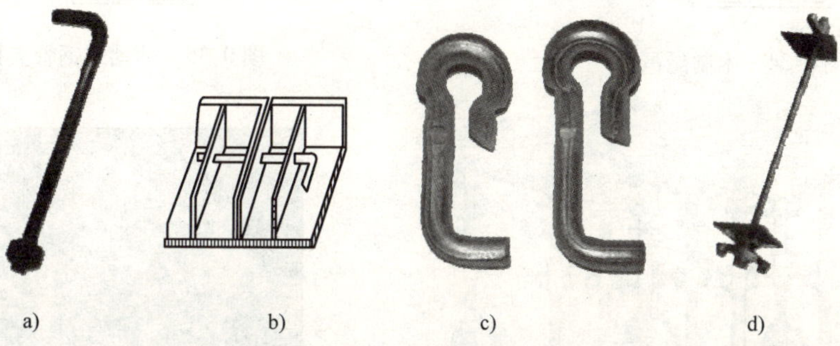

图 0-31　钢模板连接件

a）钩头螺栓　b）L 形插销　c）U 形卡　d）对拉螺栓

图 0-32　竹胶合板模板

图 0-33　钢木定型模板

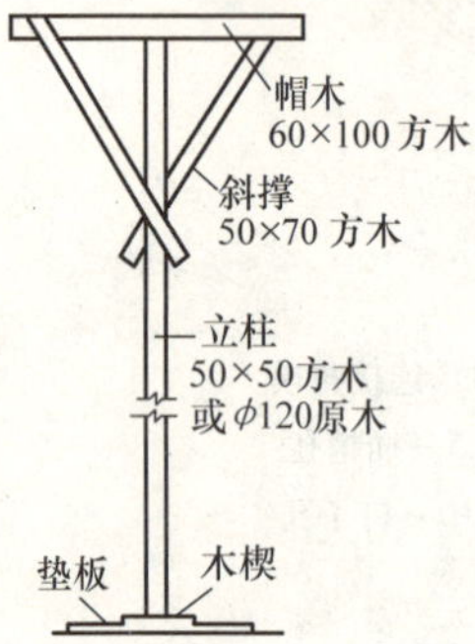

图 0-34　木制琵琶撑

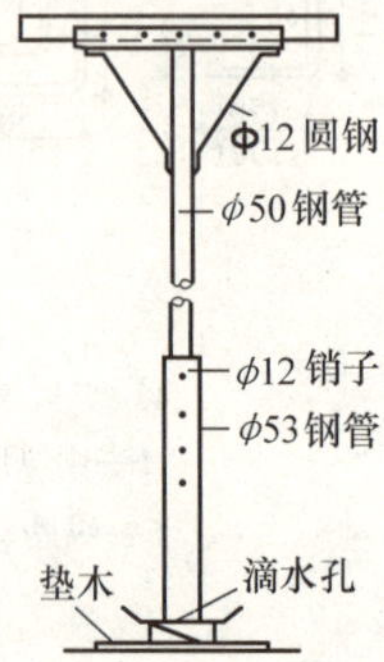

图 0-35　活动式钢管支撑

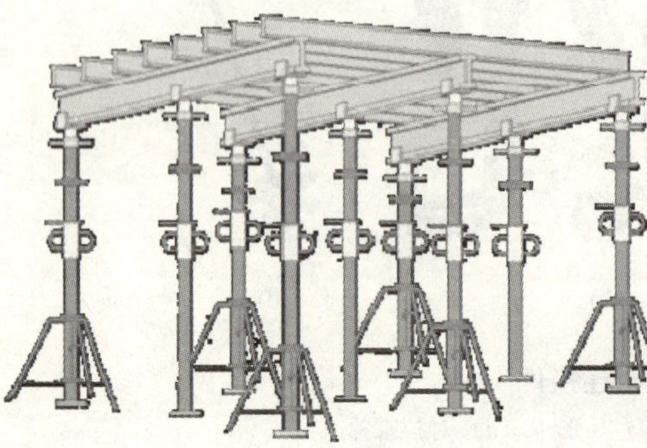

图 0-36　可调式钢管支柱

图 0-37　扣件式钢管支撑

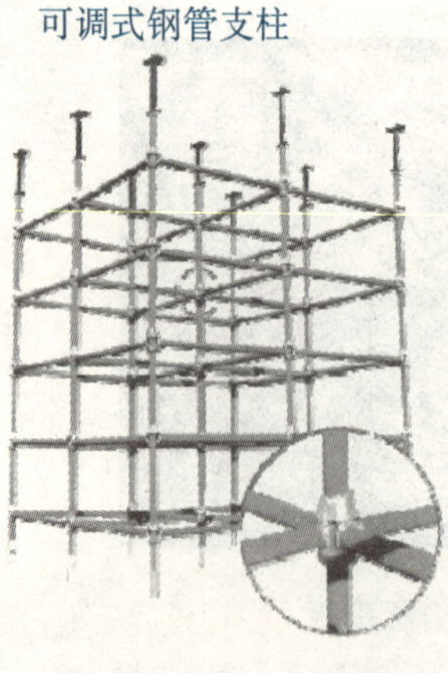

图 0-38　碗扣式支撑

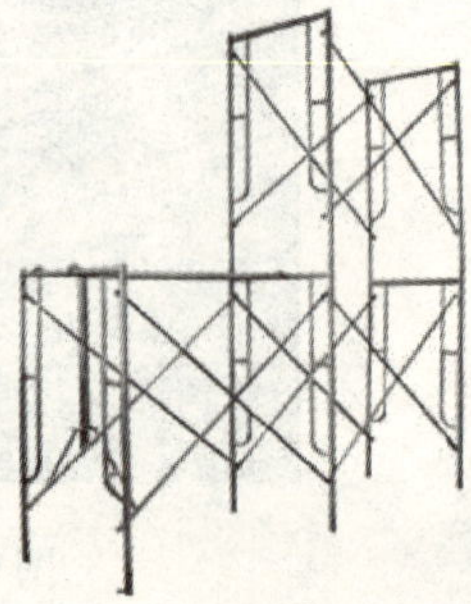

图 0-39　门式架支撑

1）扣件式钢管架用作梁板模板的支模架是目前国内主流的支模方式，其优点为装拆方便、搭设灵活，通用性强；缺点为扣件的传力不直接，受人为因素影响大。

2）碗扣架钢管脚手架是模板支架的主要形式之一，承载力大，接头设计安全可靠，无零散易丢失扣件，便于管理和运输，搭拆方便；缺点是横杆为几种尺寸的定型杆，立杆上碗扣节点按0.6m间距设置，使构架尺寸受到限制，价格较贵。

3）门式钢管脚手架几何尺寸标准化，结构合理，受力性能好，施工中装拆容易、架设效率高；缺点是构架尺寸无任何灵活性，构架尺寸的任何改变都要换用另一种型号的门架及其配件，定型脚手板较重，价格较贵，主要应用在市政、桥梁工程上。

第四节　混凝土工程基础知识

混凝土是指用胶凝材料，将粗细骨料胶结成整体的复合固体材料的总称。混凝土工程施工过程包括混凝土制备、搅拌、运输、浇筑、振捣和养护等工序，各工序之间紧密联系、相互影响，必须保证施工工序质量，以确保混凝土结构的强度、刚度、密实性和整体性。

1. 混凝土的分类

混凝土的种类很多，分类方法也很多。

（1）按表观密度分类

1）重混凝土　表观密度大于2600kg/m^{3}的混凝土，常由重晶石和铁矿石配制而成。

2）普通混凝土　表观密度为1950～2500kg/m^{3}的水泥混凝土，主要以砂、石子和水泥配制而成，是土木工程中最常用的混凝土品种。

3）轻混凝土　表观密度小于1950kg/m^{3}的混凝土，包括轻骨料混凝土、多孔混凝土和大孔混凝土等。

（2）按胶凝材料的品种分类

通常根据主要胶凝材料的品种，并以其名称命名，如水泥混凝土、石膏混凝土、水玻璃混凝土、硅酸盐混凝土、沥青混凝土、聚合物混凝土等。有时也以加入的特种改性材料命名，如水泥混凝土中掺入钢纤维时，称为钢纤维混凝土；水泥混凝土中掺大量粉煤灰时，则称为粉煤灰混凝土等。

（3）按使用功能和特性分类

按使用部位、功能和特性通常可分为结构混凝土、道路混凝土、水工混凝土、耐热混凝土、耐酸混凝土、防辐射混凝土、补偿收缩混凝土、防水混凝土、泵送混凝土、自密实混凝土、纤维混凝土、聚合物混凝土、高强混凝土、高性能混凝土等。

2. 混凝土制备

制备混凝土时，首先应根据工程对和易性、强度、耐久性等的要求，合理地选择原材料并确定其配合比例，以达到经济适用的目的。混凝土配合比的设计通常按水灰比法则的要求进行。材料用量的计算主要用假定容重法或绝对体积法。

建筑工地现场搅拌混凝土，用于承重结构。先要委托具有资质的实验室完成配合比设计，所用砂石经过烘干不含水分，称为实验室配合比。在现场配制混凝土时，要考虑砂、石的实际含水率，对配合比进行调整，称为施工配合比。很多城市都建立了混凝土集中搅拌站，也称商品混凝土站（图0-40），供应半径为15～20km，商品混凝土站自己具备有资质的实验室，能完成配合比设计、搅拌和运输等生产过程。

3. 混凝土搅拌

根据不同施工要求和条件，混凝土可在施工现场搅拌或在搅拌站集中搅拌。混凝土搅拌机按搅拌原理可分为自落式搅拌机（图 0-41a）和强制式搅拌机（图 0-41b）两大类。流动性较好的混凝土拌合物可用自落式搅拌机；流动性较小或干硬性混凝土宜用强制式搅拌机搅拌。搅拌前应按配合比要求配料，控制称量误差。投料顺序和搅拌时间对混凝土质量均有影响，应严格掌握，使各组分材料拌和均匀。

图 0-40　商品混凝土搅拌站

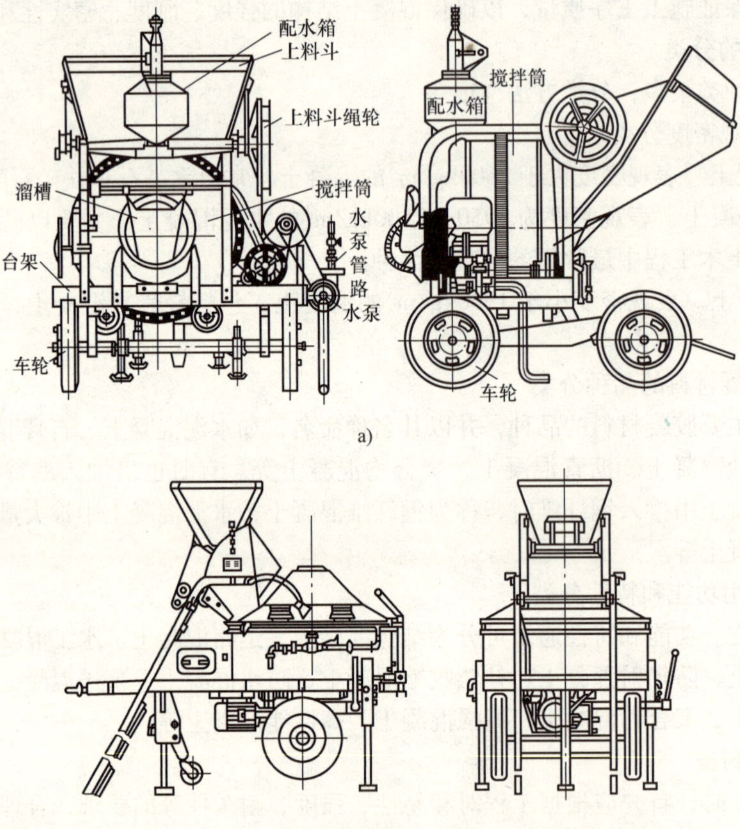

图 0-41　现场搅拌机械

a）自落式搅拌机　b）强制式搅拌机

4. 运输

混凝土运输是整个混凝土施工中的一个重要环节，对工程质量和施工进度影响较大。由于混凝土拌和后不能久存，而且在运输过程中对外界的影响敏感，运输方法不当或疏忽大意，都会降低混凝土质量，甚至造成废品。如供料不及时或混凝土品种错误，正在浇筑的施工部位将不能顺利进行。因此，要解决好混凝土拌和、浇筑、水平运输和垂直运输之间的协调配合问题。混凝土拌合物，可用料斗、皮带运输机或搅拌运输车输送到施工现场。

（1）对混凝土运输的基本要求

1）在运输过程中，应保持混凝土的均匀性，避免产生分层离析现象，混凝土运至浇筑地点，应符合浇筑时所规定的坍落度（见表0-7）。

2）混凝土应以最少的中转次数、最短的时间，从搅拌地点运至浇筑地点，保证混凝土从搅拌机卸出后到浇筑完毕的延续时间，不超过表0-8的规定。

3）运输工作应保证混凝土的浇筑工作连续进行。

4）运送混凝土的容器应严密，其内壁应平整光洁、不吸水、不漏浆、粘附的混凝土残渣应经常清除。

表0-7 混凝土浇筑时所规定的坍落度 （单位：mm）

项次	结构种类	坍落度
1	基础或地面等的垫层、无配筋的厚大结构（挡土墙、基础或厚大的块体）或钢筋稀疏的结构	10~30
2	板、梁和大中型截面的柱子等	30~50
3	配筋密列的结构（薄壁、斗仓、筒仓、细柱等）	50~70
4	配筋特密的结构	70~90

注：1. 本表系指采用机械振捣的坍落度，采用人工捣实时可适当增大。
2. 需要配置大坍落度混凝土时，应掺用外加剂。
3. 曲面或斜面结构的混凝土，其坍落度值应根据实际需要另行选定。
4. 轻骨料混凝土的坍落度，宜比表中数值减少10~20mm。
5. 自密实混凝土的坍落度另行规定。

表0-8 混凝土从搅拌机卸出后到浇筑完毕的延续时间 （单位：min）

混凝土强度等级	气温/℃	
	≤25	>25
≤C30	120	90
>C30	90	60

注：1. 掺外加剂或采用快硬水泥拌制混凝土时，应按试验确定。
2. 轻骨料混凝土的运输、浇筑时间应适当缩短。

（2）运输工具的选择

1）地面水平运输。当采用商品混凝土或运距较远时，最好采用混凝土搅拌运输车（图0-42）。当距离过远时，可装入干料，在到达浇筑现场前15~20min放入搅拌水，可边行走边进行搅拌。如现场搅拌混凝土，可采用载重1t左右、容量为400L的小型机动翻斗车（图0-43）或手推车运输。运距较远、运量又较大时，可采用皮带运输机或窄轨翻斗车。

2）垂直运输。混凝土垂直运输可采用塔式起重机、混凝土输送泵、快速提升斗和井架。

3）混凝土楼面水平运输。混凝土水平运输多采用双轮手推车，塔式起重机亦可兼顾楼面水平运输。如用混凝土泵，则可采用布料杆布料（图0-44）。

图0-42　混凝土搅拌运输车

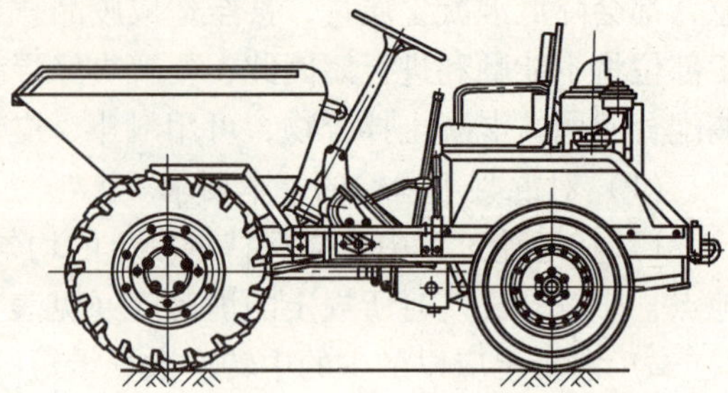

图0-43　小型翻斗车

混凝土输送泵车（图0-45）和混凝土搅拌运输车配合使用，可以一次同时完成现场混凝土的输送和布料作业；混凝土拖泵（图0-46）要和混凝土输送管及布料装置配合，才能完成现场混凝土的输送和布料工作。

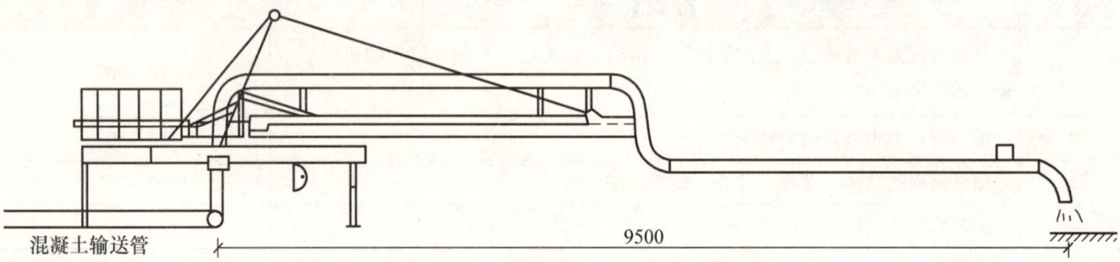

图0-44　移置式混凝土布料杆

图0-45　混凝土输送泵车

图0-46　混凝土拖泵

5. 混凝土的浇筑

混凝土的浇筑是将混凝土放入已经安装好的模板内并振捣密实以形成设计要求的构件。

（1）浇筑前的准备工作

混凝浇筑前对模板及其支架、钢筋、预埋件和预埋管线，必须进行检查，并做好隐蔽工程的验收，符合设计要求后方能浇筑混凝土。

在地基或地基土上浇筑混凝土时，应清除淤泥和杂物，并应有排水和防水措施。对干燥的非黏性土，应用水湿润；对未风化的岩石，应用水清洗，但其表面不得有积水。

在浇筑混凝土之前，应将模板内的杂物和钢筋上的油污等清理干净；对模板的缝隙及孔洞应予堵严；对木模板应浇水湿润，但不得有积水。

（2）浇筑混凝土的一般规定

1）混凝土自高处自由倾落的高度不应超过2m，在浇筑竖向结构混凝土时，倾落高度不应超过3m，否则，应采用串筒、溜管、斜槽或振动溜管等下料，以防粗骨料下落动能大，积聚在结构底部，造成混凝土分层离析。

2）在降雨雪时，不宜露天浇筑混凝土，当需浇筑时，应采取有效措施，以确保混凝土质量。

3）混凝土必须分层浇筑，浇筑层的厚度应符合表0-9的要求。

4）浇筑混凝十应连续进行，若因停电等原因必须间歇时，其间歇时间宜短，并应在下层混凝土凝结之前，将上层混凝土浇筑完毕以防止扰动已经初凝的混凝土而出现质量缺陷。混凝土运输、浇筑及间歇的全部时间不得超过表0-10的规定。当超过时应留置施工缝。

表0-9　混凝土浇筑层厚度表　（单位：mm）

捣实混凝土的方法		浇筑层的厚度
插入式振捣		振捣器作用部分长度的1.25倍
表面振捣		200
人工振捣	在基础、无筋混凝土或配筋稀疏的结构中	250
	在梁、墙、板、柱结构中	200
	在配筋密列的结构中	150
轻骨料混凝土	插入式振捣	300
	表面振捣	200

表0-10　混凝土运输、浇筑和间歇的允许时间　（单位：min）

混凝土强度等级	气温/℃	
	≤25	>25
≤C30	210	180
≥C30以上	180	150

（3）施工缝与后浇带

混凝土施工缝尽可能留置在剪力小且便于施工的部位，承受动力荷载的设备基础原则上不可留置施工缝，当必须留时应符合设计及施工规范要求。

后浇带是为适应环境温度变化、混凝土收缩、结构不均匀沉降等因素影响，在梁、板（包括基础底板）、墙等结构中预留的具有一定宽度且经过一定时间后再浇筑的混凝土带。后浇带的浇筑时间宜选择气温较低时，可用浇筑水泥或水泥中掺微量铝粉的混凝土，其强度等级应比构件强度高一级，防止新老混凝土之间出现裂缝，造成薄弱部位。设置后浇带的部位还应该考虑模板等措施不同的消耗因素。

6. 振捣

混凝土入模以后是松散的，里面含有空气与气泡。混凝土拌合物浇筑之后，需经密实成型才能赋予混凝土结构一定的外形和内部结构。混凝土只有经密实成型才能达到设计的强度、抗冻性、抗渗性和耐久性。目前主要采用振动捣实方法也有的采用离心、挤压和真空作业等。掺入某些高效减水剂的流态混凝土，则可不振捣。混凝土振捣是混凝土施工中的关键工序，施工操作者必须认真对待以保证混凝土施工质量。

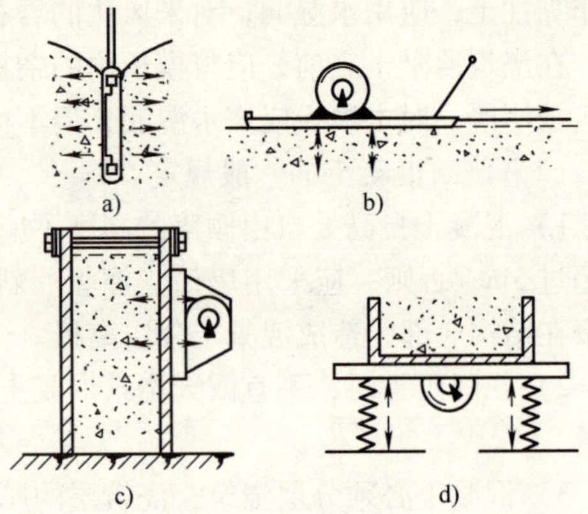

图 0-47　混凝土振捣器

a）内部振动器　b）表面振动器

c）外部振动器　d）振动台

混凝土振捣器的类型，按振捣方式的不同分为插入式、表面式、外部式和振动台（图 0-47）。

1）插入式振动器，又称内部振动器（图 0-48）。用内部振动器振捣混凝土时，应垂直插入，并插入下层尚未初凝的混凝土中 50～100mm，以促使上下层结合。插点的分布有行列式和交错式两种。对普通混凝土，插点间距不大于 1.5R（R 为振动器作用半径）；对轻骨料混凝土，则不大于 1.0R。

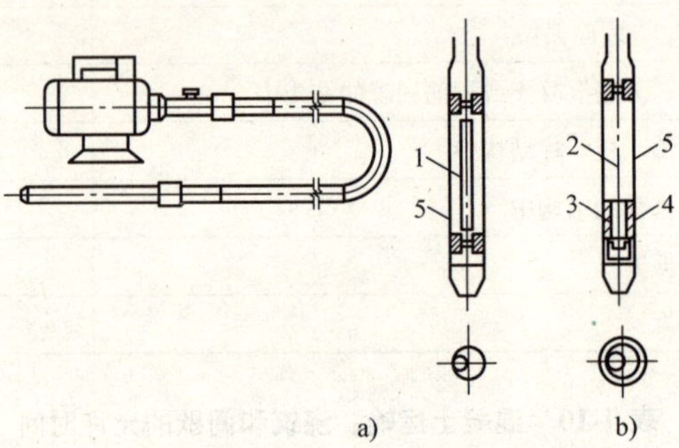

图 0-48　插入式振动器

a）偏心式　b）行星式

1—偏心转轴　2—滚动轴　3—滚锥　4—滚道　5—振动棒外壳

2）附着式振动器又称外部振动器。只适用于柱、墙等截面尺寸小且钢筋间距密的构件。

3）表面式振动器只适用于薄层混凝土的捣实，如：渠道衬砌、登陆、薄板等。

4）振动台多用于实验室试块的振捣。在大型预制构件厂，流水线生产也有用振动台进行混凝土的捣实。

7. 养护

混凝土浇捣后之所以能逐渐硬化，主要是因为水泥水化作用的结果，而水化作用则需要适当的温度和湿度条件。混凝土养护的目的在于创造适当的温湿度条件，保证或加速混凝土的正常硬化。不同的养护方法对混凝土性能有不同影响。养护的原则是：湿度要充分，温度应适宜。常用的养护方法有自然养护、蒸汽养护、热拌混凝土热模养护、蒸压养护、电热养护、红外线养护和太阳能养护等。养护经历的时间称养护周期。为了便于比较，规定测定混凝土性能的试件必须在标准条件下进行养护。标准养护条件是：温度为20±3°C；湿度不低于90%。在工程中，制定施工养护方案或生产养护制度应作为必不可少的规定，并应有实施过程的养护记录，供存档备案。

现场施工多采用自然养护。所谓混凝土的自然养护，即在平均气温高于+5℃的条件下，于一定时间内使混凝土保持湿润状态。自然养护主要有洒水养护和喷涂薄膜养生液养护两种。养护时间取决于当地气温、水泥品种和结构物的重要性。养护注意事项如下：

1）在浇筑完毕后的12h以内，对混凝土加以覆盖保湿和浇水。

2）混凝土的浇水养护时间：硅酸盐水泥、普通硅酸盐水泥或矿渣硅酸盐水泥拌制的混凝土，不得少于7d；掺用缓凝型外加剂或有抗渗性要求的混凝土不得少于14d。

3）浇水次数应能保持混凝土处于润湿状态。养护用水应与拌制用水相同。

4）采用塑料布覆盖养护时，混凝土敞露的全部表面应覆盖严密，并应保持塑料布内有凝结水。

5）混凝土强度达到1.2N/mm^{2}前，不得上人施工。

自然养护成本低，但养护时间长，模板周转慢。预制构件的养护可采用蒸汽养护、热拌混凝土热模养护、蒸压养护、电热养护、红外线养护和太阳能养护等。

8. 混凝土质量检查

（1）拌制和浇筑过程中的质量检查

在拌制和浇筑过程中，对拌制混凝土所用原材料的品种、规格和用量做检查：每一工作班至少两次；在每一工作班内，当混凝土配合比由于外界影响有变动时，应及时检查；混凝土的搅拌时间，应随时检查。

（2）混凝土试块的留置

为了检查混凝土强度等级是否达到设计要求，或混凝土是否已达到拆模、起吊强度及预应力构件混凝土是否达到张拉、放松预应力筋时所规定的强度，应制作试块，做抗压强度试验。

1）检查混凝土是否达到设计强度等级

检查方法是：制作标准养护试块，经28d养护后做抗压强度试验。其结果作为确定结构或构件的混凝土强度是否达到设计要求的依据。

标准养护试块，应在浇筑地点随机取样制作。其组数，应按下列规定留置：

① 每拌制100盘且不超过100m^{3}的同配合比的混凝土，取样不得少于一次。

② 每工作班拌制的同配合比的混凝土不足100盘时，取样不得少于一次。

③ 当一次连续浇筑超过1000m^{3}时，同一配合比的混凝土每200m^{3}取样不得少于一次。

④ 每一楼层、同一配合比的混凝土，取样不得少于一次。

⑤ 每次取样，应至少留置一组（3个）标准试件。

2）检查施工各阶段混凝土的强度

为了检查结构或构件的拆模、出厂、吊装、张拉、放张及施工期间的临时负荷，尚应留置与结构或构件同条件养护的试块。试块的组数可按实际需要确定。

（3）混凝土强度的评定

1）每组试块强度代表值的确定

① 取3个试件强度的算术平均值作为每组试件的强度代表值。

② 当一组试件中强度的最大值或最小值与中间值之差超过中间值的 15% 时，取中间值作为该组试件的强度代表值。

③ 当一组试件中强度的最大值和最小值与中间值之差均超过中间值的 15% 时，该组试件的强度不应作为评定的依据。

注：根据设计规定，可采用大于 28d 龄期的混凝土试件。

2）混凝土强度评定方法

混凝土强度的检验评定必须按照《混凝土强度检验评定标准》（GB50107－2010）的规定，其强度必须符合下列规定。

① 当连续生产的混凝土，生产条件在较长时间内能保持一致，且同一品种、同一强度等级混凝土的强度变异性保持稳定时，应按下面规定进行评定。

一个检验批的样本容量应为连续的三组试件，其强度应同时满足下列要求：

$$m_{f_{cu}} \geq f_{cu,k} + 0.7\sigma_0 \tag{0-1}$$

$$f_{cu,min} \geq f_{cu,k} - 0.7\sigma_0 \tag{0-2}$$

当混凝土强度等级不高于 C20 时，其强度的最小值尚应满足下式要求：

$$f_{cu,min} \geq 0.85 f_{cu,k} \tag{0-3}$$

当混凝土强度等级高于 C20 时，其强度的最小值尚应满足下式要求：

$$f_{cu,min} \geq 0.90 f_{cu,k} \tag{0-4}$$

式中 $m_{f_{cu}}$ ——同一检验批混凝土立方体抗压强度的平均值（N/mm^2），精确到 $0.1N/mm^2$；

$f_{cu,k}$ ——混凝土立方体抗压强度标准值（N/mm^2），精确到 $0.1N/mm^2$；

σ_0——检验批混凝土立方体抗压强度的标准差（N/mm^2），精确到 $0.01N/mm^2$；当计算值小于 $2.5N/mm^2$ 时，应取 $2.5N/mm^2$。

$f_{cu,min}$ ——同一检验批混凝土立方体抗压强度的最小值（N/mm^2），精确到 $0.1N/mm^2$。

② 检验批混凝土立方体抗压强度的标准差，应根据前一个检验期内同一品种混凝土试件的强度数据，按下列公式计算：

$$\sigma_0 = \sqrt{\frac{\sum_{i=1}^{n} f_{cu,i}^2 - n m_{f_{cu}}^2}{n-1}} \tag{0-5}$$

式中 $f_{cu,i}$ ——第 i 组混凝土试件的立方体抗压强度代表值（N/mm^2），精确到 $0.1N/mm^2$；

n ——前一检验期内的样本容量。

注：上述检验期不应少于 60d、也不宜超过 90d，且在该期间内样本容量不应少于 45 组。

③ 当样本容量不少于 10 组时，其强度应同时满足下列要求：

$$m_{f_{cu}} \geq f_{cu,k} + \lambda_1 S_{f_{cu}} \tag{0-6}$$

$$f_{cu,min} \geq \lambda_2 f_{cu,k} \tag{0-7}$$

式中 $S_{f_{cu}}$ ——同一检验批混凝土立方体抗压强度的标准差（N/mm^2），精确到 $0.01N/mm^2$；按公式（0-8）计算。当 $S_{f_{cu}}$ 计算值小于 $2.5N/mm^2$ 时，应取 $2.5N/mm^2$。

λ_1，λ_2——合格判定系数，按表 0-11 取用。

表 0-11　混凝土强度的合格判定系数

试件组数	10 ~ 14	15 ~ 19	≥20
λ_1	1.15	1.05	0.95
λ_2	0.90	0.85	

④ 同一检验批混凝土立方体抗压强度的标准差，应按下列公式计算：

$$S_{f_{cu}} = \sqrt{\frac{\sum_{i=1}^{n} f_{cu,i}^2 - n \cdot m_{f_{cu}}^2}{n - 1}} \tag{0-8}$$

式中　n ——本检验期内的样本容量。

⑤ 当用于评定的样本容量小于 10 组时，可采用非统计方法评定混凝土强度。其强度应同时满足下列要求：

$$m_{f_{cu}} \geqslant \lambda_3 f_{cu,k} \tag{0-9}$$

$$f_{cu,min} \geqslant \lambda_4 f_{cu,k} \tag{0-10}$$

式中　λ_3，λ_4——合格判定系数，按表 0-12 取用。

表 0-12　混凝土强度的非统计法合格判定系数

混凝土强度等级	<C60	≥C60
λ_3	1.15	1.10
λ_4	0.95	

知识拓展——高性能混凝土

根据《高强混凝土结构技术规程》（CECS104：99），将强度等级大于或等于 C50 的混凝土称为高强混凝土；将具有良好的施工和易性和优异耐久性、且均匀密实的混凝土称为高性能混凝土；同时具有上述各性能的混凝土称为高强高性能混凝土；而《普通混凝土配合比设计规范》（JGJ55－2011）中，则将强度等级大于或等于 C60 的混凝土称为高强混凝土；《混凝土结构设计规范》（GB50010－2010）则未明确区分普通混凝土或高强混凝土，只规定了钢筋混凝土结构的混凝土强度等级不应低于 C15，混凝土强度范围从 C15 ~ C80。综合国内外对高强混凝土的研究和应用实践，以及现代混凝土技术的发展，将大于或等于 C60 的混凝土称为高强度混凝土是比较合理的。

获得高强高性能混凝土的最有效途径主要有掺高性能混凝土外加剂和活性掺合料，并同时采用高强度等级的水泥和优质骨料。对于具有特殊要求的混凝土，还可掺用纤维材料提高抗拉、抗弯性能和冲击韧性；也可掺用聚合物等，提高密实度和耐磨性。常用的外加剂有高效减水剂、高效泵送剂、高性能引气剂、防水剂和其他特种外加剂。常用的活性混合材料有Ⅰ级粉煤灰或超细磨粉煤灰、磨细矿粉、沸石粉、偏高岭土、硅粉等，有时也可掺适量超细磨石灰石粉或石英粉。常用的纤维材料有：钢纤维、聚酯纤维和玻璃纤维等。

高强高性能混凝土作为建设部推广应用的十大新技术之一，是建设工程发展的必然趋势。发达国家早在 20 世纪 50 年代即已开始研究应用。我国约在 20 世纪 80 年代初，首先在轨枕和预应力桥梁中应用。在高层建筑中应用则始于80年代末，进入90年代以来，研究和应用增加，北京、上海、广州、深圳等许多大中城市，已建起了多幢高强高性能混凝土建筑。

随着国民经济的发展，高强高性能混凝土在建筑、道路、桥梁、港口、海洋、大跨度，及预应力结构、高耸建筑物等工程中的应用将越来越广泛，强度等级也将不断提高，C50～C80的混凝土将普遍得到使用，C80以上的混凝土将在一定范围内得到应用。

【课后作业题】

1. 上网查询一下框架结构、框架剪力墙结构和剪力墙结构常用的基础类型。
2. 如何选择钢筋的连接方法？
3. 不同材料模板的适用范围是什么？
4. 混凝土配合比是什么？何为施工配合比？
5. 混凝土质量检查包含哪些方面内容？
6. 上网查询不同养护方法的适用范围。

项目1　独立基础施工

框架结构常用的基础类型主要有柱下独立基础、柱下条形基础、十字交叉梁基础、筏板基础、桩基础。本项目以框架结构中应用较多的柱下独立基础为例讲解，独立基础的施工内容主要包括钢筋、模板、混凝土施工。

教学情境1　独立基础钢筋施工

【情境描述】

针对某一框架结构基础施工图，进行独立基础钢筋施工，侧重解决以下问题：

（1）写出施工准备工作计划。

（2）进行独立基础钢筋下料长度计算。

（3）分小组在实训教师指导下，在实训车间进行钢筋调直切断、弯曲成型等操作；并完成独立基础钢筋施工和隐蔽工程验收。

训练目标

能根据图纸进行配料计算，能正确选用钢筋加工机械进行钢筋加工与连接操作，确定施工程序，并对钢筋工程进行验收和评定。

【任务分解】

任务1　独立基础施工图识读与钢筋下料

任务2　独立基础钢筋施工

【任务实施】

任务1　独立基础施工图识读与钢筋下料

独立基础内配置的钢筋有底板钢筋和柱插筋。这是因为现浇基础施工时，柱子的根部钢筋必须先放进去，混凝土浇筑后，才能成为一体。

【任务描述】

结合某框架结构基础施工图进行识图训练，完成以下问题或工作：

（1）基础按照结构形式分为几类？

（2）列出图纸中各种独立柱基础的尺寸及配筋情况。

（3）独立柱基础的钢筋加工有几项内容？

（4）独立基础钢筋下料长度如何计算？

【知识链接】

1. 独立基础施工图识读

（1）独立基础施工图识读一般规定

现浇独立柱基础有阶梯形和坡形两种形式。

某独立柱基础平面图和基础详图（见图1-1和图1-2）。

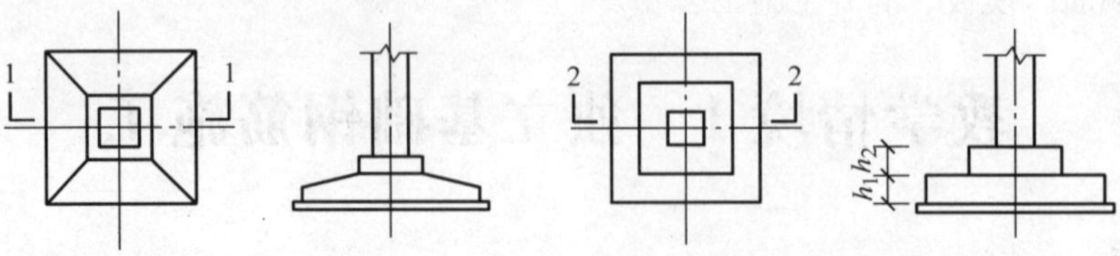

图1-1　独立柱基础形式

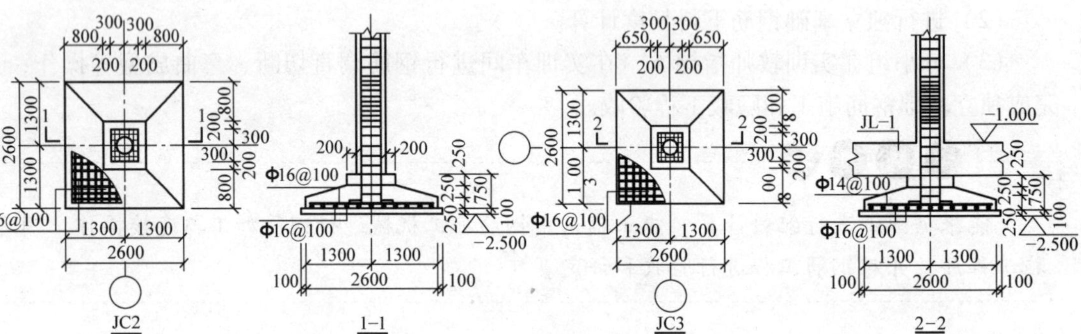

图1-2　柱基配筋图

在平面布置图上表示独立基础的尺寸与配筋，以平面注写方式为主，以截面注写方式为辅。结构平面的坐标方向：两向轴网正交布置时，图面从左至右为X向，从下到上为Y向。

独立基础的平面注写方式分为集中标注与原位标注。集中标注是在基础平面图上集中引注基础编号、截面竖向尺寸、配筋三项必注内容，以及当基础底面标高与基础底面基准标高不同时的相对标高高差和必要的文字注解两项选注内容。原位标注是在基础平面布置图上标注独立基础的平面尺寸。对相同编号的基础，可选择一个进行原位标注；当平面图形较小时，可将所选定进行原位标注的基础按双比例适当放大；其他相同编号者仅注编号。

（2）独立基础施工图集中标注

1）注写独立基础编号　独立基础编号由：类型、基础底板截面形状和序号组成。

① 阶形截面编号加下标“J”，如：DJ_{J2}表示2号独立基础为台阶形截面。

② 坡形截面编号加下标“P”，如：DJ_{P3}表示3号独立基础为坡形截面。

2）注写独立基础截面竖向尺寸（如图1-3所示）。

① 当基础为阶梯形截面时，注写$h_1/h_2/\cdots\cdots$。各阶尺寸自下向上“/”分隔顺写。当基础为单阶时，其竖向尺寸仅为一个，且为基础总厚度。例：当阶形截面普通独立基础

DJ_{J01}的竖向尺寸注写为300/300/400时，表示$h_1=300$mm，$h_2=300$mm，$h_3=400$mm，基础底板总厚度为1000mm。

② 当基础为坡形截面时，注写为h_1/h_2。例：当坡形截面普通独立基础$DJ_{P\times\times}$的竖向尺寸注写为350/300时，表示$h_1=350$mm，$h_2=300$mm，基础底板总厚为650mm。

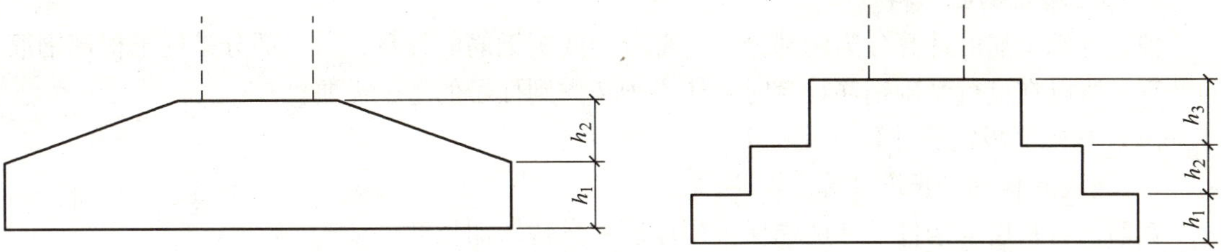

图1-3 独立基础截面竖向尺寸示意

3）注写独立基础配筋 普通独立基础底部双向配筋注写规定如下：

① 以B代表各种独立基础底板的底部配筋。

② X向配筋以X打头、Y向配筋以Y打头注写；当两向配筋相同时，则以X&Y打头注写。

③ 当矩形独立基础底板底部的短向钢筋采用两种配筋值时，先注写较大配筋，在“/”后再注写较小配筋。

例：当独立基础底板（图1-4）配筋标注为：

B：XΦ16@150，YΦ16@200。表示基础底板底部配置HRB335级钢筋，X向钢筋直径为16mm，分布间距为150mm；Y向钢筋直径为16mm，分布间距为200mm。

4）必要的文字注解 当独立基础的设计有特殊要求时，宜增加必要的文字注解。例如，基础底板配筋长度是否采用减短方式等。可在该项内注明（底板尺寸>3m时，底板筋间隔可缩短1/10）。

（3）独立基础施工图原位标注

原位标注x，y，x_c，y_c，x_i，y_i，$i=1$，2，3……。其中，x、y为普通独立基础两方向边长，x_c、y_c为柱截面尺寸，x_i、y_i为阶宽或坡形平面尺寸，如图1-5所示。

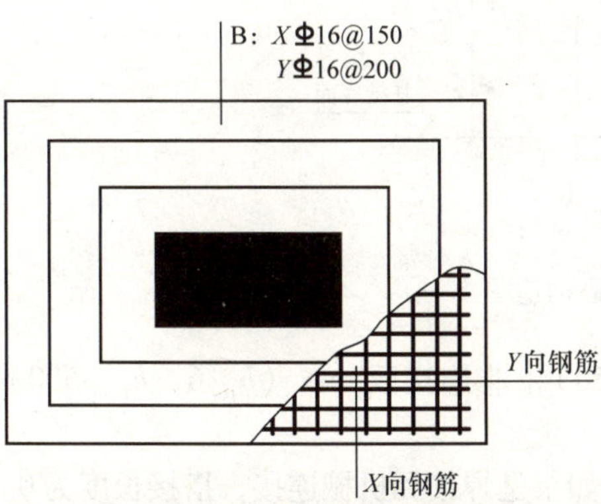

图1-4 独立基础底板配筋示意

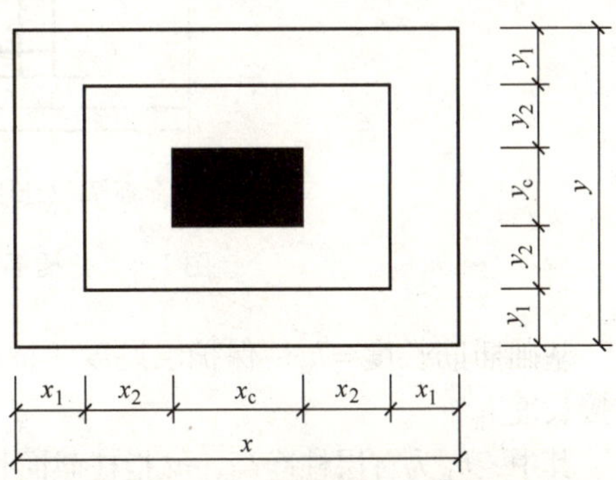

图1-5 独立基础施工图原位标注

当独立基础底板的 X 向或 Y 向宽度≥3m 时（基础支承在桩上除外），除基础边缘的第一根钢筋外，X 向或 Y 向的钢筋长度可减短10%，即按长度的0.9倍交错绑扎设置，但对偏心基础的某边自柱中心至基础边缘尺寸 <1.25m 时，沿该方向的钢筋长度不应减短。施工时独立基础双向交叉钢筋长向设置在下，短向设置在上。

2. 独立基础钢筋下料

独立基础钢筋的计算分为两部分：一部分为底板钢筋的计算，另一部分是柱子根部钢筋的计算。所以在进行基础钢筋计算时，还必须考虑到柱子的施工需要。

（1）基础底板钢筋计算（见图1-5）

1）基础底板钢筋长度计算

钢筋下料长度 = 构件长 − 两端保护层厚度 + 弯钩增加长度

X 向底板钢筋长 $= x - 2c$ + 弯钩增加长度（当底板筋为光圆钢筋两端做180°弯钩时），c 为混凝土保护层厚度。

Y 向底板钢筋长 $= y - 2c$ + 弯钩增加长度（当底板筋为光圆钢筋两端做180°弯钩时），c 为混凝土保护层厚度。

2）基础底板钢筋根数计算

钢筋根数：X 方向钢筋根数 $=(y-2c)/$间距 $+1$。Y 方向钢筋根数 $=(x-2c)/$间距 $+1$。

（2）框架柱在基础中插筋长度计算

框架柱在基础中插筋长度计算与插筋保护层厚度、基础底面至基础顶面的高度有关，分为以下四种情况：

1）当插筋保护层厚度 $>5d$，且 h_j（基础底面至基础顶面的高度）$>l_{ae}$（受拉钢筋抗震锚固长度）时：

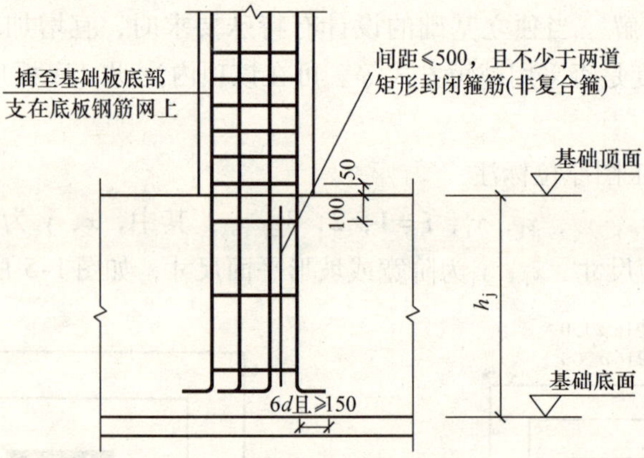

图1-6 柱插筋在基础中锚固构造图（一）

基础插筋长度 $=h_j$ − 保护层厚度 + max（$6d$，150）+ 非连接区 max（$h_n/6$，h_c，500）+ 搭接长度 l_{ie}

其中，h_n 为首层柱净高，h_c 指柱截面长边尺寸，如果是焊接和机械连接，搭接长度为0。

2）当插筋保护层厚度 $>5d$，$h_j \leq l_{ae}$ 时（图1-7）：

基础插筋长度 $=h_j$ − 保护层厚度 $+15d$ + 非连接区 max（$h_n/6$，h_c，500）$+l_{ie}$

3）当外侧插筋保护层厚度≤5d，$h_j > l_{ae}$时（图1-8）：

基础插筋长度 = h_j − 保护层厚度 + max（6d，150）+ 非连接区 max（$h_n/6$，h_c，500）+ l_{ie}

锚固区横向箍筋应满足直径≥$d/4$（d为插筋最大直径），间距≤10d（d为插筋最小直径），且满足间距＜100mm。

4）当外侧插筋保护层厚度≤5d，$h_j \le l_{ae}$时（图1-9）

基础插筋长度 = h_j − 保护层厚度 + 150 + 非连接区 max（$h_n/6$，h_c，500）+ l_{ie}。

锚固区横向箍筋应满足直径≥$d/4$（d为插筋最大直径），间距≤10d（d为插筋最小直径）且满足间距≤100mm。

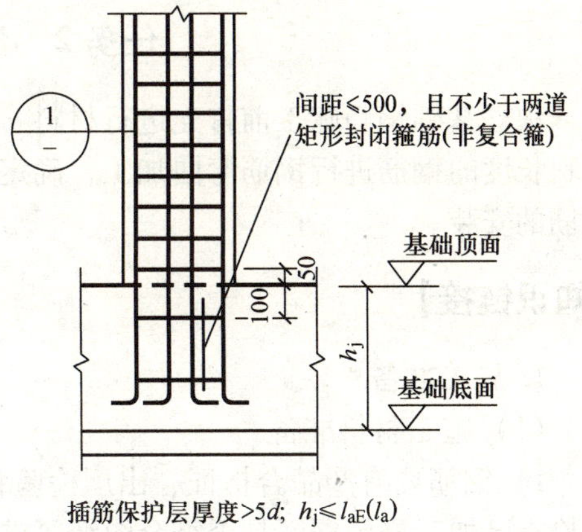

图1-7 柱插筋在基础中锚固构造图（二）

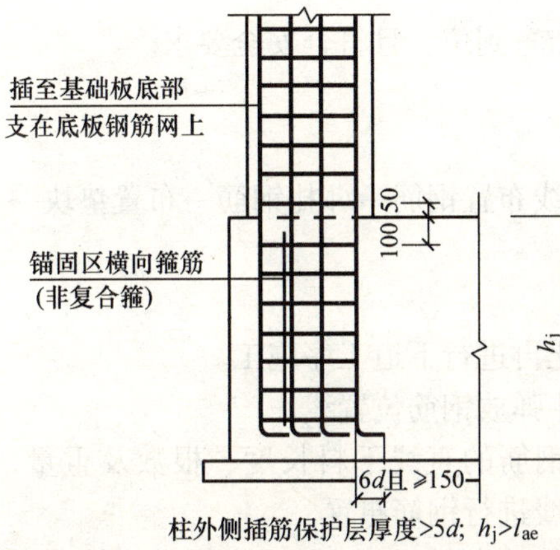

图1-8 柱插筋在基础中锚固构造图（三）

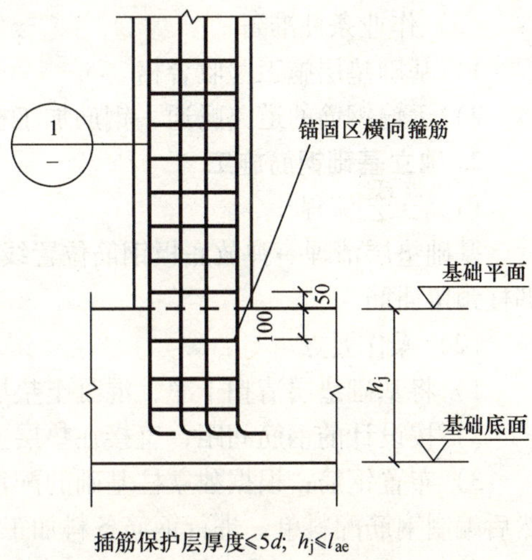

图1-9 柱插筋在基础中锚固构造图（四）

（3）柱基础插筋箍筋个数计算

框架柱在基础中箍筋个数 =（基础高度 − 基础保护层厚度 − 100）/间距 + 1。

柱基础插筋在基础中箍筋的个数不应少于两道封闭箍筋。

【例题】 某框架柱层首层净高4200mm，柱截面尺寸650mm×600mm，柱纵筋HRB400的4Φ20，二级抗震，混凝土强度等级为C30，柱基础底板厚800mm，底板混凝土保护层厚度为40mm，查表求得l_{ae}为920mm，柱钢筋采用电渣压力焊连接，求柱基础插筋下料长度。

解：5d = 100mm　l_{ae} = 920mm　h_j = 800mm　$H_n/6$ = 700mm

max($H_n/6$，h_c，500) = 700mm

柱插筋保护层厚度40mm≤5d，$h_j \le l_{ae}$

基础插筋长度 = h_j − 保护层厚度 + 150 + 非连接区 max($H_n/6$，h_c，500)

= 800 − 40 + 150 + 700 = 1610mm

任务2　独立基础钢筋施工

独立基础钢筋施工前首先进行材料、机具和作业条件准备，按照设计图纸要求将计算好下料长度的钢筋进行钢筋弯曲加工，确定施工工艺流程，并进行基础底板钢筋网片绑扎和柱插筋的安装。

【知识链接】

1. 施工准备

（1）施工材料准备

1）钢筋要有产品合格证、出厂检验报告和进场复验报告，并核对钢筋配料单和料牌，并检查已加工好的钢筋是否符合图纸要求。

2）20号~22号钢丝（火烧丝）或镀锌钢丝，水泥砂浆保护层垫块或者塑料垫块。

（2）施工机具准备

钢筋调直机、钢筋弯曲机、钢筋切断机、钢筋钩子、钢筋扳子、钢丝刷、粉笔、尺子等。

（3）作业条件准备

1）基础垫层施工验收合格。

2）运输钢筋的道路畅通，钢筋加工机械用配电箱布置到位，且符合安全要求。

2. 独立基础钢筋施工

（1）工艺流程

基础垫层清理→弹放底板钢筋位置线→按钢筋位置线布置钢筋→绑扎钢筋→布置垫块→绑柱预留插筋。

（2）操作要点

1）将基础垫层清扫干净，混凝土垫层要等垫层硬化再进行下道工序施工。

2）按设计的钢筋间距，直接在垫层上用石笔或墨斗弹放钢筋位置线。

3）布置钢筋：根据独立柱基础的配筋图计算各种钢筋的直线下料长度、根数及重量，然后编制钢筋配料单，进行钢筋备料加工，按照表面弹线进行钢筋布置。

基础底板为双向受力钢筋网时，底面长边方向的钢筋放在最下面，短边方向的钢筋放在长边方向的钢筋上面。

4）钢筋绑扎：绑扎时应注意相邻绑扎点的扎扣要成八字形，以免网片歪斜变形。中间部分每隔1根相互成梅花式扎牢，必须保证受力钢筋不发生位移。必须将全部交叉点全部扎牢。

5）布置保护层垫块

混凝土保护层厚度可采用预制水泥砂浆垫块或塑料小支架控制。垫块厚度应等于保护层厚度。垫块的平面尺寸：当保护层厚度不大于20mm时，为30mm×30mm，保护层厚度大于20mm时为50mm×30mm。垫块应布置成梅花型，相互间距不大于1m。

① 基础底板采用单层钢筋网片时，基础钢筋网绑扎好以后，可以用小撬棍将钢筋网略向上抬后，放入准备好的混凝土保护层垫块，将钢筋网垫起。

② 基础底板采用双层钢筋网片时，在上层钢筋网下面应设置钢筋撑脚或混凝土撑脚，以保证钢筋上下位置正确。上层钢筋弯钩应朝下，而下层钢筋弯钩应朝上，弯钩不能倒向一边。为了保证基础混凝土的保护层厚度，避免钢筋锈蚀，基础中纵向受力的钢筋混凝土保护层厚度不应小于40mm，若基础无垫层时不应小于70mm。

6）绑柱预留插筋。现浇独立基础与柱的连接是在基础内预埋柱子的纵向钢筋。这里往往是柱子的最低部位，要保证柱子轴线位置准确，柱子插筋位置一定要准确，且要绑扎牢固，以保证浇筑混凝土时不偏移。因此，柱子插筋下端用90°弯钩与基础钢筋网绑扎连接，再用井字形架将插筋上部固定在基础的外模板上。其箍筋应比柱的箍筋小一个柱纵筋直径，以便与下道工序的连接。箍筋不少于3道，位置一定要正确，并扎牢固，以免造成柱轴线偏移。图1-10为独立基础钢筋施工现场图片。

图1-10 独立基础钢筋施工现场图片

【实践操作】

技师演示

（1）底板钢筋排布。

（2）底板钢筋绑扎。

（3）柱插筋绑扎。

角色分配：作业组6人，其中施工图识读与配料计算1人，材料机具准备1人，加工与绑扎3人，质检1人，安全1人。

学生执行任务：根据教师所给任务进行基础钢筋绑扎，并组织小组成员进行自检与互检。

重点提示

（1）基础底板双向钢筋长向在下、短向在上。相邻钢筋交叉点八字扣绑扎。

（2）柱插筋位置要准确，柱插筋骨架无变形。

（3）保护层垫块间距、厚度符合要求。

【角色模拟】

学生模拟质检员岗位，对钢筋连接及安装过程进行检查，主要检查以下内容：

（1）主控项目

钢筋安装时，受力钢筋的品种、级别、规格和数量必须符合设计要求。

检查数量：全数检查。

检验方法：观察、钢尺检查。

（2）一般项目

钢筋安装位置的偏差，应符合表1-1的规定。

检查数量：在同一检验批内，柱应抽查构件数量的10%。

表1-1　钢筋安装位置的允许偏差和检验方法　　（单位：mm）

项目		允许偏差	检验方法
绑扎钢筋网	长、宽	±10	钢尺检查
	网眼尺寸	±20	钢尺量连续三档，取最大值
绑扎钢筋骨架	长	±10	钢尺检查
	宽、高	±5	钢尺检查
受力钢筋	间距	±10	钢尺量两端、中间各一点，取最大值
	排距	±5	
保护层厚度	基础	±10	钢尺检查
绑扎箍筋间距		±20	钢尺量连续三档，取最大值

【检查评价】

（1）施工过程中的工序安排是否合理。

（2）钢筋绑扎工艺是否正确。

（3）钢筋连接与骨架安装质量。

（4）团队合作情况。

教学情境2　独立基础模板施工

【情境描述】

针对某一框架结构基础施工图，进行独立基础模板施工，侧重解决以下问题：

（1）写出施工准备工作计划（作业条件、机具）。

（2）进行模板安装：5~8人为一小组，分别完成一组独立基础模板配模计算，填写模板材料用料单并完成模板安装。

（3）进行模板工程验收。

（4）进行模板拆除：各小组在实训教师指导下，完成模板拆除工作。

训练目标

能根据图纸进行合理配料，能按正确顺序和方法安装模板，要求：牢固、严密、尺寸精确。能按正确顺序和方法拆除模板。对模板工程进行验收和评定。

【任务分解】

任务1　施工准备

任务2　基础模板安装

任务3　基础模板拆除

【任务实施】

任务1 施工准备

独立柱基础模板施工前的准备工作主要包括施工图识读、进行现场材料和施工机具的准备、作业条件准备。

【知识链接】

1. 施工图识读

独立柱基础模板施工图的识读要点：通过基础平面图和基础详图了解独立基础形式、独立柱平面尺寸、截面竖向尺寸。

2. 物资准备

独立基础施工前，需要进行模板材料、支撑系统材料准备和支模工具准备。

（1）基础模板的组成及常用材料

1）组成。基础模板系统主要由模板和支承系统组成。

2）独立基础模板常用的材料，分为组合定型钢模板、钢框木模板、木框竹模板、木框塑料模板等。

在实际工程中，基础模板主要采用钢框木模板、木框竹胶板模板（图1-11）、定型组合钢模板（图1-12）、木模板（图1-13）。

图1-11 木框竹胶板模板

图1-12 钢模板

3）支撑按所用材料分为木支撑、大头柱支撑、钢管架支撑等。

在实际工程中，因基础高度和宽度不易满足定尺定型模板的拼装模数，一般采用现场制作木框竹胶板、木板作为基础模板。支撑采用木支撑较多。本次任务以木框木胶合板模板为例，进行独立基础模板施工（图1-14）。

（2）施工材料主要性能

1）木胶合板模板：是一组单板按相邻层木纹方向相互垂直胶合成的板材。具有板幅大、板面平整，承载力大，耐磨性好，材质轻，锯截方便，易加工成各种形状；便于按工程的需要弯曲成形的优点，广泛应用于各种建筑部位。板面尺寸为1220mm宽、2440mm长，

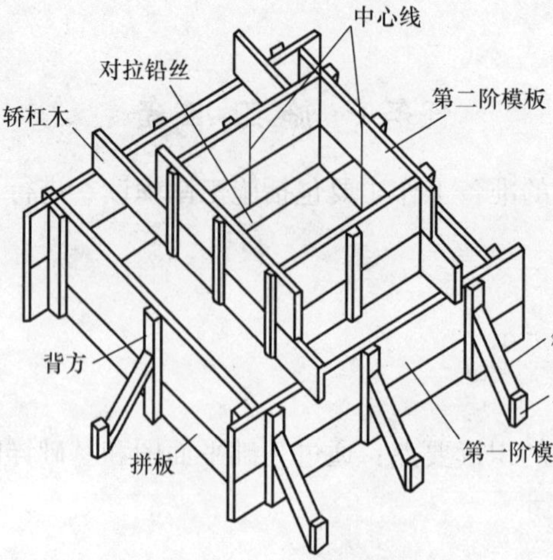

图 1-13　独立基础木模板

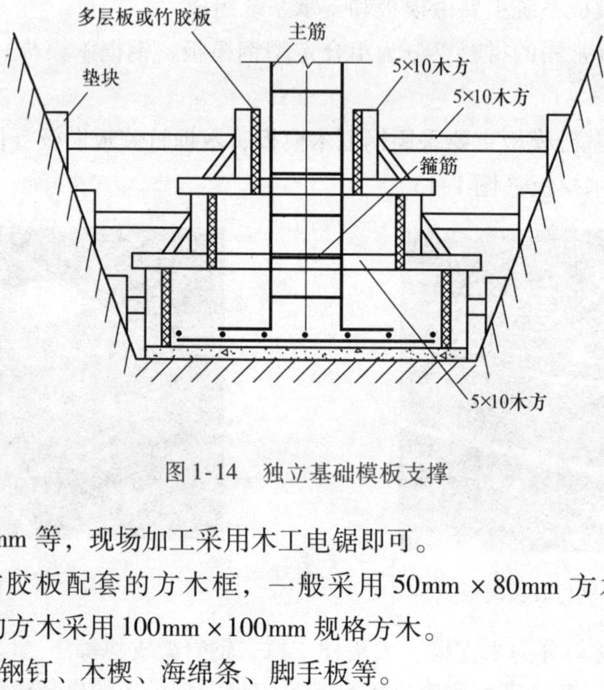

图 1-14　独立基础模板支撑

厚度规格有 12 ~ 18mm 等，现场加工采用木工电锯即可。

2）方木：与竹胶板配套的方木框，一般采用 50mm × 80mm 方木，方木间距 250 ~ 300mm。作为顶撑的方木采用 100mm × 100mm 规格方木。

3）其他辅料：钢钉、木楔、海绵条、脚手板等。

（3）材料配置计划

1）模板系统：定尺木框胶合板，面板宽度为基础台高度，长度为基础边长，框料为 50mm × 80mm 方木，板中间方木间距 200 ~ 300mm。

2）支撑系统：采用 100mm × 100mm 方木斜向顶撑，水平间距不大于 800mm，模板底部和上边各一道顶撑。

（4）施工机具准备：手锤、撬棍、手锯、扳手、钢尺、线坠、靠尺、安全带、安全帽和手套等。

【实践操作】

角色分配：作业组6人，其中施工图识读1人，配模单绘制2人，材料准备1人，机具准备1人，作业条件准备1人。

学生执行任务：

（1）读懂所给任务的施工图，熟悉独立基础的模板组成及拼装方法，能陈述模板组成，准确绘制拼装简图。

（2）列出独立基础模板施工所需材料及设备需求计划。

【检查评价】

（1）针对图纸提问、检查各组绘制的模板拼装简图。

（2）材料设备需求计划是否完整、合理。

任务2　基础模板安装

基础模板施工前，按照基础配模设计图准备所需各种型号模板及支撑材料，吊装至所需地点，结合工程图，按照正确工序安装模板。要求安装尺寸控制精确，并准确检查基础模板的安装质量，模板预检合格才可以浇筑混凝土。

1. 工艺流程

弹各层台阶位置线→制作每阶梯模板→组装底层阶梯模板→固定牢固→安装上层模板竖向钢筋架支撑→组装上层阶梯模板→固定牢固。

2. 施工要点

（1）根据轴线弹各层台阶四边位置线，以控制模板内边线安装位置。

（2）木框与胶合板结合面进行铣刨平整，钢钉以进入木框30~40mm深度为宜，钉帽与板面平，方木长向布置，板上边一道方木，下边一道方木，中间间距200~300mm。

（3）模板内侧用垫层中预埋短钢筋顶撑，间距600mm左右。外侧方木顶撑。

（4）上层台阶模板用钢筋架竖向支撑，模板内侧吊线与位置线吻合，四角模板加方木斜撑相互固定，对边模板间方木拉结（图1-15），模板外侧用方木与土体进行顶撑。

图1-15　独立基础模板施工

【实践操作】

技师演示：模板安装全过程。

角色分配：作业组7人，其中班长1名总协调，弹线找平和运料2人，柱模安装2人，质检1人，安全1人。

学生执行任务：根据教师所给任务进行模板安装全过程操作。

过程指导

(1) 弹线内容全面，弹线清晰、精确。
(2) 模板拼装顺序正确，接缝严密。
(3) 保证侧模板平整度，方木间距合理。
(4) 支撑系统稳固，斜撑、水平撑方木位置间距合理、牢固。

【角色模拟】

学生模拟质检员岗位，对模板安装过程进行检查。

(1) 支撑、斜撑位置间距合理、牢固。

检查数量：全数检查。

检验方法：观察、钢尺检查、吊线检查。

(2) 模板位置、尺寸应符合设计要求，其偏差应符合表1-2的规定。

检查数量：在同一检验批内，应抽查构件量的10%，且不少于3件。

检验方法：钢尺检查。

表1-2　现浇结构模板安装的允许偏差及检验方法

项　目	允许偏差/mm	检 验 方 法
轴线位置	5	钢尺检查
截面内尺寸	+4，-5	钢尺检查
表面平整度	5	2m靠尺和塞尺检查

注：检查轴线位置时，应沿纵、横两个方向量测，并取其中的较大值。

【检查评价】

(1) 弹线准确性，出现问题及原因分析。
(2) 模板严密性、垂度及平整度情况，出现问题及原因分析。
(3) 支撑系统稳定性、斜撑位置、间距及牢固情况。
(4) 团队合作情况。

任务3　基础模板拆除

为了加快模板及支撑材料的周转使用，待独立基础混凝土达到一定强度就可以拆模。应该掌握模板拆除条件、顺序和拆除方法。

【知识链接】

(1) 模板拆除条件

混凝土强度应在其表面及棱角不致因拆模而受损坏时，方可拆除。

(2) 模板拆除顺序

原则是“先支后拆，后支先拆”。顺序如下：水平拉杆→斜撑→侧模。先上台阶后下台阶。

(3) 拆除方法

水平拉杆采用手捶敲击使其脱离模板，斜撑采用锤击靠土体侧竖向方木使其倾斜，至斜

撑与模板分离，轻敲侧模面使其脱离混凝土，再由两人扶持取下轻放基础表面。各型号模板、支撑杆件、连接件分类码放。

过程指导

（1）拆模过程中要保证混凝土表面和棱角不被破坏。

（2）选择正确拆除顺序，是保证安全和速度的关键。

（3）拆除时，要先松后拆、先上后下，轻拿轻放。

【实践操作】

技师演示：基础模板的完整拆除过程。

角色分配：每个作业组人6人，其中组长1名总协调，码料2人，拆模2人，安全1人。

学生执行任务：根据教师所给任务，将基础模板拆除，并将模板和连接件、支撑等材料分类码放。

【安全角色模拟】

学生模拟安全员，提前编制安全交底，并在操作前对本组成员进行口头交底，在操作过程中进行安全检查，重点包含以下内容：

（1）拆模间歇时，应将松开的部件和模板运走，防止坠下伤人。

（2）在模板拆装区域周围，应设置围栏并挂明显的标志牌，禁止非作业人员入内。

（3）较深基础模板清理时，上下有人接应，随拆随运走，严禁向上抛掷。

（4）拆模后模板或木方上的钉子应及时拔除。

【检查评价】

（1）拆除对成品的影响情况及拆除工作安全情况。

（2）工作进度及收尾工作。

（3）团队合作情况。

教学情境3 独立基础混凝土施工

【情境描述】

针对某一框架结构工程基础施工图，进行独立基础混凝土施工，侧重解决以下问题：

（1）写出施工准备工作计划（作业条件、材料、机具准备）。

（2）进行混凝土施工准备练习：5~8人为一小组分别完成一组独立基础混凝土施工准备，填写预拌混凝土材料用料单。

（3）分组进行混凝土浇筑工程作业。

（4）混凝土养护及质量通病处理。

训练目标

能正确选择施工机械，掌握混凝土浇筑工艺，注意施工过程的操作安全。能处理常见的质量通病，对混凝土工程进行验收和评定。

【任务分解】

任务1　施工准备

任务2　独立基础混凝土施工

【任务实施】

任务1　施 工 准 备

施工前的准备工作，主要包括作业条件准备、现场材料、施工机具的准备，独立基础混凝土施工方案的技术交底工作，与木工、钢筋工的交接验收工作，清理工作。

【知识链接】

1. 作业条件准备

（1）道路条件准备混凝土搅拌站至浇筑地点的临时道路已经修筑，且能确保运输道路畅通。

（2）作业面准备场内浇筑混凝土必需的脚手架、马道已经搭设，经检查符合施工需要和安全要求。

（3）天气条件准备及时了解天气情况，雨期施工应准备好抽水设备及防雨、防暑物资；冬期混凝土施工前准备好防冻物资。

（4）供电准备振捣及照明用配电箱布置到位，经检查符合安全要求。

（5）基础的截面尺寸及板顶标高要满足设计要求，检查钢筋、埋件及模板质量，清理垃圾、泥土、钢筋上的污泥。

2. 物资准备

独立基础混凝土施工前要进行材料、机具和劳保用品的准备工作，若现场搅拌混凝土，需准备水泥、砂子和石子，并做好原材料试验和配合比试验，若采用商品混凝土，需提前订货，同时按照进度和任务量大小租赁或购买施工机具。

施工材料准备：

（1）编制预拌混凝土订购单，交由采购部门提前订货。订货单内容包括混凝土强度、坍落度、用量、使用时间、联系人、地点等，详见例表1-3。

表1-3　预拌混凝土订购单示例

混凝土强度	坍落度	用量	时间	联系人	地点	项目名称	部位
C30	12～14cm	80m^3	02.20.09:30	孟翔	石景山区杨庄东街36号	豪特弯酒店	1～12轴独立基础

（2）预拌混凝土强度、性能、坍落度、粗骨料最大公称直径等符合施工项目浇筑部位的要求。商品混凝土进入施工现场时，除应按规定进行混凝土开盘鉴定外，施工单位应当在监理单位的监督下，会同生产单位对进场的每一车商品混凝土进行联合验收。验收合格后，施工、监理及生产单位应当在《商品混凝土交接单》上会签。

验收内容包括：①确认商品混凝土类别、数量和配合比。②查验商品混凝土的拌和时间，记录搅拌车的进场时间和卸料时间。商品混凝土的运输时间（拌和后至进场止）超过技术标准或合同规定时，应当退货。③测定商品混凝土的坍落度。坍落度不能满足合同要求时，商品混凝土不得使用。施工单位认为合同规定的坍落度无法满足泵送要求而需增大坍落度时，应当征得监理（建设）单位同意后书面通知生产单位调整。④目测商品混凝土拌合物的性能。验收完毕后，施工单位应当在监理（建设）单位和生产单位见证下，根据技术标准的要求对进场商品混凝土进行有见证取样制作试块，检验商品混凝土的强度。取样记录由三方共同会签。

（3）养护用品：养护剂、1mm 厚塑料薄膜、10mm 厚护角板。

施工机具准备：

（1）XZQ5280GJB 混凝土搅拌运输车

主要指标：整车外形尺寸 8190mm × 2490mm × 3780mm（长 × 宽 × 高），筒体几何容积 13.8m^3，搅动容积 8m^3，搅拌容积 5.5 ~ 6.0m^3，填充率 58%，出料速度 ≥ 2.0m^3/min，剩余率 ≤ 1.0%，筒体倾角 13.5°，最大行驶速度 78 ~ 95km/h，最小转弯直径 15.2m。

（2）混凝土泵车

混凝土泵车（图 1-16）是将混凝土泵和液压折叠式臂架都安装在汽车或拖挂车底盘上，并沿臂架铺设输送管道，最终通过末端软管输出混凝土的机器。由于臂架具有变幅、折叠和回转功能，可以在臂架所能及的范围内布料。规格按臂架垂直高度分 37m、40m、42m、43m、45m、46m、48m、50m、52m、56m、66m。混凝土泵车也称臂架式混凝土泵车。目前，在国家重点建设项目的混凝土施工中都采用了混凝土泵车泵送技术，其使用范围已经遍及水利、水电、地铁、桥梁、大型基础、高层建筑和民用建筑等工程中。

图 1-16 混凝土泵车

（3）其他工具

插入式振捣器、电箱、手锤、钢钎、绝缘靴、铁锹、安全带、安全帽、手套等。

3. 技术准备

技术准备工作包括编制专项施工方案和技术交底，划分流水段，明确浇筑顺序、浇筑方法和试块组数，做好与木工、钢筋工的交接工作。

【实践操作】

角色分配：作业组 6 人：2 人负责现场作业条件准备，1 人负责材料计划编制，2 人负责现场工具，1 人代表预拌混凝土方进行现场调查沟通。

学生执行任务：

（1）列出基础混凝土浇筑作业条件。

（2）列出浇筑混凝土前应检查的内容（模板、钢筋、保护层和预埋件等）、方法、要点。

（3）列出基础混凝土施工所需材料设备需求计划。

【检查评价】

（1）针对任务提问、检查各组填写的工作任务单。

（2）重点检查施工技术交底内容是否完整。

任务2 独立基础混凝土施工

混凝土搅拌、运输、浇筑及养护是影响混凝土质量的重要环节。施工现场应严格按照混凝土浇筑与振捣的技术要求施工，选择正确的施工顺序和方法浇筑柱混凝土，施工过程中及时检查浇筑质量，对出现问题及时修正，浇筑完毕及时养护。

【知识链接】

1. 工艺流程

泵车固定与润滑→检查混凝土质量→泵送至混凝土槽→第一层台阶浇筑→第二层台阶浇筑→养护。

2. 施工要点

（1）布置合理泵车停放点，以方便罐车进出和满足最大浇筑范围为原则，放开支腿，固定泵车，泵送前20min发动引擎，让泵机各部分充分运转。同时还要让泵送活塞运转5～10min，使自动泵油机把润滑油送入需润滑部分，混凝土泵启动后，应先泵送适量水（10L）以湿润料斗、活塞及输送管内壁。油泵转速达到1400～1500r/min时才能压送混凝土。

（2）检查混凝土质量，罐车出料前，应以12r/min左右速度转动1min，然后反转出料，低速出一点料，观察质量，如大石子夹着水泥浆先流，说明发生沉淀，应立即停止出料。再顺转2～3min，方可出料，保证混凝土拌合物的均匀。从混凝土罐车中取少量混凝土，采用坍落筒检测坍落度是否符合计划要求。符合要求后再进行正式出料。

（3）泵送混凝土，泵车运转正常，混凝土符合质量要求方可正式泵送，泵送应连续进行，输出量保持$10m^3/h$为好。不能连续供料时，可适当放慢速度，若泵送停歇超过45min或混凝土出现离析时，要立即用压力水清洗泵机和管道中的混凝土，再重新泵送。泵送数次，至混凝土槽体积2/3。

（4）台阶型基础每一台阶高度整体浇捣，每浇完一台阶停顿0.5h待其下沉，再浇上一层。分层下料，间歇时间不超过混凝土初凝时间，一般不超过2h。为保证钢筋位置正确，先浇一层5～10cm厚混凝土固定钢筋。每层厚度为振动棒的有效振动长度。防止由于下料过厚，振捣不实或漏振、吊帮的根部砂浆涌出等原因造成蜂窝、麻面或孔洞。图1-17为独立基础混凝土浇筑现场图片。

（5）振捣采用插入式振捣器，插入的间距不大于作用半径的1.5倍。上层振捣棒插入下层3～5cm。插入点顺序为：柱中间区域→柱周边转圈振捣→基础边区域。每点振捣时间20～30s。

（6）在基础外侧模板用小锤轻敲模板，听声音检查是否密实，浇筑完后，随时将伸出的柱主筋整理到位。

（7）基础表面采用塑料膜覆盖养护。

图1-17 独立基础混凝土浇筑

【实践操作】

技师演示：基础混凝土浇筑全过程。

角色分配：作业组11人，其中组长1人负责总协调，2名振捣工，2名喂料工，1名同步检查工，1名试验员，1名质检员，1名安全员，1名罐车司机，1名遥控泵送司机。

学生执行任务：根据教师所给任务，进行独立基础浇筑混凝土全过程操作，并进行混凝土缺陷处理。

过程指导

(1) 泵车位置合理。

(2) 浇筑步骤正确。

(3) 振捣方法正确，振捣时间控制精确。

(4) 养护及时、内容全面。

(5) 缺陷处理方法得当。

【质检角色模拟】

学生模拟质检员岗位，对浇筑过程进行检查。

(1) 基础模板变形及柱钢筋移位情况

检查数量：全数检查。

检验方法：目测、钢尺检查。

(2) 漏浆、混凝土密实及养护情况。

检查数量：全数检查。

检验方法：目测、钢尺检查、捶击检查。

(3) 拆模后检查（见表1-4）

表 1-4　独立基础混凝土浇筑质量允许偏差

项　次	项　目	允许偏差/mm	检验方法
1	轴线位移	8	钢尺检查
2	截面尺寸	+8，-5	钢尺检查
3	表面平整度	8	2m 靠尺和塞尺检查

注：检查轴线、中心线位置时，应沿纵、横两个方向量测，并取其中的较大值。

质量缺陷问题及处理

基础混凝土施工常见质量缺陷问题有麻面、蜂窝、缺棱掉角、裂缝等，具体分析如下：

（1）常见质量缺陷问题

1）麻面：麻面是结构构件表面上呈现无数的小凹点，而无钢筋暴露的现象。它是由于模板表面粗糙、未清理干净、润湿不足、漏浆、振捣不实、气泡未排出以及养护不好等原因所致。

2）蜂窝：蜂窝是混凝土表面无水泥砂浆，露出石子的深度大于5mm但小于保护层的蜂窝状缺陷。它主要是基础根部漏振、模板严重漏浆等原因产生。

3）缺棱、掉角：缺棱、掉角是指基础的直角边上的混凝土局部残损掉落。产生的主要原因是拆模时棱角损坏或拆模过早，拆模后保护不好等。

4）裂缝：基础裂缝主要是上表面温度裂缝。原因主要是内外温差过大、养护不良等。

（2）缺陷处理方法

1）表面抹浆修补

① 对数量不多的小蜂窝、麻面、露筋、露石的混凝土表面，可用钢丝刷或加压水洗刷基层，再用1∶2～1∶2.5的水泥砂浆填满抹平，抹浆初凝后要加强养护。

② 当表面裂缝较细，数量不多时，可将裂缝用水冲，并用水泥浆抹补。对宽度和深度较大的裂缝，应将裂缝附近的混凝土表面凿毛或沿裂缝方向凿成深为15～20mm、宽为100～200mm的V形凹槽，扫净并洒水润湿，先用水泥浆刷第一层，然后用1∶2～1∶2.5的水泥砂浆涂抹2～3层，总厚控制在10～20mm左右，并压实抹光。

2）细石混凝土填补。当蜂窝比较严重或露筋较深时，应按其全部深度，凿去薄弱的混凝土和个别突出的骨料颗粒，然后用钢丝刷或加压水洗刷表面，再用比原混凝土等级提高一级的细骨料混凝土填补并仔细捣实。

对于孔洞，可在旧混凝土表面采用处理施工缝的方法处理：将孔洞处不密实的混凝土突出的石子剔除，并凿成斜面避免死角。然后用水冲洗或用钢丝刷子清刷，充分润湿后，浇筑比原混凝土强度等级高一级的细石混凝土。细石混凝土的水灰比宜在0.5以内，并可掺入适量混凝土膨胀剂，分层捣实并认真做好养护工作。

【安全员角色模拟】

学生模拟安全员，提前编制安全交底，并在操作前对本组成员进行口头交底，在操作过程中进行安全检查，重点包含以下内容：

（1）必须单独搭设操作平台，按承重架要求检查，不得站在模板或支撑上操作。

（2）混凝土输送软管末端出口距浇筑面保持0.5～1.0m。

（3）振动器操作者穿绝缘靴，戴绝缘手套。

（4）振捣器应设单一开关，并装设漏电保护装置，雨天将振捣器加以遮盖。夜间应有足够照明，电压不得超过12V。

（5）施工作业高度超过1.5m时必须系好安全带。

【检查评价】

（1）设备使用情况。

（2）振捣操作情况。

（3）质量情况。

（4）安全情况。

（5）团队合作情况。

【课后作业题】

1. 已知某独立基础混凝土强度等级为C30，保护层厚40mm，基础底板厚h_j为1000mm，一级抗震，柱纵筋为4Φ20的HRB400钢筋，查表计算得知l_{ae}=734mm，计算柱基础插筋下料长度。

2. 基础钢筋隐蔽验收的内容是什么？

3. 基础模板质量检查内容是什么？

项目2 框架柱施工

框架柱在钢筋混凝土构件中起受压、受弯作用。柱根据外形不同有普通箍筋柱和螺旋箍筋柱两种。框架柱施工内容主要包括柱钢筋施工、柱模板施工和柱混凝土施工。

教学情境1 框架柱钢筋施工

【情境描述】

针对某一框架结构施工图，进行框架柱钢筋施工，侧重解决以下问题：

（1）写出施工准备工作计划。

（2）进行下料长度计算。

（3）分小组在实训教师指导下，在实训车间进行钢筋加工、连接等操作；并完成柱钢筋骨架安装，进行钢筋隐蔽工程验收。

训练目标

能根据图纸进行配料计算，能正确选用钢筋加工机械进行钢筋加工与连接操作，确定施工程序，并对钢筋工程进行验收和评定。

【任务分解】

任务1 框架柱钢筋图识读与钢筋下料

任务2 框架柱钢筋施工

【任务实施】

任务1 框架柱钢筋图识读与钢筋下料

框架柱内配置的钢筋有纵向钢筋和箍筋。纵向钢筋主要起承受压力的作用，箍筋限制横向变形，有助于提高抗压强度，对纵向钢筋定位并与纵筋形成钢筋骨架的作用，柱内箍筋应采用封闭式。

【知识链接】

1. 施工图识读

框架柱钢筋施工图的识读要点：

（1）柱的截面尺寸、保护层厚度及混凝土强度等级。

（2）钢筋的种类、角筋、纵筋、箍筋的具体数值形状、规格尺寸、间距；各段柱的起止标高；箍筋类型与肢数、柱箍筋加密区纵筋搭接区长度。箍筋加密做法与抗震等级有关系，可以参照标准构造图集，在施工图中的设计说明部分，一般都有规定。

（3）柱的编号由柱类型、代号和序号组成，表2-1为不同类型柱的代号及特征描述。

表2-1 柱类型编号

柱类型	代号	序号	特 征
框架柱	KZ	××	在框架结构中主要承受竖向压力；将来自框架梁的荷载向下传输，是框架结构中承力最大构件
框支柱	KZZ	××	出现在框架结构向剪力墙结构转换层，柱的上层变为剪力墙时，该柱定义为框支柱
芯柱	XZ	××	当外侧一圈钢筋不能满足承力要求时，在柱中再设置一圈纵筋。由柱内内侧钢筋围成的柱，称之为芯柱。它不是一根独立的柱子，在建筑外表是看不到的，隐藏在柱内
梁上柱	LZ	××	柱的生根不在基础而在梁上的柱称之为梁上柱。主要出现在建筑物上下结构或建筑布局发生变化时
剪力墙上柱	QZ	××	柱的生根不在基础而在墙上的柱称之为墙上柱。主要出现在建筑物上下结构或建筑布局发生变化时

图2-1为几种类型柱的示意图。

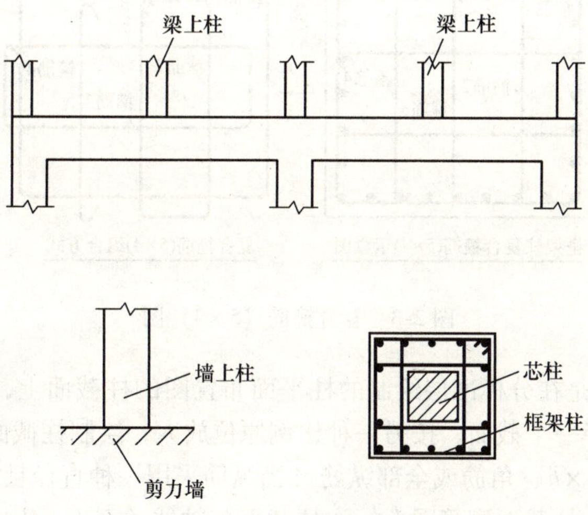

图2-1 各种类型柱

（4）在柱平面图上采用列表注写方式或截面注写方式表达，并按规定注明各结构层的楼面标高、结构层高及相应层号。

1）列表注写方式是用列表的方式，来表达柱的尺寸、形状和配筋要求，如图2-2所示。在平面图上表达柱的位置和编号，一个表格中注写层高和柱子的高度，用另一表格注写柱的结构配筋情况。柱箍筋的注写包括钢筋级别、直径与间距。当箍筋间距有变化时用

“/”区分不同的箍筋间距。当箍筋间距沿柱全高为一种间距时，则不用“/”。

层号	标高(m)	层高
屋面	15.870	
4	12.270	3.6
3	8.670	3.6
2	4.470	4.2
1	−0.030	4.5
−1	−4.530	4.5

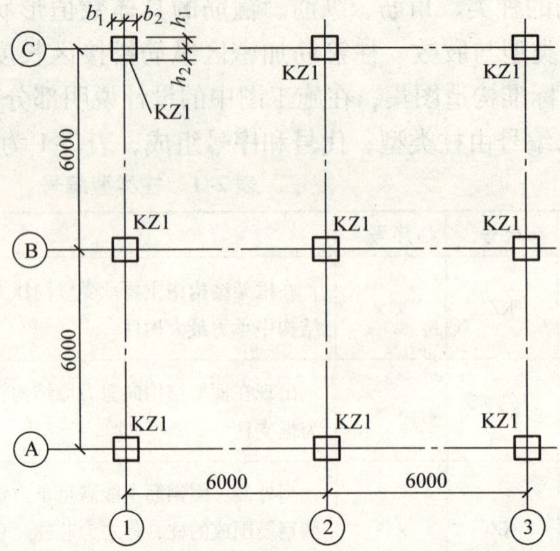

柱号	标高	$b \times h$	b_1	b_2	h_1	h_2	全部纵筋	角筋	b边一侧中部筋	h边一侧中部筋	箍筋类型号	箍筋
KZ1	−4.53～15.87	750×700	375	375	350	350		4Φ25	7Φ25	5Φ25	1(5×4)	Φ10@100/200

−4.530～15.870柱平法施工图(列表注写方式)

图 2-2　柱列表注写方式

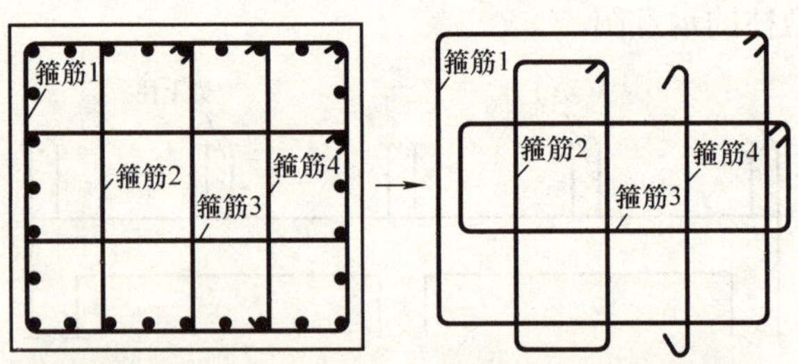

框架柱复合箍筋(5×4)示意图　　复合箍筋(5×4)组合方式

图 2-3　复合箍筋（5×4）图

2）截面注写方式是在分标准层绘制的柱平面布置图的柱截面上，如图 2-3 所示，分别从相同编号的柱中选择一个截面，按另一种比例原位放大，绘制柱截面配筋图。并在各个配筋图上注写截面尺寸 $b \times h$、角筋或全部纵筋（当纵筋采用一种直径且能够图示清楚时）、箍筋的具体数值；以及在柱截面配筋图上标注柱截面与轴线关系 b_1、b_2、h_1、h_2 的具体数值；当纵筋采用两种直径时，须再注写截面各边中部筋的具体数值（对于采用对称配筋的矩形截面柱，可仅在一侧注写中部筋）。

图 2-2 和图 2-4 中，KZ1 截面尺寸为 750mm×700mm，柱四角配筋为Ⅱ级直径为 25mm 的钢筋，b 边一侧中部为 7 根Ⅱ级直径为 25mm 的钢筋，h 边一侧中部为 5 根Ⅱ级直径 25mm 的钢筋，箍筋为Ⅰ级直径 10mm 的钢筋，加密区间距 100mm，非加密区间距为 200mm。从左侧列表中可以看出，KZ1 从 −1 层 −4.530m 至屋面 15.870m 截面和配筋情况不变。

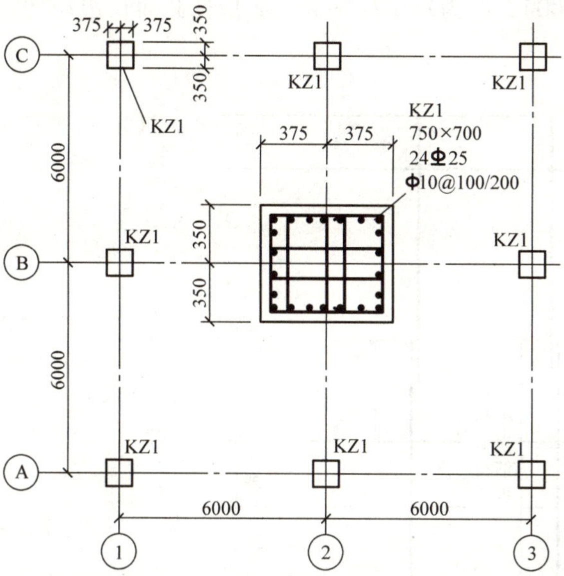

层号	标高(m)	层高
屋面	15.870	
4	12.270	3.6
3	8.670	3.6
2	4.470	4.2
1	−0.030	4.5
−1	−4.530	4.5

图 2-4 柱截面注写方式

2. 柱钢筋下料

根据框架柱的配筋图，计算柱中各钢筋的直线下料长度、根数及重量，然后编制钢筋配料单，作为钢筋备料加工的依据。

柱中钢筋有两种：纵筋和箍筋。纵筋有基础插筋、中间层纵筋、顶层柱纵筋，要分别计算下料长度。箍筋要计算下料长度和根数，箍筋根数要考虑加密区和非加密区分别计算。

（1）柱纵筋下料长度计算

对于柱纵钢筋，基础插筋和顶层纵筋锚固均有90°弯折，弯曲处的量度差值取$2d$。柱纵筋可以采用焊接、机械连接和绑扎连接，连接方式不同，其下料长度计算结果也不同。设计图纸说明中一般会注明钢筋的连接方式，框架柱中大直径钢筋多采用焊接和机械连接。

框架柱中纵向受力钢筋不可能从底到顶全部贯通，而要与楼层同步施工，一层一层的配，这就涉及到纵向钢筋在哪断开，在哪连接的问题。规范规定：柱受力钢筋采用机械连接接头或焊接接头时，设置在同一构件的接头宜相互错开；同一连接区段内，纵向受力钢筋的接头面积百分率应符合设计要求，当设计无具体要求时，在受拉区不大于50%；同一连接区段内，纵向钢筋搭接接头面积百分率应符合设计要求，当设计无具体要求时，对柱类构件，不宜大于50%；同时，柱中纵向钢筋接头位置不允许出现在梁下500mm及梁、板上500mm范围内。

1）中间层纵筋计算

在预留柱子基础插筋时，要做到接头位置错开，中间层柱纵筋不管参与何种连接方式，均可按照层高计算其下料长度（当前层非连接区长度和上层非连接区长度相同时），这样能保证每一层柱纵筋接头位置都是错开的（图2-5）。

中间层纵筋长度＝层高－当前层非连接区长度＋上层非连接区长度＋搭接长度l_{ie}。

非连接区长度 = max（$h_n/6$，h_c，500），h_n为每层柱净高，h_c指柱截面长边尺寸。如果是焊接和机械连接，搭接长度为0。

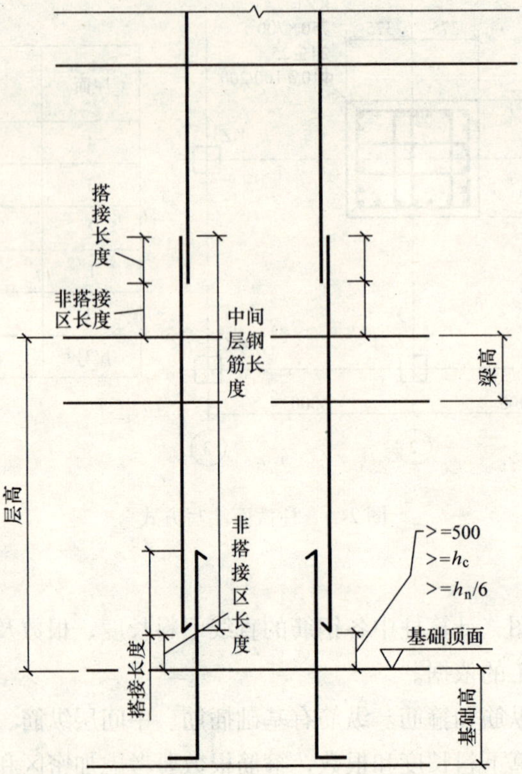

图2-5　中间层纵筋

2）顶层柱纵筋

下面只介绍一下顶层两种常见典型边柱（图2-6）和中柱（图2-7）钢筋下料长度计算方法。其他锚固类型详见图集11G101－1平法钢筋图集相关规定。

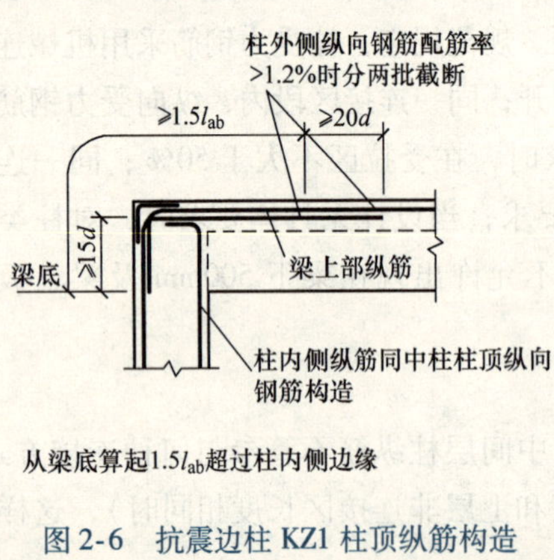

图2-6　抗震边柱KZ1柱顶纵筋构造

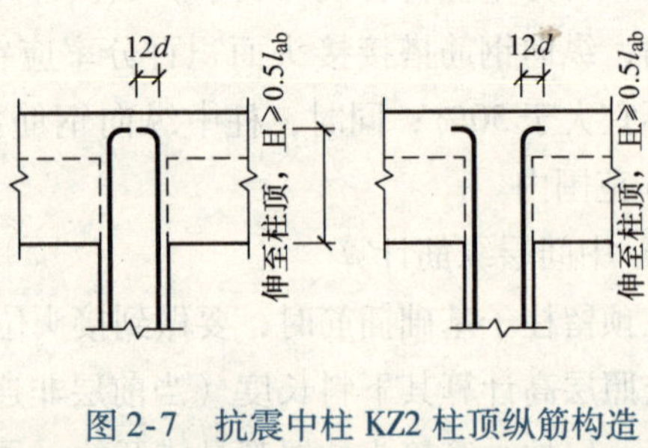

图2-7　抗震中柱KZ2柱顶纵筋构造

① 抗震边柱 KZ1 柱顶外侧纵筋下料长度 = 层高 - 梁高 - 非连接区长度 + $1.5l_{abE}$

抗震边柱 KZ1 柱顶内侧纵筋到顶如果满足 l_{abE}，可以不弯折。否则按照中柱钢筋计算公式：下料长度 = 层高 - 混凝土保护层厚度 - 非连接区长度 + $12d$ 计算。

② 抗震中柱 KZ2 柱顶纵筋到顶如果满足 l_{abE}，可以不弯折。否则按照公式计算。

顶层中柱纵筋长度 = 层高 - 梁高 - 非连接区长度 + 锚固长度（图 2-8）。

锚固长度 = 梁高 - 混凝土保护层 + $12d$。

锚固长度 l_{abE} 与钢筋种类、抗震等级和混凝土强度等级有关，详见表 2-2。

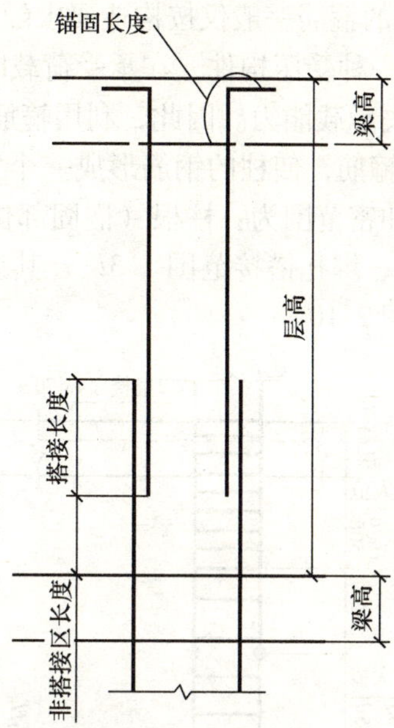

图 2-8　顶层中柱

表 2-2　受拉钢筋基本锚固长度 l_{ab}、l_{abE}

钢筋种类	抗震等级	混凝土强度等级								
		C20	C25	C30	C35	C40	C45	C50	C55	≥C60
HPR300	一、二级（l_{abE}）	$45d$	$39d$	$35d$	$32d$	$29d$	$28d$	$26d$	$25d$	$24d$
	三级（l_{abE}）	$41d$	$36d$	$32d$	$29d$	$26d$	$25d$	$24d$	$23d$	$22d$
	四级（l_{abE}） 非抗震（l_{ab}）	$39d$	$34d$	$30d$	$28d$	$25d$	$24d$	$23d$	$22d$	$21d$
HRB335 HRBF335	一、二级（l_{abE}）	$44d$	$38d$	$33d$	$31d$	$29d$	$26d$	$25d$	$24d$	$24d$
	三级（l_{abE}）	$40d$	$35d$	$31d$	$28d$	$26d$	$24d$	$23d$	$22d$	$22d$
	四级（l_{abE}） 非抗震（l_{ab}）	$38d$	$33d$	$29d$	$27d$	$25d$	$23d$	$22d$	$21d$	$21d$
HRB400 HRBF400 RRB400	一、二级（l_{abE}）	—	$46d$	$40d$	$37d$	$33d$	$32d$	$31d$	$30d$	$29d$
	三级（l_{abE}）	—	$42d$	$37d$	$34d$	$30d$	$29d$	$28d$	$27d$	$26d$
	四级（l_{abE}） 非抗震（l_{ab}）	—	$40d$	$35d$	$32d$	$29d$	$28d$	$27d$	$26d$	$25d$
HRB500 HRBF500	一、二级（l_{abE}）	—	$55d$	$49d$	$45d$	$41d$	$39d$	$37d$	$36d$	$35d$
	三级（l_{abE}）	—	$50d$	$45d$	$41d$	$38d$	$36d$	$34d$	$33d$	$32d$
	四级（l_{abE}）	—	$48d$	$43d$	$39d$	$36d$	$34d$	$32d$	$31d$	$30d$

查表练习

C35 的混凝土柱，二级抗震，采用 HRB400 直径 25 的钢筋抗震锚固长度是多少？

（2）箍筋下料长度计算

箍筋的作用是保证纵向钢筋的位置正确，防止纵向钢筋压曲，从而提高柱承载能力。

1）柱中的箍筋一般仅按构造要求配置。

① 柱是一种受压构件，在承受荷载时，由于“长细比”影响，纵向钢筋可能过早地被压弯屈而丧失承载能力。因此，利用箍筋将它们围住，以改善抗弯曲条件。

② 配置箍筋，使柱的钢筋形成一个完整的骨架，与纵向钢筋互相联系，满足施工的要求。柱箍筋加密范围为：柱根（嵌固部位）$H_n/3$、柱框架节点范围内、节点上下 max（$H_n/6$，h_c，500）、绑扎搭接范围 1.3l_{ie}、其余为非加密范围。首层和中间层箍筋加密区示意图见图 2-9 和图 2-10。

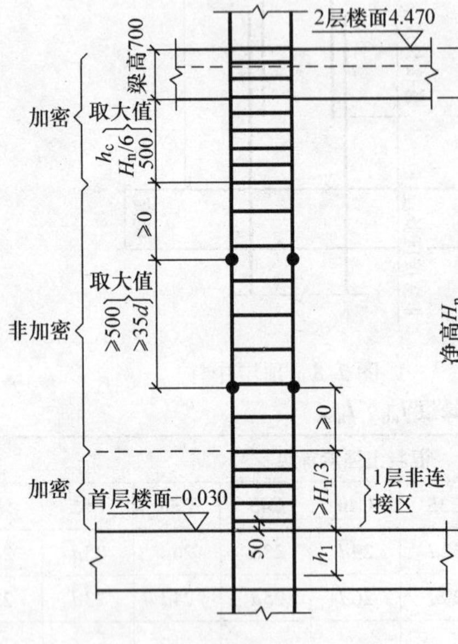

图 2-9　首层箍筋加密区

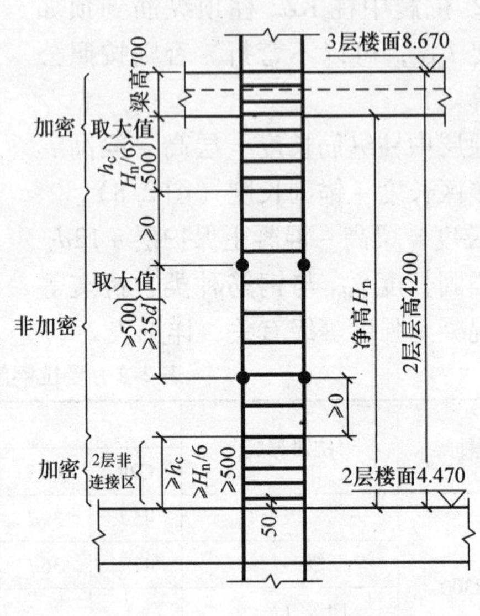

图 2-10　中间层箍筋加密区

2）箍筋下料长度计算。

计算公式：箍筋下料长度 = 箍筋周长 + 箍筋调整值。

① 箍筋周长由柱尺寸减去混凝土保护层厚度求得：箍筋周长 = $[(b-2c)+(h-2c)]\times 2$

其中，b、h 为柱子截面短边和长边尺寸，c 为混凝土保护层厚度。

② 箍筋调整值为弯钩增长值和弯曲调整值两项之差或之和，根据箍筋量外包尺寸确定，见表 2-3。

表 2-3　箍筋调整值　（单位：mm）

箍筋直径	4～5	6	8	10～12
箍筋调整值	40	50	60	70

3）箍筋根数计算。

每一层柱钢筋根数由上下加密区和非加密区除以相应间距得出。中间层柱子（图 2-5）箍筋根数计算公式：

① 上加密区箍筋根数 = [max（$h_n/6$，h_c，500）+ 梁高］/加密区间距 + 1

② 下加密区箍筋根数 = max（$h_n/6$，h_c，500）/间距 + 1

③ 非加密区箍筋根数 =（层高 - 上加密区长度 - 下加密区长度）/非加密区间距 - 1

④ 当采用绑扎搭接时，搭接区域也要加密。

⑤ 首层（图2-9）下加密区箍筋根数 = ［max（h_n/6，h_c，500）－50］/加密区间距 +1；上加密区箍筋和非加密区箍筋根数与中间层计算方法相同。

【例题】 某标准层柱净高4200mm，梁高700mm，柱截面尺寸650mm×600mm，4根HRB400纵筋，箍筋Φ10@100/200，一级抗震，混凝土强度等级为C30，混凝土保护层厚度为20mm，钢筋采用电渣压力焊。求该层柱纵筋、箍筋下料长度及箍筋根数。

解： 1）柱标准层纵筋下料长度 = 层高 = 4200 + 700 = 4900mm

2）箍筋下料长度 = [（600－40）+（650－40）］×2 + 70 = 2410mm

3）箍筋根数计算：

上加密区长度 = max(4200/6，650，500) + 700 = 1400mm

下加密区长度 = max(4200/6，650，500) = 700mm

上加密区箍筋根数 = 1400/100 + 1 = 15根

下加密区箍筋根数 = 700/100 + 1 = 8根

非加密区箍筋根数 = (4900－1400－700)/200－1 = 13根

箍筋根数 = 15 + 8 + 13 = 36根

课堂练习

某框架结构首层层高4500mm，2~6层层高4200mm，KZ1截面尺寸650mm×600mm，梁高700mm，配有4根直径25mm的HRB400纵筋，箍筋Φ10@100/200，混凝土保护层厚度20mm，混凝土强度等级为C35，二级抗震，柱纵筋采用直螺纹连接，计算KZ1首层纵筋下料长度及箍筋根数。

任务2　框架柱钢筋施工

框架柱钢筋施工，首先要根据工程特点、工程量大小，施工进度和技术水平等因素确定钢筋的连接方式及所用材料机具，进行现场材料、施工机具及作业条件准备，确定施工工艺流程，并进行柱钢筋骨架的绑扎安装。目前，框架柱纵向钢筋的连接方法多用电渣压力焊和直螺纹连接，也有采用套筒冷挤压连接，很少采用绑扎搭接连接方式。

【知识链接】

1. 施工准备

（1）施工材料准备

1）钢筋：钢筋的级别、直径必须符合设计要求，有出厂证明书及复试报告单。进口钢筋还应有化学复试单，其化学成分应满足焊接要求，并应进行可焊性试验。钢筋骨架绑扎前要核对钢筋配料单和料牌，并检查已加工好的钢筋是否符合图纸要求，如发现错配或漏配及时向施工员提出纠正或增补。

2）焊剂：焊剂的性能应符合碳素钢埋弧焊用焊剂的规定。焊剂型号为HJ401，常用的有熔炼型高锰高硅低氟焊剂或中锰高硅低氟焊剂。焊剂应存放在干燥的库房内，防止受潮。如受潮，使用前须经250~300℃烘焙2h。使用过程中回收的焊剂，应除去熔渣和杂物，并应与新焊剂混合均匀后使用。焊剂应有出厂合格证。

3）套筒、绑扎箍筋用的20号～22号钢丝（火烧丝）或镀锌钢丝。水泥砂浆保护层垫块或者塑料卡。

（2）施工机具准备：钢筋调直机、钢筋弯曲机、钢筋切断机、电渣压力焊设备、直螺纹加工连接设备、钢筋钩子、钢筋扳子、钢丝刷、粉笔、尺子等。

（3）作业条件准备

1）运输钢筋的道路畅通，钢筋加工机械用配电箱布置到位，且符合安全要求。

2）下层柱外露插筋调理顺直，绑扎柱钢筋骨架的脚手架搭设完毕。

2. 柱钢筋连接

（1）电渣压力焊

电渣压力焊利用电流通过渣池所产生的热量来熔化母材，待到一定程度后施加压力，完成钢筋连接。这种钢筋接头的焊接方法与电弧焊相比，焊接效率高5～6倍，且接头成本较低，质量易保证。它适用于直径为14～40mm的HPB235、HRB335级竖向或斜向钢筋的连接。

1）材料及主要机具

① 钢筋：钢筋的级别、直径必须符合设计要求，有出厂证明书及复试报告单。进口钢筋还应有化学复试单，其化学成分应满足焊接要求，并应有可焊性试验。

② 焊剂：焊剂的性能应符合GB5293碳素钢埋弧焊用焊剂的规定。焊剂型号为HJ401，常用的为熔炼型高锰高硅低氟焊剂或中锰高硅低氟焊剂。焊剂应存放在干燥的库房内，防止受潮。如受潮，使用前须经250～300℃烘焙2h。使用中回收的焊剂，应除去熔渣和杂物，并应与新焊剂混合均匀后使用。焊剂应有出厂合格证。

③ 主要机具：手工电渣压力焊设备，包括焊接电源、控制箱、焊接夹具、焊剂罐等。

2）作业条件

① 焊工必须持有有效的焊工考试合格证。

② 设备应符合要求。焊接夹具应有足够的刚度，在最大允许荷载下应移动灵活，操作方便。焊剂罐的直径与所焊钢筋直径相适应，不致在焊接过程中烧坏。电压表、时间显示器应配备齐全，以便操作者准确掌握各项焊接参数。

③ 电源应符合要求。钢筋电渣压力焊宜采用次级空载电压较高的交流或直流焊接电源。32mm直径以下的钢筋焊接时，可采用容量为600A的焊接电源；32mm直径以上的钢筋焊接时，应采用容量为1000A的焊接电源。当电源电压下降大于5%，则不宜进行焊接。

④ 作业场地应有安全防护措施，制订和执行安全技术措施，加强焊工的劳动保护，防止发生烧伤、触电、火灾、爆炸以及烧坏机器等事故。

3）工艺流程：检查设备、电源→钢筋端头制备→选择焊接参数→安装焊接夹具和钢筋→安放铁丝球（也可省去）→安放焊剂灌、填装焊剂→试焊、做试件→确定焊接参数→施焊→回收焊剂→卸下夹具→质量检查。

图2-11为电渣压力焊填装焊剂的场景，图2-12为电渣压力焊焊接接头。

4）操作要点及注意事项

① 钢筋端头制备：钢筋安装之前，焊接部位和电极钳口接触的150mm区段内钢筋表面上的锈斑、油污、杂物等应清除干净。钢筋端部若有弯折、扭曲，应予以矫直或切除，但不

图 2-11 填装焊剂

图 2-12 焊接接头

得用锤击矫直。

② 选择焊接参数：钢筋电渣压力焊的焊接参数主要包括焊接电流、焊接电压和焊接通电时间。不同直径钢筋焊接时，按较小直径钢筋选择参数，焊接通电时间延长约 10%。

③ 安装焊接夹具和钢筋：夹具的下钳口应夹紧于下钢筋端部的适当位置，一般为 1/2 焊剂罐高度偏下 5～10mm，以确保焊接处的焊剂有足够的掩埋深度。

④ 注意接头位置：同一区段内有接头钢筋截面面积的百分比不符合《混凝土结构工程施工及验收规范》有关条款时，要调整接头位置后才能施焊。

⑤ 电渣压力焊施焊完成后，断电检查设备和电源，确保随时处于正常状态，严禁超负荷工作。

（2）直螺纹连接

直螺纹连接接头主要有镦粗直螺纹连接接头和滚压直螺纹连接接头。镦粗直螺纹连接是通过钢筋端头镦粗后制作的直螺纹和连接件螺纹咬合形成的接头；滚压直螺纹连接接头指通过钢筋端头直接滚压或挤（碾）压肋或剥肋后滚压制作的直螺纹和连接件螺纹咬合形成的接头。

1）材料机具。

钢筋、套筒、砂轮切割机、直螺纹成型机、力矩扳手，如图 2-13 所示。

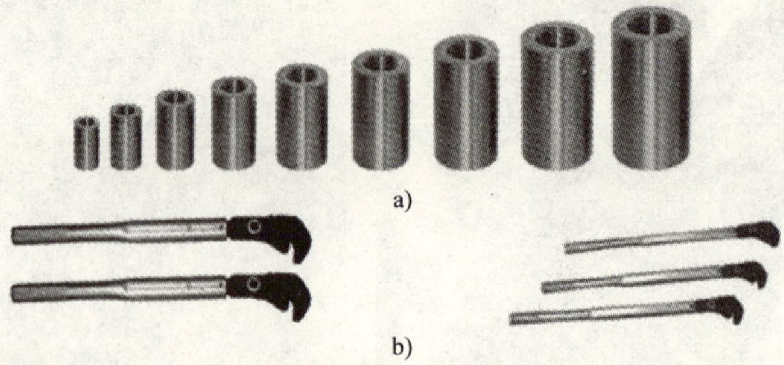

图 2-13　套筒和力矩扳手

a）钢筋连接套筒　b）力矩扳手

① 直螺纹镦粗机（图 2-14）可以将钢筋端头先镦粗后，使连接接头处截面不削弱，然后再用套丝机套螺纹。

② 剥肋滚压直螺纹滚丝机（图 2-15）主要原理是先将钢筋的横肋和纵肋切削处理，使钢筋滚螺纹前的柱体直径达到同等规定尺寸，再进行螺纹滚压成型。加工的螺纹精度高，质量稳定，可确保连接接头的质量。

图 2-14　直螺纹镦粗机

图 2-15　剥肋滚压直螺纹滚丝机

2）工艺流程：钢筋断料→丝头加工→套丝保护→现场连接。

3）操作要点及注意事项

① 钢筋断料。按钢筋翻样单采用砂轮切割机断料，切口断面应与钢筋轴线垂直，端头不得有挠曲、马蹄形现象，不得用气割下料。下料后做好需要攻丝头型式的标记，如标准接头、正反丝扣接头等。

② 钢筋丝头加工。按钢筋规格调整好滚丝头内孔最小尺寸及涨刀环，调整剥肋挡块、剥肋直径及滚压行程，将待加工钢筋夹持在设备的台钳上，开动机器，扳动给进装置，动力头向前移动，开始剥肋滚压螺纹。等滚压到调定位置后，设备自动停机并反转，将钢筋端部退出动力头，扳动给进装置将设备复位，钢筋丝头即加工完成。加工螺纹时应使用水溶性切削润滑液，丝头的螺纹规格必须与套筒相匹配。

③ 对检查合格的钢筋丝头应立即加上保护套，防止搬运钢筋时损坏丝头。

④ 现场连接时钢筋规格与连接套筒规格应一致，并检查丝头和套筒的丝扣是否洁净、无损。可使用扭矩扳手紧固至规定的扭矩即完成连接。连接时钢筋应对正轴线。拧紧后套筒两侧外露的完整丝扣不得超过1个。

⑤ 钢筋原材料进场经检验合格方能使用，须特别注意钢筋直径不得偏差过大，否则会造成螺纹牙型不饱满、断牙、秃牙现象。进场的连接套筒应有出厂合格证及原材料合格证，套筒规格应与钢筋规格对应，套筒表面应刻有标识。表面应无裂纹和影响接头质量的缺陷，套筒长度和螺纹质量用卡尺和止通端螺纹塞规进行检查。

3. 框架柱钢筋骨架的安装

框架柱钢筋骨架安装一般在安装柱模板前进行，安装前应根据图纸核对箍筋配料单和料牌，同时准备好钢筋连接材料及机具。柱钢筋安装有两种方式：一是在现场安装，二是在钢筋加工厂内预先绑扎成钢筋骨架，再运至工地安装。若采用预制钢筋骨架安装时，可先安装两面模板，待预制钢筋骨架安装后安装再另外两面模板，也可以先安装钢筋骨架再安装模板。

（1）柱钢筋骨架安装工艺流程

弹线、修理柱子筋→竖向受力筋连接→套柱箍筋→箍筋绑扎→安保护层垫块。

（2）施工要点

1）弹柱子轴线及位置线：剔凿下层柱混凝土表面浮浆，将预留钢筋调直理顺。

2）竖向受力筋连接：采用半自动电渣压力焊时一般要两个工人协作完成，一个人手扶上部钢筋，另一个完成下面操作。自动电渣压力焊设备可以一人完成。直螺纹套管现场连接，一人用扭矩扳手即可完成上下钢筋在套管中的紧固。图2-16为直螺纹套管现场连接接头。

图2-16　柱钢筋直螺纹套管连接接头

3）套柱箍筋：柱子竖向受力筋连接完毕，按图纸要求，计算好每根柱箍筋数量，在立好的竖向筋上，按照图纸要求用粉笔画出箍筋间距线。注意在柱基、柱顶和梁柱交接处箍筋间距应按照设计要求加密。

4）柱箍筋绑扎：按照已划好的箍筋位置线，将已套好的箍筋往上移动，由上往下绑扎。箍筋与主筋要垂直，箍筋转角处与主筋交点都要绑扎，箍筋非转角处与主筋相交点成梅花交错绑扎。箍筋弯钩叠合处应沿柱竖筋交错布置（图2-17），并绑扎牢固，绑扣要朝向柱中心。

① 绑扎工具。钢筋绑扎所用工具可用钳子或铁钩，用钳子可以节约一些铁丝，但不如用钩子灵活方便。铁钩的形状有很多种，或为直钩，或为斜钩。工地有不同种类，以图2-18所示的形式最佳。它容易钩住铁丝，操作顺手，所绑的扣松紧随意。铁钩可以做成活把式的，在钩柄装置一个套筒，紧扣时转动非常灵便。铁钩直径可为12～16mm，长约150～180mm。

② 扣样。要根据所绑扎的部位确定选择扣样形式，灵活变通。柱纵向钢筋与箍筋、墙体或

柱转角处，可如图2-19所示绑扣。

5）安保护层垫块

保护层垫块的作用是使钢筋与模板分离，保证混凝土保护层厚度，可以用水泥砂浆垫块或塑料垫块（图2-20、图2-21）。水泥砂浆垫块价格便宜，工地也可以自制垫块厚度等于保护层厚度，当保护层厚度小于20mm时，垫块平面尺寸一般为30mm×30mm，当保护层厚度大于20mm，平面尺寸50mm×50mm；塑料垫块采取卡、套等方式直接固定在钢筋上，不须绑扎，提高了工作效率，容易发生位移，且支撑稳定，不容易脱落。塑料垫块具有标准化、定型化、通用性的特点，在生产过程中按国家标准操作，模具定型，尺寸、强度统一，而且可以通过调整不同的摆放角度来调整保护层厚度，降低了人为因素造成的厚薄不均现象。

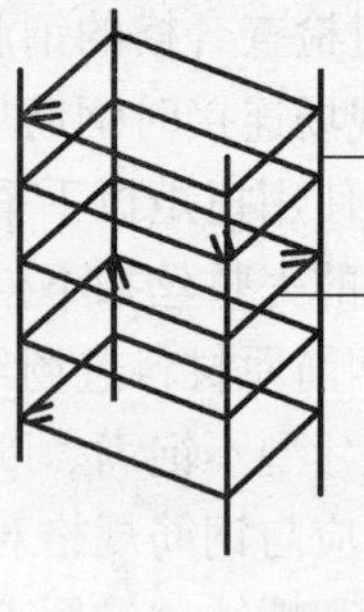

图2-17　柱箍筋交错布置示意图

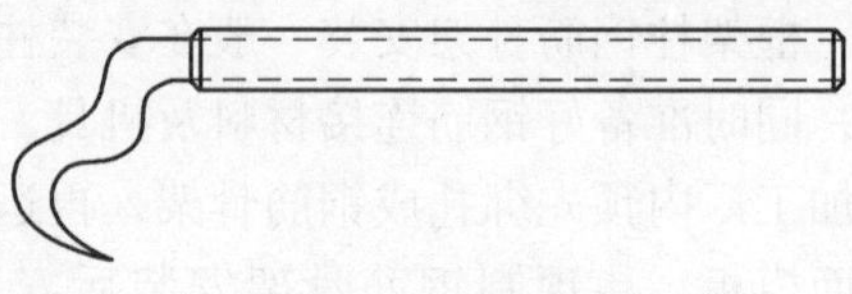

图2-18　铁钩

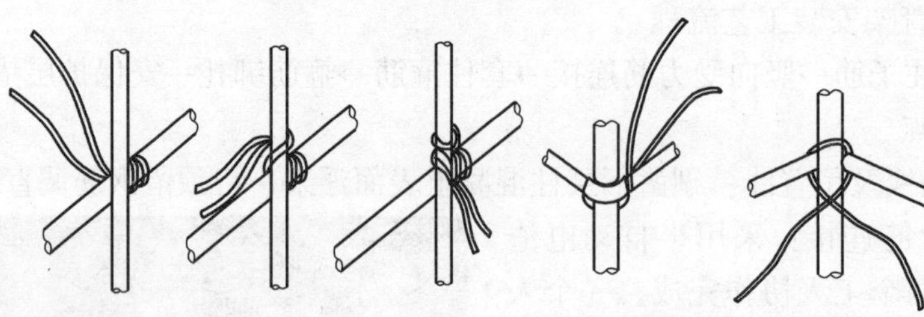

图2-19　扣样形式

图2-20　水泥砂浆垫块

图2-21　塑料卡环

【实践操作】

技师演示：

（1）电渣压力焊焊接柱竖向钢筋。

（2）钢筋镦粗直螺纹套管螺纹连接。

（3）箍筋的绑扎、骨架安装。

角色分配：作业组8人，其中材料准备1人，机具准备1人，作业条件准备1人，加工与绑扎3人，质检1人，安全1人。

学生执行任务：根据教师所给任务进行柱钢筋连接与骨架安装，并进行自检与互检。

重点提示

(1) 钢筋电渣压力焊机头上的上、下夹具，分别夹紧上、下钢筋；钢筋应保持在同一个轴线上，一经夹紧不得晃动。

(2) 钢筋螺纹连接之前应检查钢筋螺纹及连接螺纹是否完好无损，拧紧后套筒两侧外露的完整丝扣不超过2个。

【角色模拟】

学生模拟质检员岗位，对钢筋连接及安装过程进行检查。

1. 钢筋电渣压力焊焊接质量检查

(1) 取样数量

钢筋电渣压力焊接头的外观检查应逐个进行。

强度检验时，从每批成品中切取三个试样进行拉伸试验。在一般构筑物中，每300个同类型接头（同钢筋级别、同钢筋直径）作为一批。在现浇钢筋混凝土框架结构中，每一楼层中以300个同类型接头作为一批；不足300个时，仍作为一批。

(2) 外观检查

钢筋电渣压力焊接头的外观检查，应符合下列要求：

1) 接头焊包应饱满和比较均匀，钢筋表面无明显烧伤等缺陷。

2) 接头处钢筋轴线的偏移不得超过钢筋直径的0.1倍，同时不得大于2mm。

3) 接头处弯折不得大于4°。

外观检查不合格的接头，应切除重焊或采取补强措施。

(3) 拉伸试验

拉伸试验的试件形式（图2-22），试件长度 $L=8d+2L_j$，L_j——夹持长度（100~200mm）。钢筋电渣压力焊接头拉伸试验结果，3个试样均不得低于该级别钢筋的抗拉强度标准值。如有一个试样的抗拉强度低于规定数值，应取双倍数量的试样进行复验；复验结果，如仍有一个试样的强度达不到上述要求，则该批接头即为不合格品。

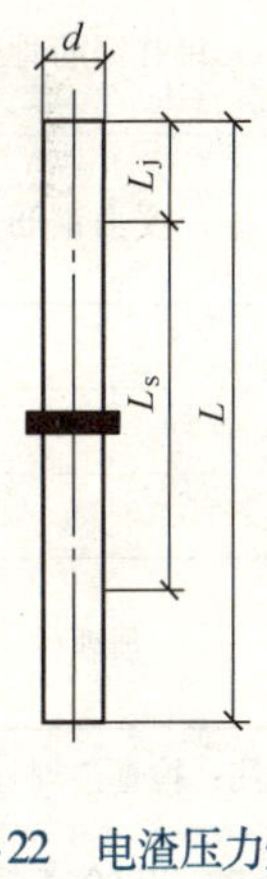

图2-22 电渣压力焊拉伸试验的试件形式

2. 钢筋螺纹连接质量检查

(1) 直螺纹丝头加工

1) 按钢筋规格调整好滚丝头内孔最小尺寸及涨刀环，调整剥肋挡块及滚压行程开关位置，保证剥肋及滚压螺纹的长度。

2) 加工钢筋螺纹时，采用水溶性切削润滑液；当气温低于0℃时，应掺入15%~20%亚硝酸钠，不得用机油作润滑液或不加润滑液套螺纹。

3) 操作工人应逐个检查钢筋丝头的外观质量，检查牙型是否饱满，有无断牙、秃牙缺陷，已检查合格的丝头盖上保护帽加以保护。

(2) 直螺纹丝头的加工检验

经自检合格的丝头，应由质检员随机抽样进行检验，以500个同种规格丝头为一批，随机抽检 10%，进行复检。加工钢筋螺纹的丝头牙型、螺距、外径必须与套筒一致，并且经配套的量规检验合格。

螺纹丝头牙型检验：牙型饱满，无断牙、秃牙缺陷；且与牙型规的牙型吻合，牙齿表面光洁为合格品。

螺纹直径检验：用专用卡规及环规检验。达到卡规、环规检验要求为合格品。

检验同时填写钢筋螺纹加工检验记录（见表 2-4），如果有一个丝头不合格，即应对该加工批丝头全部进行检验，切去不合格的丝头，查明原因并解决后重新加工螺纹。经再次检验合格后方可使用。

接头的现场检验应按验收批进行，同一施工条件下的同一批材料的同等级、同规格接头，以 500 个为一个验收批进行检验与验收，不足 500 个也应作为一验收批。

对接头的每一验收批应在工程结构中随机截取 3 个试件，按设计要求的接头性能等级做单向拉伸试验，按设计要求的接头性能等级进行检验与评定，并填写接头拉伸试验报告。

在现场连续检验 10 个验收批，全部单向拉伸试件一次抽样合格时，验收批接头数量可扩大一倍。

3. 柱钢筋骨架安装质量检查

（1）主控项目

钢筋安装时，受力钢筋的品种、级别、规格和数量必须符合设计要求。

检查数量：全数检查。

检验方法：观察、钢尺检查。

（2）一般项目

钢筋安装位置的偏差应符合表 2-4 的规定。

检查数量：在同一检验批内，应抽查构件数量的 10%。

表 2-4 钢筋安装位置的允许偏差和检验方法

项目		允许偏差/mm	检验方法
绑扎钢筋骨架	长	±10	钢尺检查
	宽、高	±5	钢尺检查
受力钢筋	间距	±10	钢尺量两端、中间各一点，取最大值
	排距	±5	
钢筋保护层厚度		±5	钢尺检查
绑扎箍筋间距		±20	钢尺量连续三档，取最大值
钢筋弯起点位置		20	钢尺检查
预埋件	中心线位置	5	钢尺检查
	水平高差	+3.0	钢尺和塞尺检查

注：检查预埋件中心线位置时，应沿纵、横两个方向量测，并取其中的较大值。

【检查评价】

（1）钢筋施工所需材料设备需求计划是否完整。

（2）钢筋连接与骨架安装质量。

（3）施工过程中的工序安排是否合理。

（4）团队合作情况。

知识拓展——抗震钢筋

国家质检总局和国家标准化委员会共同发布的 GB 1499.2—2007《钢筋混凝土用钢　第2部分：热轧带肋钢筋》。标准中明确规定：适用较高要求的抗震结构牌号后加“E”，如：HRB400E，HRB500E。“E”是英语单词 Earthquake（地震）的第一个字母，标志着钢筋产品达到了国家颁布的“抗震”标准。抗震钢筋除应满足标准所规定普通钢筋所有性能指标外，还应满足以下三个要求：

1）抗震钢筋的实测抗拉强度与实测屈服强度特征之比不小于1.25。

2）钢筋的实测屈服强度与标准规定的屈服强度特征值之比不大于1.30。

3）钢筋的最大力下，总伸长率不小于9%。

以上三条确保了钢筋的抗震能力，使得抗震钢筋能够在建筑发生倾斜、变形时“稳起”，不发生断裂。抗震钢筋和普通钢筋的本质区别就是使钢筋获得更好的延性，从而能够更好地保证重要结构构件在地震时具有足够的塑性变形能力和耗能能力。对有抗震设防要求的结构，其纵向受力钢筋的性能应满足设计要求。当设计无具体要求时，对按一、二、三级抗震等级设计的框架和斜撑构件（含梯段）中的纵向受力钢筋应采用 HRB335E、HRB400E、HRB500E、HRBF335E、HRBF400E、HRBF500E 钢筋。

教学情境2　框架柱模板施工

【情境描述】

某一框架结构首层施工图中，KZ1 截面尺寸为600mm×500mm，净高为3240mm，进行框架柱模板施工，侧重解决以下问题：

(1) 写出框架柱模板施工准备工作计划。

(2) 进行模板安装：5~8人为一小组，分别完成一组框架柱模板配模计算，填写模板材料用料单，并完成模板安装。

(3) 进行模板工程质量验收。

(4) 各小组在实训教师指导下，完成模板拆除工作。

训练目标

能根据图纸进行合理配料，能按正确顺序和方法安装模板，并达到牢固严密、尺寸精确。能按正确顺序和方法拆除模板。对模板工程进行验收和评定。

【任务分解】

任务1　施工准备

任务2　柱模板安装

任务3　柱模板拆除

【任务实施】

任务1 施工准备

框架柱模板施工前的准备工作，主要包括施工图识读、现场材料、施工机具的准备及作业条件准备。框架柱模板施工图的识读要点：柱的截面尺寸、轴线位置、本层柱至梁底高度。

【知识链接】

柱模板是浇筑柱混凝土的模壳，柱子的断面尺寸不大但比较高。因此，柱子模板的支设须保证其垂直度。柱模板施工时，要承受自身重量、钢筋混凝土重量和机械振捣力等荷载，支撑系统是支持模板，保证其位置正确，并承受模板、混凝土等重量及施工荷载的结构。

1. 柱模板类型

柱模板按所用的材料不同，分为钢模板、木模板、钢框胶合板模板、木框胶合板模板等，（图 2-23 ~图 2-26）。

图 2-23 钢模板

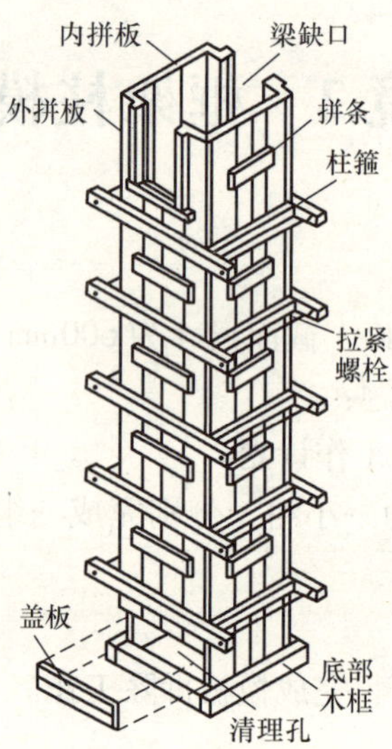

图 2-24 木模板

图 2-25 钢框胶合板模板

在实际工程中，柱模板主要采用定型组合钢模板和竹模板。本次任务以定型组合钢模板为例进行柱模板施工，重点是熟悉定型组合钢模板的规格、配模方法及所用配套支撑材料。

2. 柱模板工程设计内容

柱模板设计内容包括：模板选型、选材、配卡、绘制模板配板图、安装与拆除方案等。

3. 施工材料准备

（1）定型模板及支撑材料准备

定型组合钢模板重复使用率高，周转使用次数可达 100 次以上，但一次性投资费用大。组合钢模板由平面模板、阴角模板、阳角模板、连接角模及连接配件组成，见图 1-26。

图 2-26 木框胶合板模板

1）板块由薄钢板压轧成型。板块的宽度以 100mm 为基础，按 50mm 进级；长度以 450mm 为基础，按 150mm 进级。常用组合钢模板的尺寸见表 2-5。用表中的板块可以组合拼成长度和宽度方向上以 50mm 进级的各种尺寸。组合钢模板配板设计中，遇有不合 50mm 进级的模数尺寸，空隙部分可用木模填补。

表 2-5 常用组合钢模板规格 （单位：mm）

名 称	宽 度	长 度	肋高
平板模板（P）	600、550、500、450、400、350、300、250、200、150、100	1800、1500、1200、900、750、600、450	55
阴角模板（E）	150×150、100×150		
阳角模板（Y）	150×150、100×100、50×50		
连接角板（J）	50×50		

例如，P3015 指平面模板宽度 300mm，长 1500mm；P2009 指宽度 200mm，长度 900mm 的平面模板；E1512 指 150mm×150mm×1200mm 的阴角模板；Y1509 指 150mm×150mm×900mm 阳角模板；J0015 指 55mm×55mm×1500mm 连接角板。

2）组合钢模板连接配件包括 U 形卡、L 形插销、钩头螺栓、对拉螺栓、紧固螺栓、扣件等。

U 形卡用于钢模板与钢模板间的拼接，其安装间距一般不大于 300mm，即每隔一孔卡插一个，安装方向一顺一倒相互错开。

当需将钢模板拼接成大块模板时，除了用 U 形卡及 L 形插销外，在钢模板外侧要用钢楞（圆形钢管、矩形钢管、内卷边槽钢等）加固，钢楞与钢模板间用钩头螺栓及 3 形扣件、蝶形扣件连接。

3）组合钢模板的支承工具包括柱箍、钢楞、支柱、卡具、斜撑等。

① 柱箍：柱箍又称柱卡箍、定位夹箍，用于直接支撑和夹紧各类柱模板，可以根据柱模外形尺寸和侧压力的大小来选用。角钢柱箍由两根互相焊成直角的角钢组成，用弯角螺栓

及螺母拉紧，如图2-27a所示；也可用60×5扁钢制成扁钢柱箍如图2-27b所示；或槽钢柱箍，如图2-27c所示。常用柱箍的规格见表2-6。

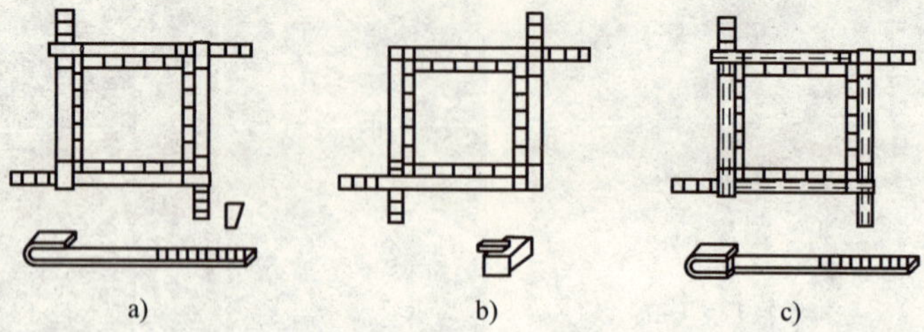

图 2-27
a）角钢柱箍　b）扁钢柱箍　c）槽钢柱箍

表2-6　常用柱箍的规格

材料	规格/mm	夹板长度/mm	截面积（mm^2）	适用柱宽范围/mm
轧制槽钢	[80×43×5	1340	1024	500~1000
	[100×43×5	1380	1074	500~1200
钢管	ϕ48×3.5	1200	480	300~700
	ϕ51×3.5	1200	522	300~700

②拉撑：有钢支柱、钢管、缆风绳、花篮螺栓。

（2）配模设计

为了加快施工速度，提高工作效率，柱模板施工准备阶段要设专人进行配模设计。一般应考虑下列原则：

1）应使钢模板的块数最少。因此，应优先采用最通用的规格，不能过分要求规格的齐全，尽量采用规格最大的钢模板，其他规格的钢模板只作为拼凑模板面积尺寸之用。

2）尽量减少拼镶模板用木材量。

3）合理使用转角模板。对于构造上无特殊要求的转角，可不用阴角模板，一般可用连接角模代替。阴角模板宜用于长度大的转角处，柱头、梁口及其他短边转角部位，如无合适的阴角模板，也可用55mm的木方代替。

4）应使支承件布置简单，受力合理。一般应使钢模板的长度沿着墙及板的长度方向、柱子的高度方向和梁的长度方向排列，这样有利于使用长度较大的钢模板和扩大钢模板的支承跨度，并应使每块钢模板都能有两处钢楞支承。在条件允许的情况下，钢模板端头接缝宜错开布置，这样模板整体刚度较好。

5）钢模板尽量采用横排或竖排，少用横竖混排的方式，因为这样会使支承系统布置困难。

6）按柱长宽尺寸确定模板宽度，相邻模板水平接缝要错开，优先选用阳角模，少用连接角模；钢模卡子按钢模上孔位多少配置，柱箍套数可以计算精确求得，也可以根据经验参考模板材料、柱高、一次性浇筑高度、柱截面尺寸等因素确定柱箍间距。

【例题】 钢筋混凝土柱的断面为600mm×500mm，净高为3240mm。拟采用组合钢模板，试作配板设计。

解：① 宽度600mm 方向用2块宽度为300mm 钢模板并列；宽度500mm 方向用300mm 和200mm 的钢模板各1块。

② 高度方向先选用2块长度为1500mm 的钢模板，2×1500mm = 3000mm，此时还剩240mm。在宽度600mm 方向，上设横向200mm×600mm 的钢模板1块，总高为3200mm，余下40mm 拼木料；在宽度500mm 方向，上设横向200mm×450mm 钢模板1块，余下40mm 拼木料，配板情况如图2-28所示。

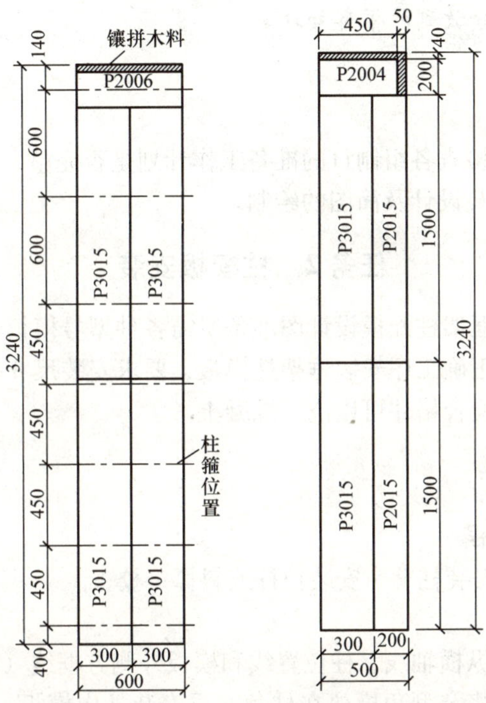

图2-28 柱子模配板图

注：本例题中第一道柱箍距离楼面100mm，再往上每450mm一道，最上面两道柱箍间距600mm。

（3）隔离剂涂刷

为防止模板与混凝土粘接，模板在使用前要均匀涂刷隔离剂。常用的隔离剂有甲基硅树脂、水性脱模剂等。

4. 施工机具准备

模板施工主要机具有：手锤、撬棍、扳手、钢尺、线坠、靠尺、安全带、安全帽、手套等。

【实践操作】

角色分配：作业组6人，其中施工图识读1人，配模单绘制2人，材料准备1人，机具准备

1 人，作业条件准备 1 人。

学生执行任务：

（1）读懂所给任务的施工图，熟悉框架柱的模板组成及拼装方法，能陈述模板组成，准确绘制拼装简图。

（2）列出柱模板施工所需材料设备需求计划。

过程指导

保证柱模的长度符合模数，不符合部分放到节点部位处理；也可以梁底标高为准，由上向下配模，不符合模数部分放到柱根部处理。

【检查评价】

（1）针对图纸提问，检查各组制订的准备工作计划是否完整、合理。

（2）重点评价模板拼装设计及简图的绘制。

任务 2　柱模板安装

柱模板施工前，按照框架柱配模设计图准备所需各种型号模板及支撑材料，吊装至规定地点。结合工程图，按照正确工序安装框架柱模板，要求安装尺寸控制精确，并准确检查柱模板的安装质量，模板预检合格才可以浇筑混凝土。

【知识链接】

1. 柱模板安装工艺流程

弹线→安装柱模板→安装柱箍→安装拉杆或斜撑→校正。

2. 施工要点

（1）弹线：在柱脚弹纵横轴线、柱位置线和模板外侧方框线（50 线或 70 线）。

（2）安装柱模板：先将定型角模放在柱角，再安装柱中模板，并用 U 形卡子连接，各面模板水平接缝上下位置错开，转圈向上安装各块模板。模板拼装最低高度至少超过拟浇筑混凝土高度 50mm，柱模根部要用水泥砂浆堵严，防止跑浆，柱模底部留清扫口。柱高超过 3m 时，由地面起每 2m 留一道施工口。

（3）安装柱箍：四面柱模拼装完以后，加设工字钢做成的柱箍。通常情况下由楼面起 300mm 加第一道柱箍，往上每隔 400～600mm 加设其他柱箍，柱箍要用弯角螺栓及螺母拉紧。

（4）柱箍初步固定后，安装柱身斜撑和水平撑。柱模之间，还要用水平撑及剪刀撑相互牵搭住（图2-29）。

图 2-29　框架柱模板施工

（5）拉杆或斜撑安装完毕，由顶部用锤球校正，使其垂直，检查无误，即将斜撑和水平撑钉牢固定。进一步调整柱箍，使其柱身模板方正且尺寸精确。同在一条轴线上的柱，应先校两头的柱模，再在柱模上口中心线，拉一铁丝来校正中间的柱模。

【实践操作】

技师演示：模板安装全过程。

角色分配：作业组 9 人，其中班长 1 名总协调，弹线找平 2 人，运料 2 人，柱模安装 2 人，质检 1 人，安全 1 人。

学生执行任务：根据教师所给任务进行模板安装全过程操作。

过程指导

（1）弹线内容全面，弹线清晰、精确。

（2）模板拼装顺序正确、严密。

（3）垂直度及平整度校正方法正确。

（4）柱箍斜撑位置间距合理、牢固。

【质检角色模拟】

学生模拟质检员岗位，对模板安装过程进行检查。

（1）柱箍、斜撑位置间距合理、牢固。

检查数量：全数检查。

检验方法：观察、钢尺检查、捶击检查。

（2）模板轴线位置、尺寸应符合设计要求，其偏差应符合表 2-7 的规定。

检查数量：在同一检验批内，应抽查构件量的 10%，且不少于 3 件。

检验方法：钢尺检查。

表 2-7　组装钢模板安装的允许偏差及检验方法

项　目		允许偏差/mm	检 验 方 法
轴线位置		5	钢尺检查
截面内尺寸		+4，-5	钢尺检查
层高垂直度	不大于 5m	6	经纬仪或吊线、钢尺检查
	大于 5m	8	经纬仪或吊线、钢尺检查
相邻两板表面高低差		2	钢尺检查
表面平整度		2	2m 靠尺和塞尺检查
对角线长度差		对角线长度 1/1000，7.0	

注：检查轴线位置时，应沿纵、横两个方向量测，并取其中的较大值。

（3）质量通病预防

柱模板施工可能出现的质量通病有柱模板炸模、模板偏斜、一排柱子不在同一轴上，柱身扭曲等。具体原因分析如下：

1）柱模板炸模，造成断面尺寸鼓出、滑浆、混凝土不密实或蜂窝麻面。其原因是柱箍间距太大或不牢。根据柱子断面的大小及高度，柱模外面应每隔 60 ~ 80cm 加设牢固的柱箍，防止炸模。

2）柱偏斜：钢筋偏移未扳正就套柱模，柱模未保护好，支模前已歪扭。柱子底部应做小方盘模板，或以钢筋角钢焊成柱断面外包框，保证底部位置准确。

3）一排柱子不在同一轴上柱身扭曲，成排柱子支模不跟线，不找方。成排柱模支撑时，应先立两端柱模，校直与复校位置无误后，顶部拉通长线，再立中间各根柱模。柱距不大时，相互间应用剪刀撑及水平撑搭牢。柱距较大时，各柱单独拉四面斜撑，保证柱子位置准确。

【安全员角色模拟】

学生模拟安全员，提前编制安全交底，并在操作前对本组成员进行口头交底，在操作过程中进行安全检查，重点包含以下内容：

（1）支模过程中，若中途停歇，应将就位的支顶、模板连接稳固，不得空架浮搁。

（2）支设高度在 3m 以上的柱模，四角应设斜撑，并设立操作平台；柱高大于 5m 时，应搭设脚手架，设防护栏。禁止上下在同一垂直面操作。

【检查评价】

（1）弹线准确性，出现问题及原因分析。

（2）模板严密性、垂直度及平整度，出现的问题及原因分析。

（3）柱箍斜撑位置、间距及牢固情况。

（4）团队合作情况。

任务 3　柱模板拆除

为了加快模板及支撑材料的周转使用，待柱混凝土达到一定强度就可以拆模。应该掌握模板拆除条件、顺序和拆除方法。

【知识链接】

（1）模板拆除条件：混凝土强度应在其表面及棱角不致因拆模而受损坏时，方可拆除，一般拆模时间为 1 ~3 天。

（2）模板拆除顺序：原则是“先支后拆，后支先拆”。顺序如下：斜撑→柱箍→模板卡→上层模板→下层模板。

（3）拆除方法：拆模时搭设临时架子，较长斜撑拆除时需有专人扶持。柱箍由上而下松动，先拆角模的模板卡子，然后用木锤或带橡皮垫的锤由内向外敲击模板的上口，使其整体板块脱离混凝土柱身，由上而下转圈逐层拆除各块模板，要轻击模边肋，切不可用撬从柱角撬离。各种型号模板、连接件分类码放整齐。

（4）梁、柱模板分两次支设时，在柱子混凝土达到拆模强度时，最上一段柱模先保留不拆，以便与梁模板连接。

【实践操作】

技师演示：技师演示完整的模板拆除过程。

角色分配：作业组人 8 人：班长 1 名总协调，临时架子搭设 2 人，码料 2 人，拆模 2 人，安全 1 人。

学生执行任务：根据教师所给任务将柱模板拆除，并将模板和连接件、支撑等材料分类码放。

过程指导

(1) 拆模时，必须保证表面和棱角不被破坏。

(2) 正确拆除顺序是保证安全和速度的重要因素。

(3) 先松后拆，先上后下，分层转圈是拆除方法的要点。

【安全员角色模拟】

学生模拟安全员，提前编制安全交底，并在操作前对本组成员进行口头交底，在操作过程中进行安全检查，重点包含以下内容：

(1) 拆模间歇时，应将松开的部件和模板运走，防止坠下伤人。

(2) 在模板拆装区域周围，应设置围栏并挂明显的标志牌，禁止非作业人员入内。

(3) 组合钢模板拆除时，上下有人接应，随拆随运走。严禁从高处向下抛掷。

(4) 拆 4m 以上模板时，应搭设脚手架，设防护栏。

【检查评价】

(1) 模板拆除对成品的影响情况及拆除工作安全情况。

(2) 工作进度。

(3) 工作过程中团队合作情况。

(4) 拆除结束收尾工作及环保意识。

教学情境 3　柱混凝土施工

【情境描述】

在校外实训基地，针对某一框架结构工程，进行框架柱混凝土施工，侧重解决以下问题：

(1) 写出施工准备工作计划（作业条件、材料、机具准备）。

(2) 进行混凝土施工准备练习：5 ~ 8 人为一小组，分别完成一组框架柱混凝土施工准备，填写《预拌混凝土材料用料单》。

(3) 分组进行柱混凝土浇筑工程作业。

(4) 柱混凝土养护及质量通病处理。

训练目标

能正确选择施工机械，掌握混凝土浇筑工艺，注意施工过程的操作安全。能处理常见的质量通病，对混凝土工程进行验收和评定。

【任务分解】

任务1　施工准备

任务2　柱混凝土施工

任务1　施工准备

按照混凝土工程的真实施工顺序，第一个任务应该是施工前的准备工作，主要包括作业条件准备、现场材料、施工机具的准备。另外还有柱混凝土施工方案的技术交底工作，与木工、钢筋工的交接验收工作及清理工作。

【知识链接】

1. 作业条件准备

（1）道路条件准备混凝土搅拌站至浇筑地点的临时道路已经修筑，且能确保运输道路畅通。

（2）作业面准备场内浇筑柱混凝土必需的脚手架和马道已经搭设，经检查符合施工需要和安全要求。

（3）天气条件准备及时了解天气情况，雨期施工应准备好抽水设备，防雨、防暑物资。冬期混凝土施工前准备好防冻物资。

（4）供电准备振捣及照明用配电箱布置到位，经检查符合安全要求，一般应保证混凝土浇筑期间水电供应不中断，但也要考虑到特殊情况下的应急措施。

（5）柱的截面尺寸及顶标高要满足设计要求，检查钢筋、埋件及模板质量，清理垃圾、泥土、钢筋上的泥污。

2. 物资准备

柱混凝土施工前物资准备包括混凝土施工材料、施工机具和劳保用品等准备工作。

（1）施工材料准备

1）预拌混凝土订购单编制内容包括强度、坍落度、用量、使用时间、联系人、地点，详见表2-8示例。

表2-8　预拌混凝土订购单示例

混凝土强度	坍落度	用量	使用时间	联系人	地点	项目名称	部位
C30	12～14cm	80m³	02.20.09:30	孟翔	石景山区杨庄东街36号	豪特弯酒店	地下一层 1－12轴柱

2）预拌混凝土质量检查：预拌混凝土强度、性能、坍落度、粗骨料最大公称直径等符

合施工项目浇筑部位的要求；检查搅拌车的进场时间和卸料时间，商品混凝土的运输时间（拌和后至进场止）超过技术标准或合同规定时，应当退货。

3）养护用品：养护剂，1mm 厚塑料薄膜，10mm 厚护角板。

（2）施工机具准备

1）混凝土搅拌运输车。

① 规格：XZQ5280GJB、XZQ5281GJB、XZQ5282GJB、LG5264GJB

② 主要指标：筒体几何容积 13.8m^3，搅动容积 8m^3，搅拌容积 5.5 ~ 6.0m^3，填充率 58%，出料速度 ≥ 2.0m^3/min，剩余率 ≤ 1.0%，筒体倾角 13.5°，最大行驶速度 78 ~ 95km/h，最小转弯直径 15.2m。XZQ5280GJB 整车外形尺寸 8190 × 2490 × 3780mm（长 × 宽 × 高），XZQ5281GJB 整车外形尺寸 8175mm × 2490mm × 3760mm（长 × 宽 × 高），XZQ5282GJB 整车外形尺寸 8190mm × 2490mm × 3780mm（长 × 宽 × 高），LG5264GJB 整车外形尺寸 8450mm × 2480mm × 3800mm（长 × 宽 × 高）。

③ 基本构造组成：底盘、搅拌筒、液压系统、供水系统、操作系统（图 2-30）。

图 2-30　混凝土搅拌运输车基本构造

现场施工用混凝土正逐步向以商品混凝土方式供应的方向发展，从商品混凝土搅拌站，将混凝土运送至各施工现场的距离相应增加，如用传统的运输方式，混凝土在运输过程中将发生较严重的离析。混凝土搅拌运输车就是为适应这种新的生产方式的一种混凝土地面运输的专用机械。混凝土搅拌运输车是将混凝土搅拌筒斜放在汽车底盘上，专门用于搅拌、运输的混凝土车辆，是长距离运输混凝土的有效工具。它兼有载送和搅拌混凝土的双重功能。

搅拌运输车在混凝土搅拌站装入混凝土后，由于搅拌筒内有两条螺旋状叶片，在运输过程中搅拌筒可慢速转动进行拌合，以防止混凝土离析。运至浇筑地点，搅拌筒反转即可卸出混凝土。混凝土搅拌运输车既可以运送拌和好的混凝土拌和料，也可以将混凝土干料装入搅拌筒内，在运输途中加水搅拌，以减少长途运输引起的混凝土坍落度损失。

2）混凝土泵车：混凝土泵车也称臂架式混凝土泵车，其形式定义为：将混凝土泵和液压折叠式臂架都安装在汽车或拖挂车底盘上，并沿臂架铺设输送管道，最终通过末端软管输出混凝土的机器。由于臂架具有变幅、折叠和回转功能，可以在臂架所能及的范围内布料。目前，在国家重点建设项目的混凝土施工中，都采用了混凝土泵车泵送技术，其使用范围已经遍及水利、水电、地铁、桥梁、大型基础、高层建筑和民用建筑等工程中。近年来已经成为泵送混凝土施工机械的首选机型。

① 混凝土泵车可以一次同时完成现场混凝土的输送和布料作业，具有泵送性能好、布料范围大、能自行行走、机动灵活和转移方便等特点。尤其是在基础、低层施工及需频繁转移工地时，使用混凝土泵车更能显示其优越性，特别适用于混凝土浇筑需求量大、超大体积及超厚基础混凝土的一次浇筑和质量要求高的工程。目前，地下基础的混凝土浇筑有80%是由混凝土泵车来完成的。移动式混凝土泵车的输送能力一般为80m^3/h。

② 混凝土泵车主要指标：混凝土泵车主要指标有泵车尺寸、臂架垂直高度、臂架水平长度、臂架垂直深度、前后支腿展开宽度、混凝土理论排量等。泵车末端软管长度（均为3m），以45m混凝土输送泵车为例，各项指标见表2-9。

表2-9　45m混凝土输送泵车各项指标

全长/mm	总宽/mm	总高/mm	自重/kg	臂架垂直高度/m	臂架水平长度/m	臂架垂直深度/m	前支腿展开宽度/mm	后支腿展开高度/mm	输送管径/mm	混凝土理论排量/(m^3/h)	理论泵送压力/MPa
12580	2500	3990	35500	45.0	41.0	28.0	8740	9630	125	120	7.3

注：泵车规格按臂架垂直高度分37m、40m、42m、43m、45m、46m、48m、50m、52m、56m、66m。

③ 基本构造组成：混凝土泵车主要由底盘、泵送系统、支腿、臂架系统和电控系统组成（如图2-31所示）。

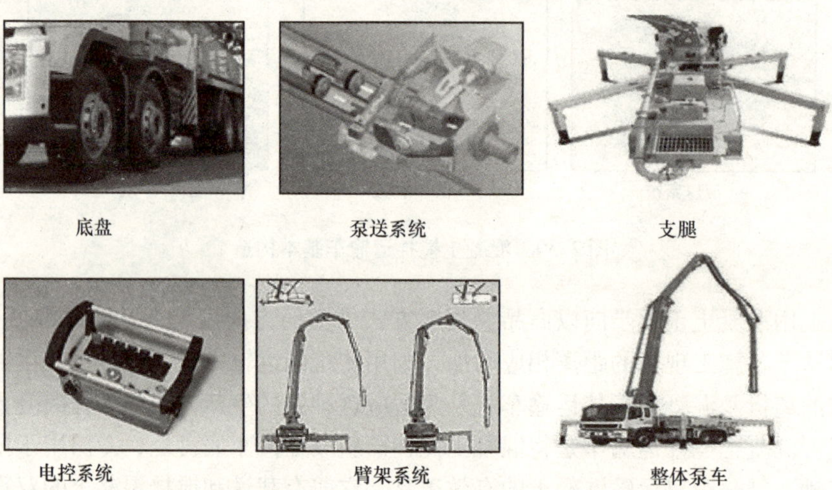

图2-31　混凝土泵车基本构造

3）其他工具：插入式振捣器、电箱、手锤、钢钎、绝缘靴、铁锹、安全带、安全帽、手套等。

3. 技术准备

技术准备工作包括编制专项施工方案和技术交底，划分流水段，确定施工缝留置位置，明确浇筑顺序、浇筑方法和试块组数，做好与木工、钢筋工的交接工作。

【知识链接】

角色分配：作业组6人：2人负责现场作业条件准备，1人负责材料计划编制，2人负责现场工具，1人代表预拌混凝土方进行现场调查沟通。

学生执行任务：

（1）列出柱混凝土浇筑作业条件。

（2）列出浇筑混凝土前应检查的内容（模板、钢筋、保护层和预埋件等）及方法、要点。

（3）列出柱混凝土施工所需材料设备需求计划。

【检查评价】

（1）针对任务提问、检查各组填写的工作任务单。

（2）重点检查施工技术交底内容是否完整。

任务2　柱混凝土施工

混凝土搅拌、运输、浇筑及养护是影响混凝土质量的重要环节，施工现场应严格按照混凝土浇筑与振捣的技术要求施工，选择正确的施工顺序和方法浇筑柱混凝土，施工过程中及时检查浇筑质量，对出现问题及时修正，浇筑完毕及时养护。

【知识链接】

1. 工艺流程

泵车固定与润滑→检查混凝土质量→泵送至混凝土槽→柱中送料→振捣→柱中送料→振捣循环→密实度检查与钢筋整理→养护。

2. 施工要点

（1）布置合理泵车停放点，以方便罐车进出和满足最大浇筑范围为原则，放开支腿，固定泵车，泵送前20min发动引擎，让泵机各部分充分运转，同时还要让泵送活塞运转5～10min，使自动泵油机把润滑油送入需润滑部分，混凝土泵启动后，应先泵送适量水（10L）以湿润料斗、活塞及输送管内壁。油泵转速达到1400～1500r/min时才能压送混凝土。

（2）检查混凝土质量，罐车出料前，应以12r/min左右速度转动1min，然后反转出料，低速出一点料，观察质量，如大石子夹着水泥浆先流，说明发生沉淀，应立即停止出料，再顺转2～3min，方可出料，保证混凝土拌合物的均匀，并从混凝土罐车中取少量混凝土，采用坍落筒检测坍落度是否符合计划要求。符合要求后再进行正式出料。

（3）泵送混凝土，泵车运转正常，混凝土符合质量要求方可正式泵送，泵送应连续进行，输出量保持10m^3/h为好。不能连续供料时，可适当放慢速度，若泵送停歇超过45min或混凝土出现离析时，要立即用压力水清洗泵机和管道中的混凝土，再重新泵送。泵送数次至混凝土槽体积2/3。

（4）柱中送料：柱高3m之内，可由柱顶直接下料浇筑，超过3m在模板侧面开洞安装斜溜模分段浇筑，每段高度不得超过2m。同一施工段内每排柱子应由外向内对称地顺序浇筑，不要由一端向另一端顺序推进，以防止柱子模板受推向一侧倾斜，造成误差积累过大而难以纠正。

（5）振捣：根据柱身高度选择匹配的振捣器，插入柱底部振捣，插入点顺序为：柱中间区域，柱周边转圈振捣，柱四角振捣（图 2-32），每点振捣时间 20～30s。

（6）应控制住每次投入模板内的混凝土数量，以保证不超过规定的每层浇筑厚度。第一层铁锹喂料至柱内高度 300mm 高，再次喂料高度 300～500mm 并振捣，边投料边振捣使用插入式振动器时，要使振动棒自然地垂直沉入混凝土中。为使上下层混凝土结合成整体，振动棒应插入下一层混凝土中 50mm。振动棒不能插入太深，最好应使棒的尾部留露 1/3～1/4，软轴部分不要插入混凝土中。振捣时，应将棒上下抽动，以保证上下部分的混凝土振捣均匀。振动棒应避免碰撞钢筋、模板、芯管、吊环和预埋件等。

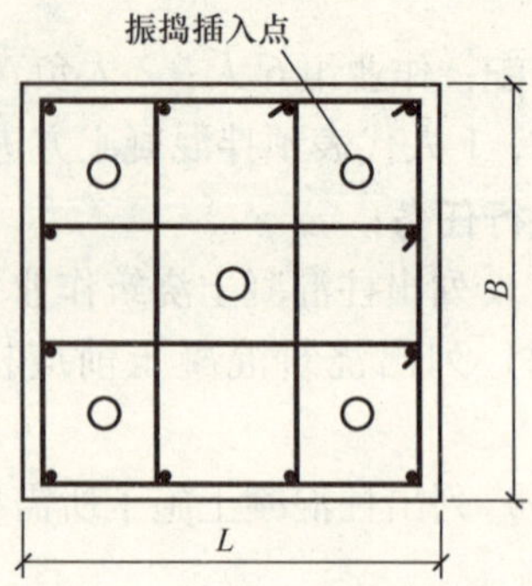

图 2-32　框架柱振捣插入点布置图

（7）在柱模板外侧，用小锤轻敲模板，听声音检查是否密实，浇筑完后，随时将伸出的柱主筋整理到位。

（8）拆模后涂刷养护剂并采用塑料膜包裹，四角用竹胶板条保护防止磕碰棱角，如果是冬期施工用塑料布包裹并用草帘子包上防止混凝土冻坏（图 2-33）。

图 2-33　柱养护及成品保护

重点提示

施工缝的留置：

如柱子和梁分两次浇筑，在柱子顶端留施工缝。在处理施工缝时，应将柱顶处厚度较大的浮浆层处理掉。如柱子和梁一次浇筑完毕，不留施工缝，那么在柱子浇筑完毕后应间隔 1～1.5h，待混凝土初步沉实后，再继续浇筑上面的梁板结构。

柱施工缝位置应在混凝土浇筑之前确定，并宜留置在结构受剪力较小且便于施工的部位。柱的施工缝留置在基础的顶面、梁或吊车梁牛腿的下面、吊车梁的上面、无梁楼板柱帽的下面。施工缝留在主梁下 50mm（图 2-34）。

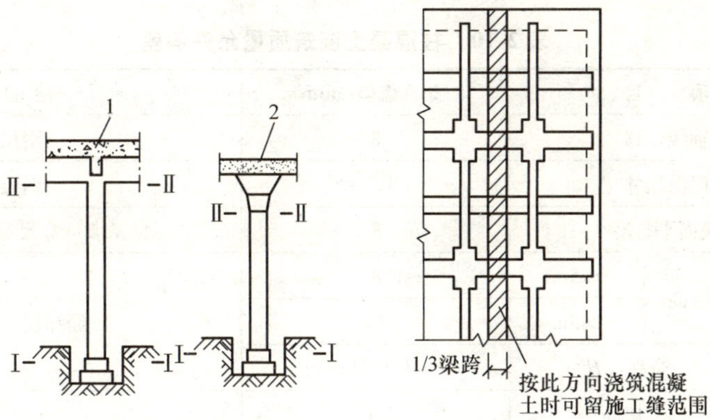

图 2-34　浇筑柱的施工缝位置图

Ⅰ—Ⅰ、Ⅱ—Ⅱ表示施工缝位置

1—肋形楼板　2—无梁楼盖

【实践操作】

技师演示：柱混凝土浇筑全过程。

角色分配：作业组 11 人：班长 1 人负责总协调，2 名振捣工，2 名喂料工，1 名同步检查工，试验员 1 名，1 名质检员，1 名安全员，1 名罐车司机，1 名遥控泵送司机。

学生执行任务：

根据教师所给任务进行柱浇筑混凝土全过程操作，并进行混凝土缺陷处理。

过程指导

（1）泵车位置合理。

（2）浇筑步骤正确。

（3）振捣方法正确，振捣时间控制精确。

（4）养护及时内容全面。

（5）缺陷处理方法得当。

【质检员角色模拟】

学生模拟质检员岗位，对浇筑过程进行检查。

（1）柱模板变形及柱钢筋移位情况

检查数量：全数检查。

检验方法：目测、钢尺检查。

（2）漏浆、混凝土密实及养护情况。

检查数量：全数检查。

检验方法：目测、钢尺检查、捶击检查。

（3）拆模后检查（见表 2-10）

表 2-10　柱混凝土浇筑质量允许偏差

<table>
<tr><th>项次</th><th colspan="3">项　目</th><th>允许偏差/mm</th><th>检 验 方 法</th></tr>
<tr><td>1</td><td colspan="3">轴线位移</td><td>8</td><td>钢尺检查</td></tr>
<tr><td>2</td><td colspan="3">截面尺寸</td><td>+8，−5</td><td>钢尺检查</td></tr>
<tr><td>3</td><td colspan="3">表面平整度</td><td>8</td><td>2m 靠尺和塞尺检查</td></tr>
<tr><td rowspan="3">4</td><td rowspan="3">垂直度</td><td rowspan="2">层高</td><td>≤5m</td><td>8</td><td rowspan="3">经纬仪、钢尺检查</td></tr>
<tr><td>>5m</td><td>10</td></tr>
<tr><td colspan="2">全高（H）</td><td>H/1000 且≤30</td></tr>
<tr><td rowspan="2">5</td><td rowspan="2">标高</td><td colspan="2">层高</td><td>±10</td><td rowspan="2">水准仪或拉线、钢尺检查</td></tr>
<tr><td colspan="2">全高</td><td>±30</td></tr>
<tr><td>6</td><td colspan="3">预埋件中心线位置</td><td>10</td><td>钢尺检查</td></tr>
<tr><td>7</td><td colspan="3">预埋螺栓中心、预埋管</td><td>5</td><td>钢尺检查</td></tr>
<tr><td>8</td><td colspan="3">预留洞中心线位置</td><td>15</td><td>钢尺检查</td></tr>
</table>

注：检查轴线、中心线位置时，应沿纵、横两个方向量测，并取其中的较大值。

质量缺陷问题及处理

1. 柱混凝土常见质量缺陷问题

（1）麻面

麻面是结构构件表面上呈现无数的小凹点，而无钢筋暴露的现象。它是由于模板表面粗糙、未清理干净、润湿不足、漏浆、振捣不实、气泡未排出以及养护不好所致。

（2）露筋

露筋即钢筋没有被混凝土包裹而外露。它主要是由于未放垫块或垫块位移、钢筋位移、结构断面较小、钢筋过密等使钢筋紧贴模板，以致混凝土保护层厚度不够所造成的。有时也因缺边、掉角而露筋。

（3）蜂窝

蜂窝是混凝土表面无水泥砂浆，露出石子的深度大于 5mm、但小于保护层的蜂窝状缺陷。它主要是由配合比不准确、浆少石子多，或搅拌不匀、浇筑方法不当、振捣不合理，造成砂浆与石子分离、模板严重漏浆等原因产生。

（4）孔洞

孔洞是指混凝土结构内存在着孔隙，局部或全部无混凝土。它是由于骨料粒径过大或钢筋配置过密造成混凝土下料中被钢筋挡住、混凝土流动性差、混凝土分层离析、振捣不实、混凝土受冻、混入泥块杂物等所致。

（5）柱根夹渣缝隙及夹层

柱根夹渣产生原因是因施工前根部垃圾清理不干净所致，在浇筑混凝土时，应先将柱根部清扫干净，并在其底部浇筑一层 50～100mm 厚的与混凝土成分相同的水泥砂浆结合层，再浇筑混凝土。

（6）缺棱、掉角

缺棱、掉角是指柱的直角边上的混凝土局部残损掉落。产生的主要原因是拆模时棱角损坏或拆模过早，拆模后保护不好也会造成棱角损坏。

2. 缺陷处理方法

（1）表面抹浆修补

对数量不多的小蜂窝、麻面、露筋、露石的混凝土表面，可用钢丝刷或加压水洗刷基层，再用1:2～1:2.5的水泥砂浆填满抹平，抹浆初凝后要加强养护。

（2）细石混凝土填补

当蜂窝比较严重或露筋较深时，应按其全部深度凿去薄弱的混凝土和个别突出的骨料颗粒，然后用钢丝刷或加压水洗刷表面，再用比原混凝土等级提高一级的细骨料混凝土填补并仔细捣实。

对于孔洞，可在旧混凝土表面采用处理施工缝的方法处理：将孔洞处不密实的混凝土突出的石子剔除，并凿成斜面避免死角。然后用水冲洗或用钢丝刷子清刷，充分润湿后，浇筑比原混凝土强度等级高一级的细石混凝土。细石混凝土的水灰比宜在0.5以内，并可掺入适量混凝土膨胀剂，分层捣实并认真做好养护工作。

【安全员角色模拟】

学生模拟安全员，提前编制安全交底，并在操作前对本组成员进行口头交底，在操作过程中进行安全检查，重点包含以下内容：

（1）浇筑高度3m以上的框架柱混凝土必须搭设操作平台，按承重架要求检查，不得站在模板或支撑上操作。

（2）混凝土输送软管末端出口距浇筑面保持0.5～1.0m。

（3）振动器操作者穿绝缘靴，戴绝缘手套。

（4）振捣器应设单一开关，并装设漏电保护装置，雨天将振捣器加以遮盖。夜间应有足够照明，电压不得超过12V。

（5）施工作业高度超过1.5m时必须系好安全带。

【检查评价】

（1）浇筑操作情况。

（2）安全与质量情况。

（3）团队合作情况。

知识拓展——自密实混凝土

1. 概念

自密实混凝土是指在自身重力作用下，能够流动、密实，即使存在致密钢筋，也能完全填充模板，同时获得很好均质性，并且不需要附加振动的混凝土。

应用领域从房屋建筑到水利、桥梁、隧道等大型工程，主要用于地下暗挖、密筋、形状复杂等无法浇筑或浇筑困难的部位，同时也解决了施工扰民等问题，缩短了建设工期，延长了构筑物的使用寿命。

2. 配制原理

配制自密实混凝土的原理是通过外加剂、胶结材料和粗细骨料的选择与搭配、精心的配合比设计，将混凝土的屈服应力减小到足以被因自重产生的剪应力克服，使混凝土流动性增大，同时又具有足够的塑性粘度，令骨料悬浮于水泥浆中，不出现离析和泌水问题，能自由流淌并充分填充模板内的空间，形成密实且均匀的胶凝结构。

3. 施工工艺

（1）自密实混凝土生产

生产自密实混凝土必须使用强制式搅拌机。混凝土原材料均按重量计量，每盘混凝土计量允许偏差为水泥 ±1%，矿物掺合料 ±1%，粗细骨料 ±2%，水 ±1%，外加剂 ±1%。

搅拌机投料顺序为先投细骨料、水泥及掺合料，然后加水、外加剂及粗骨料。应保证混凝土搅拌均匀，适当延长混凝土搅拌时间，搅拌时间宜控制在 90 ~ 120s 内。加水计量必须精确，应充分考虑骨料含水率的变化，及时调整加水量。

砂、石骨料级配要稳定，供应充足，筛砂系统用孔径不超过 20mm 的钢丝网，滤除其中所含的卵石、泥块等杂物，每班不少于两次检测级配和含水率，并及时调整含水率。骨料露天堆放情况下，雨天不宜生产施工，防止含水率波动过大，混凝土性能不易控制。

每次混凝土开盘时，必须对首盘混凝土性能进行测试，并进行适当调整，直至混凝土性能符合要求，而后才能确定混凝土的施工配合比。

在自密实混凝土生产过程中，除按规范规定取样试验外，对每车混凝土应进行目测检验，不合格混凝土严禁运至施工现场。

（2）自密实混凝土运输

自密实混凝土的长距离运输应使用混凝土搅拌车，短距离运输可利用现场的一般运输设备。必须严格控制非配合比用水量的增加。搅拌车在装入混凝土前必须仔细检查，筒体内应保持干净、潮湿，不得有积水、积浆。在运输过程中严禁向车筒内加水，应确保混凝土及时浇筑与供应，合理调配车辆并选择最佳线路，尽快将混凝土运送到施工现场。对超过 120min 的混凝土，司机必须及时将情况反映给技术人员对混凝土进行检查。

（3）自密实混凝土的泵送和浇筑

1）泵送

混凝土输送管路应采用支架、毡垫、吊具等加以固定，不得直接与模板、钢筋接触，除出口外，其他部位不宜使用软管和锥形管。

混凝土搅拌车卸料前应高速旋转 60 ~ 90s，再卸入混凝土泵，以使混凝土处于最佳工作状态，有利于混凝土自密实成型。

泵送时，应连续泵送，必要时降低泵送速度。当停泵超过 90min，则应将管中混凝土清除，并清洗泵机。泵送过程中，严禁向泵槽内加水。

在非密集配筋情况下，混凝土的布料间距不宜大于 10m。当钢筋较密时，布料间距不宜大于 5m。每次混凝土生产时，必须由专业技术人员在施工现场进行混凝土性能检验，主要检验混凝土坍落度和坍落扩展度，并进行目测，判定混凝土性能是否符合施工技术要求。发现混凝土性能出现较大波动，及时与搅拌站技术人员联系，分析原因及时调整混凝土配合比。

采用塔吊或泵送卸料时，在墙体附近搭设架子，采用可供卸料的专用料斗放料，不宜直接入料，防止对模板的冲击太大，出现模板移位。

2）浇筑

浇筑时下料口应尽可能的低，尽量减少混凝土的浇筑落差。在非密集配筋情况下，混凝土垂直自由落下高度不宜超过5m，从下料点水平流动距离不宜超过10m。对配筋密集的混凝土构件，垂直自由落下高度不宜超过2.5m。

混凝土应采取分层浇筑，在浇筑完第一层后，应确保下层混凝土未达到初凝前进行第二次浇筑。如遇到墙体结构配筋过密，混凝土的粘聚性较大，为保证混凝土能够完全密实，可采用在模板外侧敲击或用平板振捣器辅助振捣方式，来增加混凝土的流动性和密实度。

浇筑速度不要过快，防止卷入较多空气，影响混凝土外观质量。在浇筑后期，应适当加高混凝土的浇筑高度以减少沉降。

自密实混凝土应在其高工作性能状态消失前完成泵送和浇筑，不得延误过长时间，应在120min内浇筑完成。

(4) 自密实混凝土的养护

自密实混凝土浇筑完毕后，应及时加以覆盖防止水分散失，并在终凝后立即洒水养护，洒水养护时间不得少于7d，以防止混凝土出现干缩裂缝。

冬季浇筑的混凝土初凝后，应及时用塑料薄膜覆盖，防止水分蒸发，塑料薄膜上应覆盖保温材料。模板应在混凝土达到规定强度后方可拆除，拆除模板后，应在混凝土表面涂刷养护剂进行养护。

【课后作业题】

1. 图2-8中，框架中柱顶层高为4500mm，柱截面尺寸为650mm×600mm，混凝土保护层厚度为30mm，梁高700mm，计算该层柱纵向钢筋下料长度及箍筋根数。

2. 某6层框架结构建筑，首层层高4500mm，2～6层层高4200mm，KZ1截面尺寸700mm×600mm，梁高700mm，配有4根直径25mm的HRB400纵筋，箍筋Φ10@100/200，混凝土保护层厚度30mm，混凝土强度等级为C35，二级抗震，柱纵筋采用直螺纹连接，(1)计算KZ1首层纵筋及箍筋下料长度，箍筋根数。(2)计算顶层边柱纵筋下料长度。

3. 框架柱钢筋工程隐蔽验收的内容是什么？

4. 柱模板安装后质量检查的内容是什么？

5. 上网查询框架柱模板施工技术交底和施工方案的案例，进行整理点评。

项目3 框架梁施工

框架梁在框架结构中是主要受力构件，将楼面荷载传给框架柱。框架梁施工内容主要包括梁钢筋施工、模板施工和混凝土施工。

教学情境1 框架梁模板施工

【情境描述】

针对某一框架结构施工图，进行框架梁模板施工，侧重解决以下问题：

（1）写出施工准备工作计划（作业条件、机具）。

（2）进行模板安装：5～8人为一小组，分别完成一组框架梁模板配模计算，填写模板材料用料单，并完成模板安装。

（3）进行模板工程验收。

（4）进行模板拆除：各小组在实训教师指导下，完成模板拆除工作。

训练目标

能根据图纸进行合理配料，能按正确顺序和方法安装模板，并达到牢固严密尺寸精确。能按正确顺序和方法拆除模板。对模板工程进行验收和评定。

【任务分解】

任务1 施 工 准 备

任务2 梁模板安装

任务3 梁模板拆除

任务1 施 工 准 备

框架梁模板施工前的准备工作主要包括施工图识读，进行现场材料和施工机具的准备。

【知识链接】

1. 施工图识读

框架梁模板施工图的识读要点：梁的截面尺寸、跨度、梁底梁顶标高和楼板厚度。

2. 物资准备

物资准备包括梁模板、支撑系统材料准备、支模工具准备。

（1）梁模板的组成

梁模板主要由模板系统和支承系统组成。

1）模板系统：与混凝土直接接触，它主要使混凝土具有构件所要求的形状尺寸，按部位分底模和侧模两部分。

2）支撑系统：支撑模板，保证模板位置正确，承受模板、混凝土重量及侧压力的结构，按部位分为竖向支撑系统和侧向支撑系统（图3-1）。

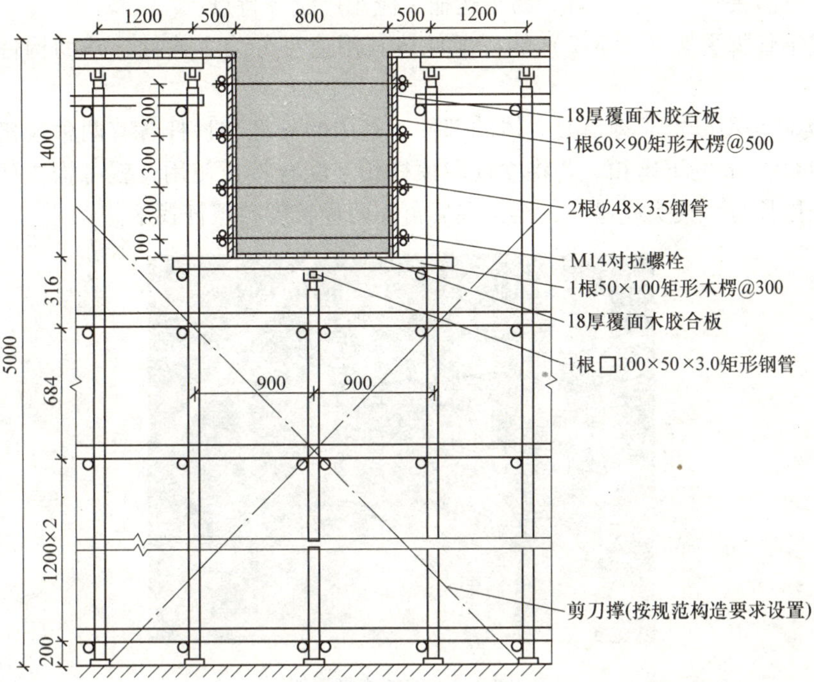

图3-1 梁模板及支撑系统示意图

3）模板按所用的材料不同，分为组合定型钢模板、钢框木模板、木框竹模板、木框塑料模板等。

4）支撑按所用材料不同，分为碗扣架支撑、门式架支撑、大头柱支撑、钢管架支撑等。

在实际工程中，梁模板主要采用钢框木模板、木框竹胶合板模板，支撑多采用碗扣架支撑、门式架支撑。本次任务以木框竹胶合板模板碗扣架支撑为例，进行梁模板施工。

（2）施工材料主要性能

1）竹胶板：平整光滑，强度高，重量轻，硬度好，幅面大，耐水耐磨，收缩吸水率低，不变型，易脱模，通用性广，使用周转次数与木质模板相比高出几倍，有效降低建筑成本。产品广泛应用于高层建筑、桥梁、高速公路、高架桥、立交桥、大坝，是一项合理利用资源配置，以竹代木的新型绿色环保建材。板面尺寸为1220mm宽、2440mm长，厚度规格有8mm、10mm、12mm、15mm、18mm、20mm等，现场加工采用木工电锯。

2）方木：与竹胶板配套的方木框，一般采用50mm×80mm方木，方木间距250～300mm。作为梁下横向支撑的方木采用100mm×100mm规格方木。

根据梁截面尺寸，通常是将侧模整高和底模整宽，根据长度情况加工成带木框的4～6m长的定尺模板块，方木与模板接触面刨光，第二块板的钉子要朝第一块板的方向斜钉，使拼缝严密，钉子长度为模板厚度的1.5倍，不同部位模板要进行编号。安装时，分块吊运安装。

3）碗扣架支撑：碗扣式脚手架是一种新型承插式钢管脚手架。脚手架独创了带齿碗扣接头，具有拼拆迅速、省力，结构稳定可靠，配备完善，通用性强，承载力大，安全可靠，易于加工，不易丢失，便于管理，易于运输，应用广泛等特点。

碗扣式钢管脚手架（图3-2）的杆配件按其用途可分为主构件、辅助构件、专用构件三类。

① 主构件是用以构成脚手架主体的部件。其中的立杆和顶杆各有两种规格，在杆上均焊有间距为600mm的下碗扣。若将立杆和顶杆相互配合接长使用，就可构成任意高度的脚手架。立杆接长时，接头应错开，至顶层后再用两种长度的顶杆找平。

图3-2　碗扣式脚手架

（a）立杆：由一定长度的48mm×3.5mm钢管上，每隔0.6m安装碗扣接头，并在其顶端焊接立杆焊接管制成。用作脚手架的垂直承力杆。

（b）顶杆：即顶部立杆，在顶端设有立杆的连接管，以便在顶端插入托撑。用作支撑架（柱）、物料提升架等顶端的垂直承力杆。

（c）横杆：由一定长度的48mm×3.5mm钢管，两端焊接横杆接头制成。用于立杆横向连接管，或框架水平承力杆；横杆的步距要按设计要求设置。

（d）单横杆：仅在48mm×3.5mm钢管一端焊接横杆接头；用作单排脚手架横向水平杆。

（e）斜杆：在48mm×3.5mm钢管两端铆接斜杆接头制成，用于增强脚手架的稳定强度，提高脚手架的承载力。斜杆应尽量布置在框架节点上。

（f）底座：由150mm×150mm×8mm的钢板在中心焊接连接杆制成，安装在立杆的根部，用作防止立杆下沉并将上部荷载分散传递给地基的构件。

② 辅助构件是用于作业面及附壁拉结等的杆部件。

（a）间横杆是为满足普通钢或木脚手板的需要而专设的杆件，可搭设于主架横杆之间的任意部位，用以减小支承间距和支撑挑头脚手板。

（b）架梯由钢踏步板焊在槽钢上制成，两端带有挂钩，可牢固地挂在横杆上，用于施工人员上下脚手架的通道。

(c) 连墙撑用于脚手架与墙体结构间的连接件，以加强脚手架抵挡风载及其他永久性水平荷载的能力，防止脚手架倒塌和增强不乱性的构件。

③ 专用构件是用作专门用途的杆部件。

(a) 悬挑架由挑杆和撑杆用碗扣接头固定在楼层内支承架上构成。用于其上搭设悬挑脚手架，可直接从楼内挑出，不需在墙体结构设埋件。

(b) 晋升滑轮用于晋升小物料而设计的杆部件，由吊柱、吊架和滑轮等组成。吊柱可插入宽挑梁的垂直杆中固定，与宽挑梁配套使用。

4) 其他辅料：钢钉、木楔、海绵条、脚手板。

(3) 材料配置计划

支撑系统：立柱下沿梁纵向铺设通长脚手板，每跟立柱下配一座可调底座，顶端配一座可调顶托，立柱纵向间距 300 ~ 1200mm，横向排距为梁宽加 600 ~ 900mm，立柱柱身在碗口位置根据纵横间距安装水平撑，超过 3m 高架子在外侧安装斜杆。每对横向立柱上方放一根 100mm × 100mm 方木，长度为梁高 3 ~ 5 倍，方木上方梁两侧对称有 50mm × 80mm 方木斜撑。

模板系统：定尺木框竹胶板，框料为 50mm × 80mm 方木，板中间方木间距 200 ~ 300mm。梁底模宽度为梁净宽 +2 倍竹胶板厚 +100mm，梁侧模宽度为梁净高 - 现浇板厚。

(4) 施工机具准备

手锤、撬棍、扳手、钢尺、线坠、靠尺、安全带、安全帽和手套。

【实践操作】

学生执行任务：

(1) 读懂所给任务的施工图，熟悉框架梁的模板组成及拼装方法，能陈述模板组成，准确绘制拼装简图。

(2) 列出梁模板施工所需材料设备需求计划。

【检查评价】

(1) 针对图纸提问、检查各组绘制的模板拼装简图。

(2) 材料设备需求计划是否完整、合理。

任务2 梁模板安装

主要任务：分小组按照正确工序安装模板，支撑系统牢固可靠，模板安装尺寸控制精确、拼缝严密，准确检查安装质量。

1. 工艺流程

弹梁位置线→铺通长脚手板→搭设梁模支撑系统→铺梁底横向方木（或钢管横杆）→铺梁底模→绑扎梁钢筋→安装梁侧模→安装梁柱节点模板→安装侧模斜撑。

2. 施工要点

(1) 在柱顶侧部弹出梁轴线、水平控制线及两条梁内边线，以控制底模安装位置。

(2) 脚手板铺设　脚手板位置与下层的梁支柱中心线吻合。

(3) 搭设梁模支撑系统　先安装立柱底座，其位置与下层梁支柱位置吻合，插立柱扶正后连接水平拉杆，用手捶敲击碗扣使其扣紧拉杆连接点；安装可调顶托，按模板底高结合梁起拱高度初步调整高度位置。待全部梁底模铺完后，拉水平线，当梁的跨度在4m或4m以上时，在梁模的跨中要起拱，起拱高度为梁跨度的2‰～3‰。

（4）铺梁底横向方木　铺设梁底横向方木或横向钢管，当梁的跨度在4m或4m以上时，在梁模的跨中要起拱，起拱高度为梁跨度的2‰～3‰。

（5）铺梁底模　梁底模初步铺装后，拉水平线精确调节高度，拉梁边线调整位置及顺直，梁底模之间及梁底模两侧粘贴海绵条。

（6）绑扎梁钢筋　底模固定后绑扎梁钢筋。木框与竹胶板结合面进行铣刨平整，钢钉以及进入木框30～40mm深度为宜，钉帽与板面平，方木间距200～300mm。

（7）安装梁侧模　梁钢筋绑完后安装梁侧模，先在梁底模两侧粘贴海绵条。梁侧模夹梁底模，用钢管扣紧梁底处侧模。

（8）梁侧模斜撑　梁侧竖向短钢管吊直、钢管三角撑固定（或45°～60°钉方木斜撑），梁高大于800mm时，在梁高2/3处加对拉螺栓，梁侧模支撑和对拉螺栓间距600～1200mm之间。

（9）梁口与柱头模板的节点连接，一般可按图3-3和图3-4处理，图3-5为梁柱接头处模板支设现场图片。

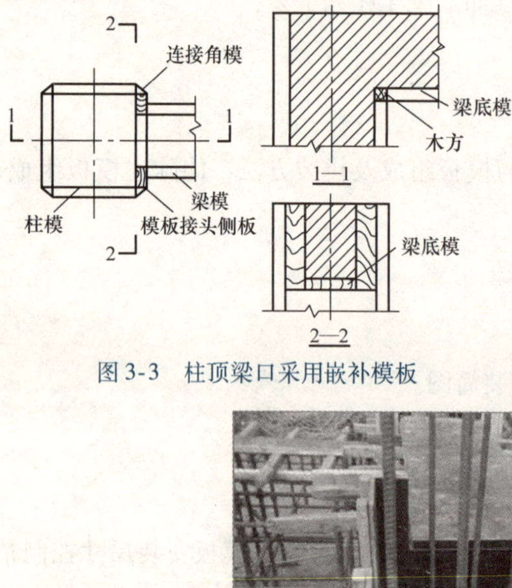

图3-3　柱顶梁口采用嵌补模板

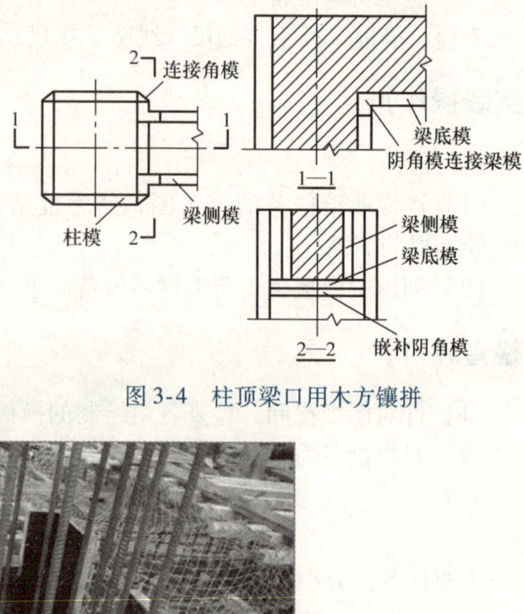

图3-4　柱顶梁口用木方镶拼

图3-5　梁柱接头处模板支设

【实践操作】

技师演示：模板安装全过程。

角色分配：作业组 9 人：班长 1 名总协调，弹线找平 2 人，运料 2 人，梁模安装 2 人，质检 1 人，安全 1 人。

学生执行任务：根据教师所给任务进行模板安装全过程操作。

过程指导

（1）弹线内容全面，弹线清晰、精确。

（2）模板拼装顺序正确，接缝严密。

（3）保证侧模板平整度，底模起拱方法正确。

（4）支撑系统稳固，斜撑、水平撑方木位置间距合理、牢固。

【角色模拟】

学生模拟质检员岗位，对模板安装过程进行检查。

（1）支撑、斜撑位置间距合理、牢固。

检查数量：全数检查。

检验方法：观察、钢尺检查、捶击检查。

（2）模板轴线位置、尺寸应符合设计要求，其偏差应符合表 3-1 的规定。

检查数量：在同一检验批内，应抽查构件量的 10%，且不少于 3 件。

检验方法：钢尺检查。

表 3-1　现浇结构模板安装的允许偏差及检验方法

项　　目	允许偏差/mm	检 验 方 法
轴线位置	5	钢尺检查
截面内尺寸	+4，−5	钢尺检查
相邻两板表面高低差	2	钢尺检查
表面平整度	5	2m 靠尺和塞尺检查

注：检查轴线位置时，应沿纵、横两个方向量测，并取其中的较大值。

质量通病分析与预防

（1）梁模板下口炸模：下口围檩未夹紧或木模扳夹木未钉牢。

（2）梁模板上口偏歪：斜撑角度过大（大于 60°）、支撑不牢造成局部偏歪。侧模刚度差，又未设对拉螺栓支撑按一般经验配料。一般离梁底 30 ~ 40cm 处加直径 16mm 对拉螺栓，沿梁长方向相隔不大于 1m。

（3）梁中部下挠：梁自重和施工荷载未经核算，致使超过支撑能力，造成梁底模板及支撑不够牢固而下挠；模板没有支撑在坚硬的地面上。混凝土浇筑过程中，由于荷载增加，泥土地面受潮降低了承载力，支撑随地面下沉变形；支撑底部如为泥土地面，应先认真夯实，铺放通长垫木，以确保支撑不沉陷。梁底模板应按规定起拱。

【安全角色模拟】

学生模拟安全员，提前编制安全交底，并在操作前对本组成员进行口头交底，在操作过程中进行安全检查，重点包含以下内容：

（1）梁支撑立柱与下层立柱对齐。

（2）支模人员严禁在梁钢筋骨架上行走。

（3）支模过程中，中途停歇，应将就位的支顶、模板连接稳固，不得空架浮搁。

（4）支设高度在3m以上的梁模，应搭设脚手架，设防护栏，禁止上下在同一垂直面操作。

【检查评价】

（1）弹线准确性，出现问题及原因分析。

（2）模板严密性、垂直度及平整度情况，出现问题及原因分析。

（3）支撑系统稳定性、斜撑位置、间距及牢固情况。

（4）团队合作情况。

任务3　梁模板拆除

为了加快模板及支撑材料的周转，待梁混凝土达到一定强度可以拆模，应掌握模板拆除条件、拆除顺序和拆除方法，在梁模板拆除过程中注意安全及文明施工。

【知识链接】

1. 模板拆除条件

1）非承重的模板，其混凝土强度应在其表面及棱角不致因拆模而受损坏时，方可拆除。

2）梁底模拆除：梁跨度≤8m时，混凝土强度达到设计强度的75%方可拆模；梁跨度>8m和悬臂梁，混凝土必须达到设计强度的100%时方可拆除。为了保证强度判断准确，现场应该至少保留2组以上的同条件养护试件。

3）当混凝土强度达到拆模强度后，应对已拆除侧模板的结构及其支承结构进行检查，确定结构有足够的承载能力后，方可拆除承重模板和支架。

2. 模板拆除顺序

原则是“先支后拆，后支先拆”。顺序如下：水平拉杆→斜撑→侧模→立杆→水平横木→底模。

3. 拆除方法

水平拉杆采用手捶敲击上碗口拆卸，斜撑采用起钉锤拆卸，轻敲侧模面使其脱离梁混凝土，再由两人扶持取下轻放楼面。立柱先松动顶托，向下敲击水平横木带动底模脱离梁混凝土，先抽取中间横木，最后取下两端横木，底模由两人扶持取下，轻放楼面，立柱先上后下分层拆除。各型号模板、支撑杆件、连接件分类码放。

过程指导

(1) 拆模过程中要保证混凝土表面和棱角不被破坏。

(2) 选择正确拆除顺序是保证安全和速度的重要因素。

(3) 拆除时要先松后拆，先上后下，轻拿轻放。

【实践操作】

技师演示：梁模板的完整拆除过程。

角色分配：每个作业组人6人：组长1名总协调，码料2人，拆模2人，安全1人。

学生执行任务：根据教师所给任务将梁模板拆除，并将模板和连接件、支撑等材料分类码放。

【安全角色模拟】

学生模拟安全员，提前编制安全交底，并在操作前对本组成员进行口头交底，在操作过程中进行安全检查，重点包含以下内容：

(1) 拆模间歇时，应将松开的部件和模板运走，防止坠下伤人。

(2) 在模板拆装区域周围，应设置围栏并挂明显的标志牌，禁止非作业人员入内。

(3) 组合钢模板拆除时，上下有人接应，随拆随运走，严禁从高处向下抛掷。

(4) 拆4m以上模板时，应搭设脚手架，设防护栏。

(5) 拆楼层外侧模板时，应有防高空坠落及防止模板向外倒跌的措施。

(6) 拆模后，模板或木方上的钉子，应及时拔除。

【检查评价】

(1) 拆除对成品的影响情况及拆除工作安全情况。

(2) 工作进度及收尾工作。

(3) 团队合作情况。

教学情境2 框架梁钢筋施工

【情境描述】

针对某一框架结构施工图，进行框架梁钢筋施工，侧重解决以下问题：

(1) 写出施工准备工作计划。

(2) 进行下料长度计算。

(3) 分小组在实训教师指导下，在实训车间进行钢筋加工、连接等操作；完成梁钢筋骨架安装，并进行钢筋隐蔽工程验收。

训练目标

训练目标：能根据图纸进行钢筋配料计算，能正确选用钢筋加工机械进行钢筋加工与绑扎连接操作，能够对钢筋工程进行验收和评定。

【任务分解】

任务1　梁施工图识读与钢筋下料

任务2　梁钢筋施工

任务1　梁施工图识读与钢筋下料

在钢筋混凝土构件中，梁属于受弯构件。在其内部配置的钢筋主要有纵向受力钢筋、弯起钢筋、箍筋和架立筋等。

（1）纵向受力钢筋　布置在梁的受拉区，主要作用是承受由弯矩在梁内产生的拉力。

（2）弯起钢筋　弯起段用来承受弯矩和剪力产生的主拉应力，弯起后的水平段可承受支座处的负弯矩，跨中水平段承受弯矩产生的拉力。弯起钢筋的弯起角度有45°和60°两种。

（3）箍筋　主要用来承受由剪力和弯矩在梁内产生的主拉应力，固定纵向受力钢筋，与其他钢筋一起形成钢筋骨架。钢箍的形式分开口式和封闭式两种。一般常用的是封闭式。

（4）架立筋　设置在梁的受压区外缘两侧，用来固定箍筋和形成钢筋骨架。

【知识链接】

1. 施工图识读

梁钢筋施工图的识读要点：

1）梁的截面尺寸、保护层厚度及混凝土强度等级。

2）钢筋的种类，纵筋、箍筋的具体数值形状、规格尺寸、间距。

箍筋类型与肢数、箍筋加密区长度、受力筋搭接长度与抗震等级有关系，可以参照标准构造图集，在施工图中的设计说明部分，一般都有规定，要仔细看图。如果是平法标注，参照平法标准图集11G101－1有关规定读图。

（1）梁的编号　梁的编号由梁类型、代号和序号组成，详见表3-2。

表3-2　梁的编号

梁　类　型	代　　号	序　　号
楼层框架梁	KL	××
屋面框架梁	WKL	××
框支梁	KZL	××
悬挑梁	XL	××
井字梁	JZL	××
基础梁	JL	××
基础次梁	JCL	××
基础连系梁	JLL	××
承台梁	CTL	××

（2）梁的标注　梁施工图的平面整体表示方法有平面注写方式或截面注写方式。

1）平面注写方式：平面注写方式（图3-6）是在梁平面布置图上，在不同编号的梁上注写截面尺寸和配筋具体数值的方式来表达梁平法施工图，相同编号的梁只在梁上注写相同梁编号。平面注写包括集中标注与原位标注，集中标注表达梁的通用数值，原位标注表达梁的特殊数值。当集中标注中的某项数值不适用于梁的某部位时，则将该数值原位标注，施工时，原位标注取值优先。

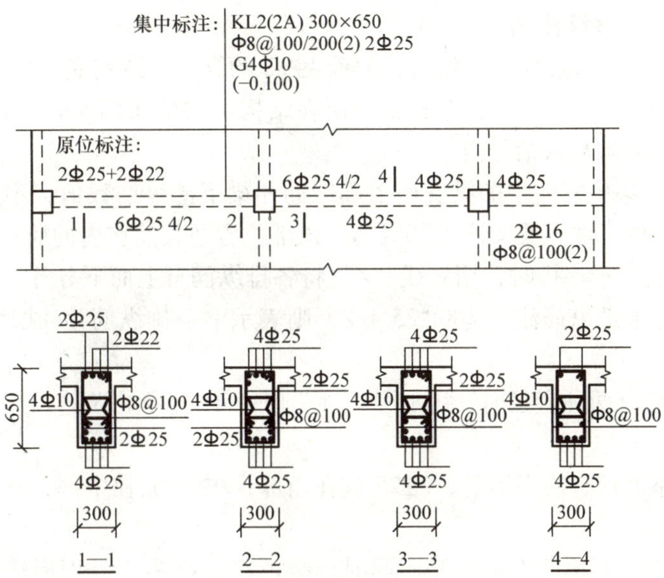

图3-6　梁平面注写方式示例

① 集中标注：梁集中标注有以下六项内容，前五项为必注值，最后一项为选注值（集中标注可以从梁的任意一跨引出），具体规定如下：

a. 梁编号：梁编号由梁类型代号、序号、跨数及有无悬挑代号几项按顺序排列组成。例如，KL7（5A）表示第7号框架梁，有5跨，一端有悬挑，其中：（××A）表示梁一端有悬挑，（××B）表示梁两端有悬挑，悬挑不计入跨数。

b. 梁截面尺寸：当为等截面梁时，用 $b\times h$ 表示（b 为梁截面宽度，h 为梁截面高度）；当有悬挑梁，且根部和端部的高度不同时，用斜线分隔根部与端部的高度值，即为：$b\times h_1/h_2$（h_1 为悬挑梁根部的截面高度，h_2 为悬挑梁端部的截面高度）。

c. 梁箍筋：包括钢筋级别、直径、加密区长度、加密区与非加密区间距箍筋肢数。

箍筋加密区与非密区的不同间距及肢数，需用斜线“/”分隔；当箍筋为同一种间距及肢数时，则不需用斜线分隔；当加密区与非加密区的箍筋肢数相同时，则将肢数注写一次；箍筋肢数应写在括号内。加密区范围见平法施工图相应抗震级别的构造详图。

例如：Φ10@100/200（4），表示箍筋为HPB235级钢筋，直径为10mm，加密区间距为100mm，非加密区间距为200mm，均为四肢箍。

d. 梁上部通长筋或架立筋：当同排纵筋中既有通长筋又有架立筋时，应用加号“+”将通长筋和架立筋相连。注写时，须将角部纵筋写在加号的前面，架立筋写在加号后面的括号内。当全部采用架立筋时，则将其写入括号内。

例如：2⌀22 用于双肢箍；2⌀22 +（4⌀12）用于六肢箍。其中 2⌀22 为通长筋，4⌀12 为架立筋。

当梁的上部纵筋和下部纵筋均为通长筋，且多数跨配筋相同时，此项可加注下部纵筋的配筋值，用分号“；”将上部与下部纵筋的配筋值分隔开来。

e. 梁侧面纵向构造钢筋或受扭钢筋：当梁腹板高度大于 450mm 时，梁侧面须配置纵向构造钢筋，用大写字母 G 打头，接续注明总的配筋值。同样，梁侧面须配置受扭钢筋时，用大写字母 N 打头，接续注明总的配筋值。

例如：G4⌀22，表示梁的两个侧面共配置 4⌀22 的纵向构造钢筋。

f. 梁顶面标高高差：当某梁的顶面高于所在结构层的楼面标高时，其标高高差为正值；反之为负值，高差值须写入括号内。

② 原位标注：集中标注中的梁支座上部纵筋和梁下部纵筋数值，不适用于梁的该部位时，则将该数值原位标注。梁支座上部纵筋，该部位含通长筋在内的所有纵筋。

a. 当上部纵筋多于一排时，用斜线“/”将各排纵筋自上而下分开。

例如：梁支座上部纵筋注写为 6⌀25 4/2，则表示上一排纵筋为 4⌀25，下一排纵筋为 2⌀25。

b. 当同排纵筋有两种直径时，用加号“+”将两种直径的纵筋相连，注写时将角部纵筋写在前面。

例如：梁支座上部有四根纵筋，2⌀25 放在角部，2⌀22 放在中部，在梁支座上部应注写为 2⌀25 +2⌀22。

c. 当梁中间支座两边的上部纵筋不同时，必须在支座两边分别标注；当梁中间支座两边的上部纵筋相同时，可仅在支座的一边标注配筋值，另一边省去不注（图 3-7）。

当梁下部纵筋多于一排或同排纵筋有两种直径时，标注规则同梁支座上部纵筋。另外，当梁下部纵筋不全部伸入支座时，将梁支座下部纵筋减少的数量写在括号内。

对于附加箍筋用粗直线画在次梁两侧的主梁上，对于吊筋将其形状画在主次梁交接处，用线引注总配筋值（附加箍筋的肢数注在括号内），如图 3-7 所示。

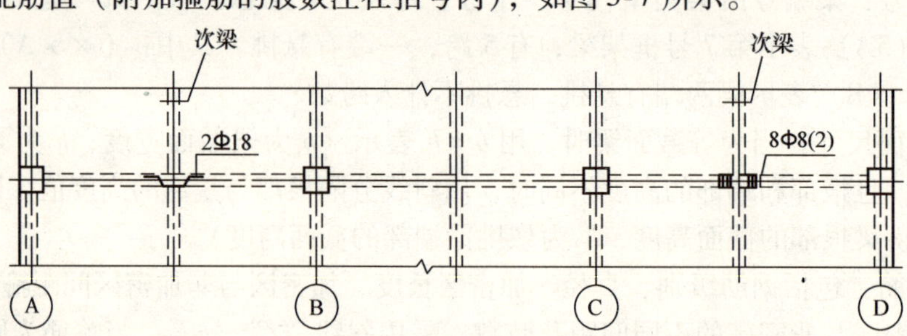

图 3-7　附加箍筋和吊筋的画法示例

2）截面注写方式：截面注写方式（图 3-8）是在分标准层绘制的梁平面布置图上，分别在不同编号的梁上，选择一根梁用剖面号引出配筋图，并在其上注写截面尺寸和配筋具体数值的方式来表达梁平法施工图。具体规定如下：

① 对梁进行编号，从相同编号的梁中选择一根梁，先将“单边截面号”画在该梁上，再将截面配筋详图画在本图或其他图上。当某梁的顶面标高与结构层的楼面标高不同时，尚

应在梁编号后注写梁顶面标高高差（注写规定同平面注写方式）。

② 在截面配筋详图上要注明截面尺寸、上部筋、下部筋、侧面构造筋、受扭筋及箍筋的具体数值，其表达方式与平面注定方式相同。

截面注写方式既可单独使用，也可与平面注写方式结合使用。

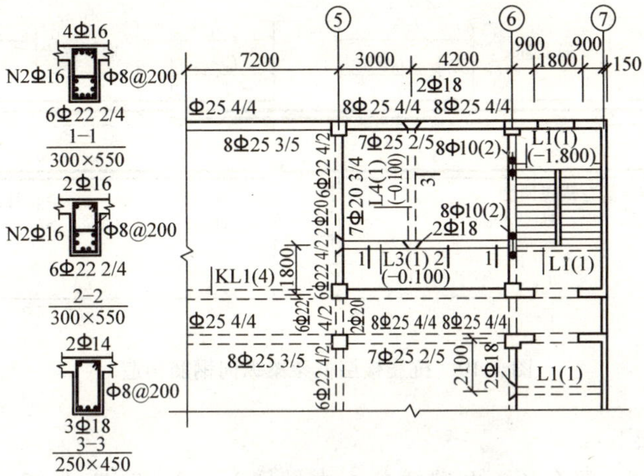

图 3-8 截面注写方式

2. 钢筋配料

钢筋加工前应根据图纸按不同构件先编制配料单，然后进行备料加工。为了使工作方便、不漏配钢筋，配料应该有顺序地进行。根据梁的配筋图计算梁中各钢筋的直线下料长度、根数及重量，然后编制《钢筋配料单》，作为钢筋备料加工的依据。盘圆钢筋（如箍筋）须先拉直，根据各种钢筋的下料长度将钢筋切断，再按照下料单中的尺寸进行弯曲成型。

根据平法图集，以中间层多跨连续梁如图 3-9 为例，讲解各种钢筋的计算公式。

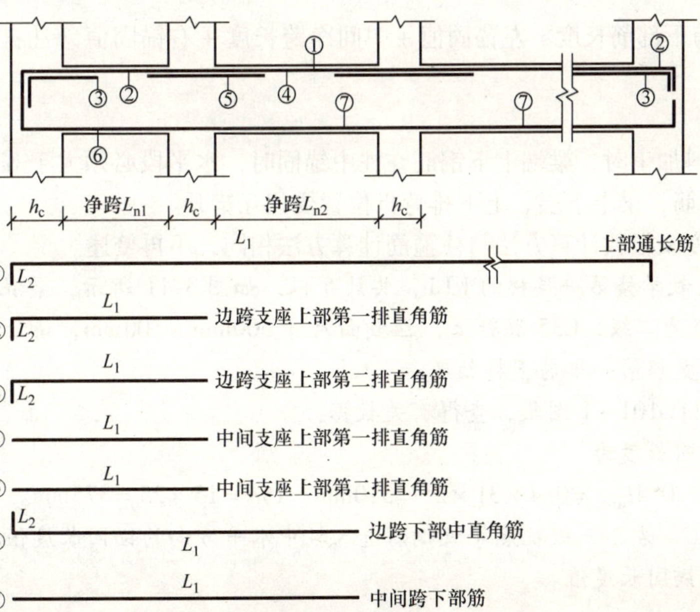

图 3-9 楼层框架连续梁钢筋的一般图形

抗震楼层框架梁纵向钢筋构造如图 3-10 所示。

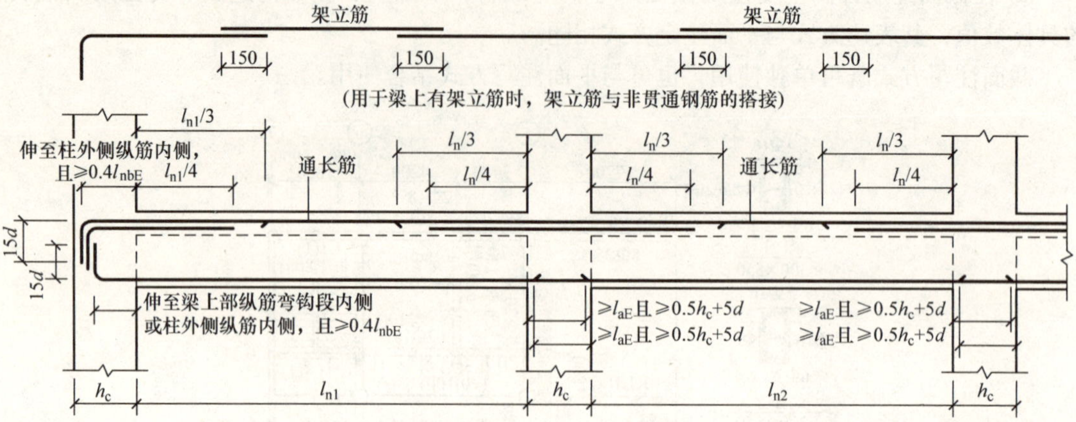

图 3-10　抗震楼层框架梁纵向钢筋构造

各种计算公式如下：

① 号通长筋长度 = 梁全长 − 左端柱 h_c − 右端柱 h_c + $2\times0.4l_{abE}+2\times15d-2d$（量度差值）

② 号边跨支座第一排筋长度 = 边跨净长度/3 + $0.4l_{abE}+15d-2d$

③ 边支座第二排筋 = 边跨净长度/4 + $0.4l_{abE}+15d-2d$

④ 中间支座第一排筋长度 = $2\times L_{大}/3$ + 中间柱宽（注：左、右两净跨长度大者）

⑤ 号中间支座第二排筋长度 = $2\times L_{大}/4$ + 中间柱宽（注：左、右两净跨长度大者）

⑥ 号边跨下部筋长度 = $0.4l_{abE}$ + 边净跨度 + 锚固值 + $15d-2d$（注：锚固值 > l_{aE}，且 > $0.5h_c+5d$）

⑦ 号中间跨下部筋长度 = 左锚固值 + 中间净跨长度 + 右锚固值（注：锚固值同⑥号筋规定）

说明：

1）实际下料加工时，梁端上下钢筋在柱中锚固时，水平段必须大于等于 $0.4l_{abE}$，具体尺寸要考虑柱纵筋，梁上下层、上下排弯折位置要相互错开。

2）箍筋长度及根数计算方法与柱箍筋计算方法相同，不再赘述。

【例题】 某教学楼第一层楼的 KL1，共计 5 根，如图 3-11 所示，梁混凝土保护层厚度 25mm，抗震等级为二级，C35 混凝土，柱截面尺寸 500mm × 500mm，请计算①号上部通长钢筋和②号边跨支座第一排筋下料长度。

解：1）依 11G101－1 图集，查得有关数据：

①、②号锚固长度为：

$$0.4l_{abE}=0.4\times31\times25=310\text{mm};\ 15d=15\times25=375\text{mm}。$$

注："$0.4l_{abE}$" 表示三级抗震等级钢筋进入柱中水平方向的锚固长度值。"$15d$" 表示在柱中竖向钢筋的锚固长度值。

2）量度差：

纵向钢筋的弯折角度为 90°，依据平法框架主筋的弯曲半径 $R=4d$：

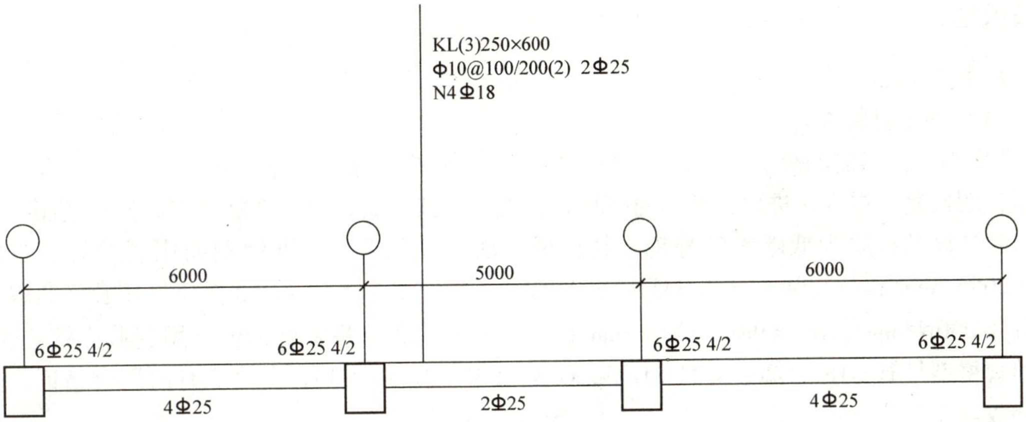

图 3-11 KL1 配筋图

$2d = 2 \times 25 = 50$mm。

3）下料长度计算：

① 号上部通长钢筋 = (6000 + 5000 + 6000 + 500) mm − 500mm − 500mm + 2 × 310mm + 2 × 375mm − 2 × 50mm = 17770mm。

② 号边跨支座第一排筋 = (6000 − 500) mm/3 + 310mm + 375mm − 50mm = 2468mm。

课堂练习

计算出图 3-11 梁中其他各根钢筋所需下料长度。

【课后作业】

如图 3-12 所示 KL3 抗震等级为二级，混凝土保护层厚度 25mm，C30 混凝土，柱截面尺寸 500mm × 500mm，KL3 两边跨长为 6000mm，中间跨长 7200mm，计算下部通长筋和中间支座负筋的下料长度。

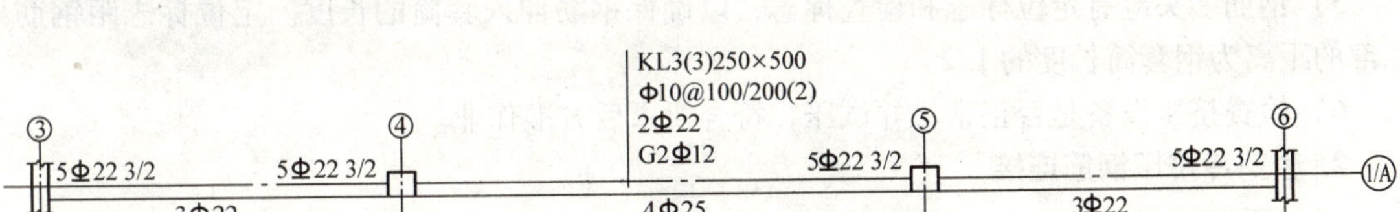

图 3-12 KL3 配筋图

任务 2 梁钢筋施工

框架梁钢筋施工，首先要确定钢筋的连接方式及所用材料机具，进行现场材料、施工机具及作业条件准备，确定施工工艺流程，并进行框架梁钢筋骨架的绑扎安装。目前，框架梁纵向通长受力钢筋的连接方法多用直螺纹连接和套筒冷挤压连接。

【知识链接】

1. 施工准备

（1）施工材料准备

1）钢筋：钢筋的级别、直径（18~40mm）必须符合设计要求及国家标准，应有出厂质量证明及复试报告。进口钢筋需对挤压连接进行型式检验，符合性能要求后方可使用。

钢套筒的材质为低碳素镇静钢，其机械性能应满足要求。Ⅱ级钢筋用套筒屈服强度 $\sigma_s \geqslant 205\text{N/mm}^2$；抗拉强度 $\sigma_b = 335 \sim 520\text{N/mm}^2$，延伸率 $\delta_s \geqslant 20\%$。Ⅲ级钢筋用套筒屈服强度 $\sigma_s \geqslant 230\text{N/mm}^2$，$\sigma_b = 390 \sim 520\text{N/mm}^2$，$\delta_s \geqslant 20\%$。直径差大于5mm，用变截面钢套筒。套筒规格型号有G18、G20、G22、G25、G28、G32、G36、G40，套筒应有出厂合格证，分批验收。

进口钢筋还应有化学复试单，其化学成分应满足焊接要求，并应进行可焊性试验。钢筋骨架绑扎前要核对钢筋配料单和料牌，并检查已加工好的钢筋是否符合图纸要求，如发现错配或漏配及时向施工员提出纠正或增补。

2）套筒、绑扎箍筋。

3）采用20~22号钢丝（火烧丝）、镀锌钢丝、水泥砂浆保护层垫块或者塑料卡。

（2）施工机具准备

套筒冷挤压机、钢筋钩子、钢筋扳子、钢丝刷、粉笔、尺子等。

（3）作业条件准备

1）运输钢筋的道路畅通，机械用配电箱布置到位，且符合安全要求。

2）梁底模板已支好，绑扎梁钢筋下料加工尺寸符合要求，绑扎梁钢筋骨架的脚手架搭设完毕。

3）参加挤压接头作业的人员必须经过培训，并经考核合格后方可持证上岗。

4）钢筋与钢套筒试套，如钢筋有马蹄、飞边、弯折或纵肋尺寸超大者，应先矫正或用手砂轮修磨，禁止用电气焊切割超大部分。

5）钢筋端头应有定位标志和检查标志，以确保钢筋伸入套筒的长度。定位标志距钢筋端部的距离为钢套筒长度的1/2。

6）检查挤压设备是否正常，并试压，符合要求后方准作业。

2. 套筒冷挤压钢筋连接

（1）工艺流程

钢套筒、钢筋挤压部位检查、清理→钢筋端头压接标志→钢筋插入钢套筒→挤压→检查验收。

（2）操作要点

1）检查、清理：清除钢套筒及钢筋挤压部位的锈污、砂浆等杂物。

2）压接标志：在钢筋端部刻划钢筋套入长度。

3）插入钢套筒：将钢筋插入钢套筒内，使钢套筒端面与钢筋伸入位置标记线对齐，确保接头长度，以防压空。被连接钢筋的轴心与钢套筒轴心应保持同一轴线，防止偏心和弯折。

4）挤压（图3-13）：在压接接头处挂好平衡器与压钳，接好进、回油油管，起动超高压泵，调节好压接力所需的油压力。然后将下压模卡板打开，取出下模，把挤压机机架的开口插入被挤压的带肋钢筋的连接套中，插回下模，锁死卡板。压钳在平衡器的平衡力作用下，对准钢套筒所需压接的标记处，控制挤压机换向阀进行挤压。压接结束后将紧锁的卡板打开，取出下模，退出挤压机，则完成挤压施工。

挤压时，压钳的压接应对准套筒压痕标志，并垂直于被压钢筋的横肋。挤压应从套筒中央逐道向端部压接，如Φ32 钢筋每端压 6 道压痕，最后检查压痕。最小直径及压痕总宽度需符合规定。

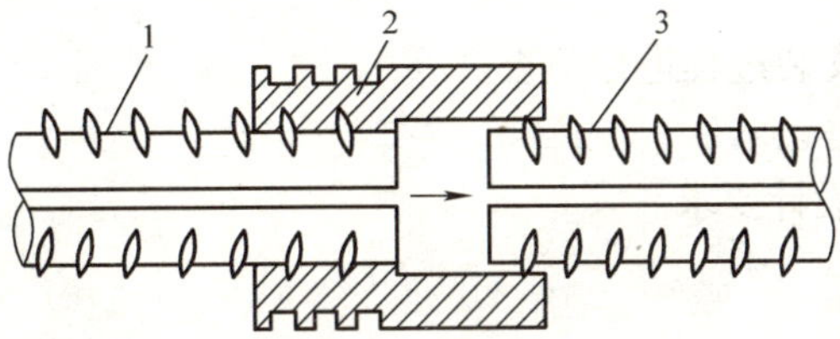

图 3-13　套筒挤压连接

1—已挤压的钢筋　2—钢套筒　3—未挤压的钢筋

3. 梁钢筋骨架的安装

梁钢筋骨架的安装在梁底模及其支撑系统安装完毕后进行，为方便施工，可以在梁钢筋骨架安装并验收合格后再安装梁侧模及其支撑。

（1）工艺流程

画线箍筋间距放箍筋→穿底层纵筋并与箍筋固定住→穿梁上层纵向筋→按箍筋间距绑扎牢→安装保护层垫圈。

（2）施工要点

1）在梁底模上画出箍筋间距，然后按画线位置摆放箍筋，梁端第一个箍筋设置在距离柱节点边缘 50mm。

2）首先穿底层纵筋并与箍筋固定住，箍筋宜用套扣法绑扎，箍筋弯钩叠合处应沿受力钢筋方向错开放置。

3）穿梁上层纵向钢筋，调整好箍筋位置至垂直后与箍筋绑扎牢固。

4）受力筋为双排时，可用短钢筋垫在两层钢筋之间。

5）梁端与柱交接处箍筋加密，其间距及加密区长度要符合设计要求。

6）梁横断面四角受力筋处，均安装塑料卡环（图 3-14），保证钢筋保护层的厚度。

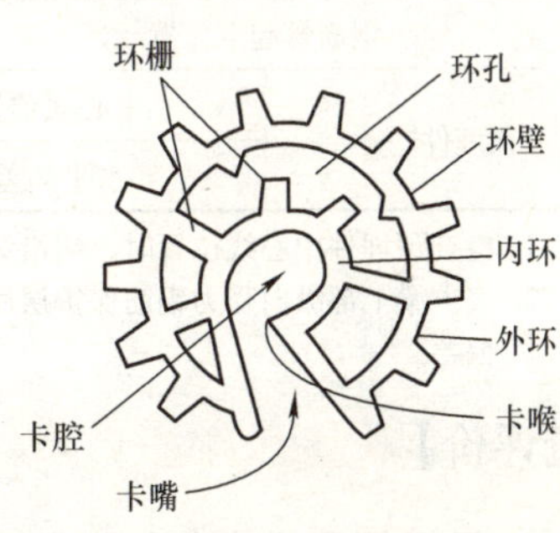

图 3-14　塑料卡环

【实践操作】

技师演示：梁纵向钢筋套筒冷挤压连接和梁钢筋骨架安装。

角色分配：作业组 11 人：材料准备 1 人，机具准备 1 人，作业条件准备 1 人，冷挤压连接 3 人，加工与绑扎 3 人，质检 1 人，安全 1 人。

学生执行任务：根据教师所给任务进行梁纵向钢筋连接与骨架安装。并进行自检与互检。

过程指导

（1）钢筋套筒挤压连接时钢筋插入长度控制、挤压位置角度。

（2）钢筋骨架绑扎顺序、绑扣形式、箍筋间距控制等项目内容。

【质检角色模拟】

学生模拟质检员岗位，对钢筋连接及安装过程进行检查。

1. 主控项目

（1）纵向受力钢筋的连接方式应符合设计要求。

检查数量：全数检查。

检验方法：观察。

（2）钢筋安装时，受力钢筋的品种、级别、规格和数量必须符合设计要求。

检查数量：全数检查。

检验方法：观察、钢尺检查。

（3）钢筋的接头宜设置在受力较小处。同一纵向受力钢筋不宜设置两个或两个以上接头。接头末端至钢筋弯起点的距离不应小于钢筋直径的 10 倍。

检查数量：全数检查。

检验方法：观察、钢尺检查。

2. 一般项目

钢筋安装位置的偏差应符合表 3-3 的规定。

检查数量：在同一检验批内，应抽查构件数量的 10%。

表 3-3 钢筋安装位置的允许偏差和检验方法

<table>
<tr><th colspan="2">项　目</th><th>允许偏差/mm</th><th>检 验 方 法</th></tr>
<tr><td rowspan="2">绑扎钢筋骨架</td><td>长</td><td>±10</td><td>钢尺检查</td></tr>
<tr><td>宽、高</td><td>±5</td><td>钢尺检查</td></tr>
<tr><td rowspan="3">受力钢筋</td><td>间距</td><td>±10</td><td rowspan="2">钢尺量两端、中间各一点，取最大值</td></tr>
<tr><td>排距</td><td>±5</td></tr>
<tr><td>保护层厚度</td><td>±5</td><td>钢尺检查</td></tr>
<tr><td colspan="2">绑扎箍筋间距</td><td>±20</td><td>钢尺量连续三档，取最大值</td></tr>
<tr><td colspan="2">钢筋弯起点位置</td><td>20</td><td>钢尺检查</td></tr>
<tr><td rowspan="2">预埋件</td><td>中心线位置</td><td>5</td><td>钢尺检查</td></tr>
<tr><td>水平高差</td><td>+3.0</td><td>钢尺和塞尺检查</td></tr>
</table>

注：1. 检查预埋件中心线位置时，应沿纵、横两个方向量测，并取其中的较大值。

2. 表中梁上部纵向受力钢筋保护层厚度的合格点率应达到 90% 及以上，且不得有超过表中数值 1.5 倍的尺寸偏差。

【检查评价】

（1）梁钢筋连接技术交底编写质量。

（2）梁钢筋连接质量。

（3）施工过程中的工序安排。

（4）团队合作情况。

【课后作业题】

1. 上网搜集资料：有主次梁时模内钢筋绑扎工艺流程和施工要点。

2. 完成图 3-15 框架梁钢筋下料长度计算：已知梁跨度 6m，纵筋为 HRB335 钢筋，抗震等级为三级，C35 混凝土，柱截面尺寸 500mm×500mm，混凝土保护层厚度 25mm。

3. 框架梁柱节点处钢筋密集，如何保证节点处混凝土施工质量？

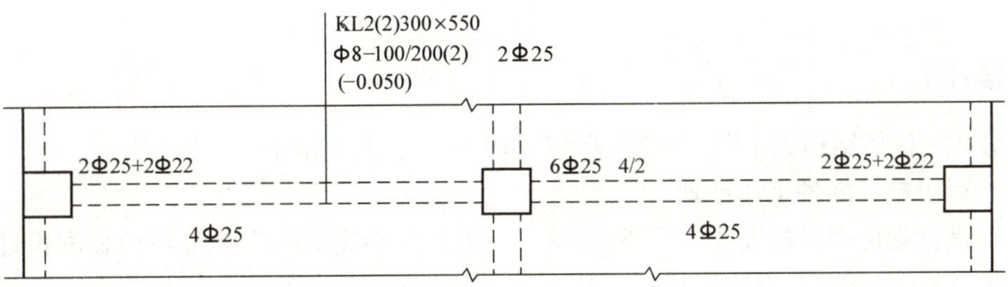

图　3-15

项目4　现浇板施工

现浇板在钢筋混凝土构件中，主要承受来自楼面或屋面的竖向荷载，为受弯构件。现浇板施工内容主要包括板钢筋施工、板模板施工和板混凝土施工。

教学情境1　现浇板模板施工

【情境描述】

针对某一框架结构施工图，进行现浇板模板施工，侧重解决以下问题：

（1）写出施工准备工作计划。

（2）进行现浇板模板安装。5~8人为一小组，分别完成一组现浇板模板配模计算，填写《模板材料用料单》，并完成模板安装。

（3）进行模板工程验收。

（4）进行模板拆除。各小组在实训教师指导下，完成模板拆除工作。

训练目标

能根据图纸进行合理配料，能按正确顺序和方法安装模板，并达到牢固严密尺寸精确。能按正确顺序和方法拆除模板。对模板工程进行验收和评定。

【任务分解】

任务1　施工准备

任务2　现浇板模板安装

任务3　现浇板模板拆除

【任务实施】

任务1　施工准备

板模板一般面积大而厚度不大，板模板及支撑系统要保证能承受混凝土自重和施工荷载，保证板不变形、不下垂。按照工程的真实施工顺序，现浇板模板施工前的第一个任务是准备工作，主要包括施工图识读、现场材料和施工机具的准备。

【知识链接】

1. 施工图识读

现浇板施工图的识读要点：现浇板的截面尺寸、跨度，现浇板板底标高、楼板厚度，孔洞位置、形状及尺寸。

2. 物资准备

（1）现浇板模板的组成

1）组成：主要由模板系统和支承系统组成。如图 4-1 ~ 图 4-3 所示。

模板系统与混凝土直接接触，它主要使混凝土具有构件所要求的形状尺寸，按部位分底模和侧模两部分。

支撑系统则是支撑模板，保证模板位置正确和承受模板、混凝土重量的结构。

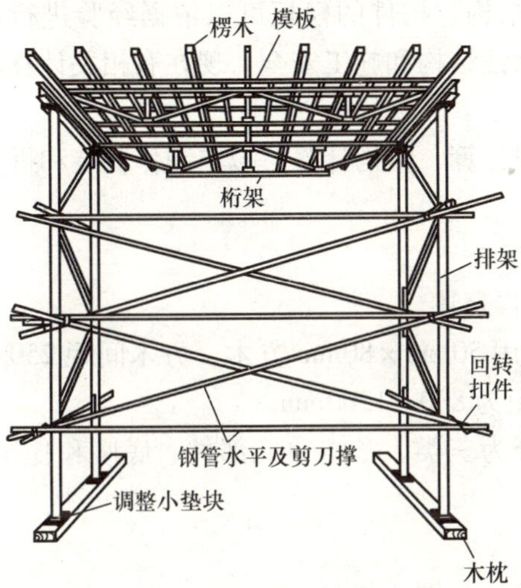

图 4-1　桁架支设楼板模板

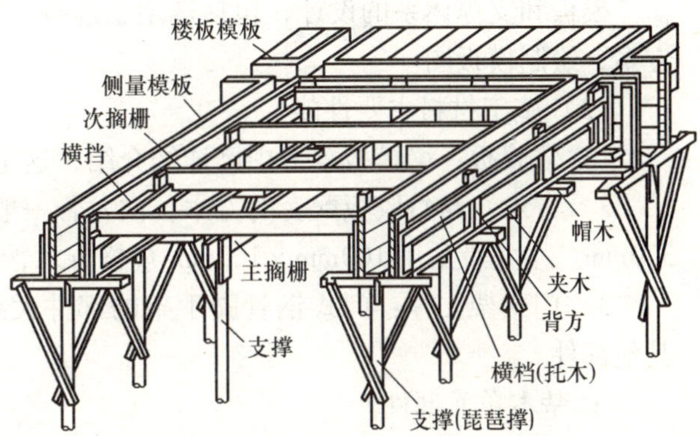

图 4-2　肋形楼盖的木模板支模

图 4-3　梁板钢管支撑系统

2）模板按所用的材料不同，分为组合定型钢模板、钢框木模板、竹胶板、塑料模板等。

在实际工程中，现浇板模板主要采用钢框木模板、竹胶板，本次任务以竹胶板为例进行竹胶板模板施工。首先进行配板设计，配板设计可在编号后对每一平面进行设计。其步骤如下：

① 可沿长边配板或沿短边配板，然后计算模板块数及拼镶木模的面积，通过比较作出选择。

② 确定模板的荷载，选用钢楞。

③ 计算确定立柱规格型号，并作出水平支撑和剪力撑的布置。

3）支撑按所用材料不同，分为如碗口架支撑、门式架支撑、大头柱支撑、钢管架支撑等。

在实际工程中，竹胶板支撑主要采用碗口架支撑、门式架支撑，本次任务以门式架支撑为例进行模板施工。

（2）模板及支撑体系设计

现浇板模板及支撑体系应具有足够的承载能力、刚度和稳定性，能够可靠地承受浇筑混凝土的重量、侧压力及施工荷载，模板设计的主要任务是确定模板构造及各部分尺寸，进行模板与支撑的结构计算。一般的工程施工中，普通结构、构件的模板可以依据经验进行配置，但特殊结构和跨度很大时，必须进行验算，以保证结构和施工安全。现在有相关计算软件可以进行模板及脚手架计算。

模板和支撑体系的设计，包括选型、选材、荷载计算、结构计算、拟定制作安装和拆除方案、绘制模板图。

（3）施工材料主要性能

1）竹胶板：梁模板章节中已详细介绍，这里不再赘述。

2）方木：与竹胶板配套的方木，次龙骨一般采用50mm×80mm 方木，方木间距250～300mm。主龙骨采用100mm×100mm 规格方木，间距为800～1200mm。

3）门式架支撑：门式钢管脚手架的部件大致分为三类，基本单元部件、底座和托座、其他部件。

① 基本单元部件。

门式钢管脚手架包括门架、交叉支撑和水平架等，如图4-4所示。

图4-4　门式钢管脚手架

门架是门式脚手架的主要部件，有多种不同形式。标准型是最基本的形式，主要用于构成脚手架的基本单元，一般常用的标准型门架的宽度为1.219m，高度有1.9m 和1.7m。

门架之间的连接，在垂直方向使用连接棒和锁臂，纵向使用交叉支撑，在架顶水平面使用水平架或脚手板。交叉支撑和水平架的规格根据门架的间距来选择，一般多采用1.8m。

② 底座和托座。底座有三种：可调底座、简易底座和带脚轮底座。可调底座可调高200～550 mm，主要用于支模架以适应不同支模高度的需要，脱模时可方便地将架子降下来；简易底座只起支承作用，无调高功能，使用它时要求地面平整；带脚轮底座多用于操作平台，以满足移动的需要。托座有平板和U形两种，置于门架竖杆的上端，多带有丝杠以调节高度，主要用于支模架。

③ 其他部件：脚手板、连接棒、锁臂、钢梯、栏杆、连墙杆、脚手板托架等。门式钢管脚手架部件之间的连接基本不用螺栓结构，而是采用方便可靠的自锚结构。

4）其他辅料：如钢钉、木楔、海绵条、脚手板等

（4）材料配置计划

支撑系统：立柱下铺设通长脚手板，每根立柱下配一座可调底座，顶端配一座可调顶托，

立柱纵向间距 1000 ~ 1200mm。门式架根据纵横间距安装水平撑和斜撑。立柱顶托上方，放 100mm × 100mm 大方木，大方木上方垂直大方木放 50mm × 80mm 小方木，间距 200 ~ 300mm。

模板系统：小方木上方满铺竹胶板，竹胶板长向垂直大方木，尽可能减少对板的切割。

（5）施工机具准备

现浇板的模板施工主要机具包括手锤、撬棍、木工锯、木工刨、扳手、钢尺、靠尺、安全带、安全帽、手套。

【实践操作】

角色分配： 作业组 6 人，其中施工图识读 1 人，配模单绘制 2 人，材料准备 1 人，机具准备 1 人，作业条件准备 1 人。

学生执行任务：

（1）读懂所给任务的施工图，熟悉现浇板的模板组成及拼装方法，能陈述模板组成，准确绘制拼装简图。

（2）列出现浇板模板施工所需材料设备需求计划。

【检查评价】

（1）针对图纸，检查各组绘制的模板拼装简图是否正确、合理。

（2）现浇板模板施工所需材料设备需求计划是否完备、周密。

任务 2 现浇板模板安装

安装前，按照配模单准备好所需模板及其他材料工具，模板刷脱模剂并运至所需位置。按照正确工序安装模板，支撑系统牢固可靠，模板安装尺寸控制精确、拼缝严密，准确检查安装质量。

【知识链接】

1. 工艺流程

弹门架立柱位置线→铺通长脚手板→安装底座→插接第一步门架→安交叉支撑→安水平拉杆→插接第二步门架→安交叉支撑→安水平拉杆→安装可调顶托→铺大方木→铺小方木→铺板底模→钢钉固定→接缝粘塑料胶条。

2. 施工要点

（1）首先在楼板面（首层地面）上弹出门架立柱位置线，以控制立柱安装位置。

（2）为确保基具有足够的承载力，在脚手架荷载作用下不发生塌陷和显著的不均匀沉降，首层基底必须严格夯实抄平，其上再加设通长脚手板（垫木），其铺设位置与下层立柱中心线吻合。

（3）在通长脚手板上拉线，将底座放置在通长脚手板上，在底座上插第一步门式架，本层底座位置要与下层立柱位置吻合。在脚手架的下部加设通常的大横杆（ϕ48 脚手管，用异径扣件与门架联接），并不少于 3 步，且内外侧均需设置。

（4）门式架安装扶正后连接交叉拉杆。当门式架高 ≤45m 时，水平架可两步设一道；当架高 >45m时，水平架必须每步设置（水平架可用挂扣式脚手板替代），其间连接应可靠。因进行作业需要临时拆除脚手架内侧交叉拉杆时，应先在该层里侧上部加设大横杆，以后再拆除交叉拉杆。作业完毕后应立即将交叉拉杆重新装上，并将大横杆移到下一或上一作业层上。

整片脚手架必须适量设置水平加固杆（即大横杆），前三层宜隔层设置，三层以上则每隔3~5层设置一道。

（5）几步门式架安装完，最后安装可调顶托，按模板底高调好顶托的高度位置。

（6）大方木垂直单片门架放于顶托之上，小方木垂直大方木布置，小方木间距200~300mm，纵向搭接200~300mm。竹胶板长向垂直小方木纵向铺设，周边用钢钉固定于小方木上，间距不大于300mm，中间钢钉间距不大于450mm。钢钉以及进入小木框10~15 mm深度为宜，钉帽与板面平。

（7）为保证模板接缝严密不漏浆，竹胶板的接缝处要用塑料胶条粘牢。

（8）待楼板钢筋绑扎完后，拉对角小线，根据起拱要求调整中部顶托丝杠。要严格控制首层门式架的垂直度和水平度。在装上以后要逐片地、仔细地调整好，使门式架竖杆在两个方向的垂直偏差都控制在2mm以内，门式架顶部的水平偏差控制在5mm以内。随后在门式架的顶部和底部用大横杆和扫地杆加以固定。图4-5为现浇楼板模板及门式架支撑。图4-6为竹胶板模板搭设现场图片。

图4-5 现浇楼板模板及门式架支撑

图4-6 竹胶板模板搭设现场

【实践操作】

技师演示：现浇楼板模板安装全过程。

角色分配：作业组9人：班长1名总协调，运料2人，门架支撑系统搭设2人，方木竹胶板铺装2人，质检1人，安全1人。

学生执行任务：根据教师所给任务进行模板安装全过程操作。

过程指导

（1）弹线内容全面，弹线清晰、精确。

（2）模板拼装顺序正确、严密。

（3）模板平整稳固，方木间距合理。

（4）支撑系统稳固，斜撑、水平撑牢固。

【质检员角色模拟】

学生模拟质检员岗位，对模板安装过程进行检查。

(1) 支撑、斜撑牢固

检查数量：全数检查。

检验方法：观察、钢尺检查、捶击检查。

(2) 模板轴线位置、尺寸应符合设计要求，其偏差应符合表4-1的规定。

检查数量：在同一检验批内，应抽查构件量的10%，且不少于3件。

检验方法：钢尺检查。

表4-1 现浇结构模板安装的允许偏差及检验方法

项　目	允许偏差/mm	检验方法
相邻两板表面高低差	2	钢尺检查
表面平整度	5	2m靠尺和塞尺检查

重点提示

(1) 基础底板双向钢筋长向在下、短向在上；相邻钢筋交叉点“八字扣”绑扎。

(2) 柱插筋位置要准确，柱插筋骨架无变形。

(3) 保护层垫块间距、厚度符合要求。

质量通病分析及预防

现浇板模板施工通常出现的质量通病有模板中部下挠、不易拆模、板底不平等，具体分析如下：

(1) 板模板板中部下挠　板下支撑底部不牢，混凝土浇筑过程中荷载不断增加，支撑下沉；支撑如撑在软地上，必须将地面预先夯实，并铺设通长垫木，必要时垫木下再加垫横板，以增加支撑在地面上的接触面积，保证在混凝土重量作用下不发生下沉板摸下挠。

(2) 采用木模板时，梁边模板嵌入梁内不易拆除　将板模板铺钉在梁侧模上面，甚至略伸入梁模内，浇筑混凝土后，板模板吸水膨胀，梁模也略有外胀，造成边缘一块模板嵌牢在混凝土内。板模应拼铺到梁侧模外口齐平，避免模板嵌入梁混凝土内。

(3) 板底混凝土表面不平　板格栅用料较小，造成挠度过大。

【安全员角色模拟】

学生模拟安全员，提前编制安全交底，并在操作前对本组成员进行口头交底，在操作过程中进行安全检查，重点包含以下内容：

(1) 支模过程中中途停歇，应将就位的支顶、模板连接稳固，不得空架浮搁。

(2) 支撑、方木、竹胶板吊装时，必须采用钢丝绳扎紧，试吊无误后再正式起吊。

(3) 堆料不宜集中，应分散放置。

(4) 禁止上下在同一垂直面操作，禁止上部支模时下部有人穿行。

(5) 模板施工作业高度在2m或2m以上时，要根据高处作业安全技术规范要求，进行操作与防护。

【检查评价】

（1）弹线准确性，出现问题及原因分析。

（2）模板严密性及平整度情况，出现问题及原因分析。

（3）支撑系统稳定性、间距合理情况。

（4）团队合作情况。

任务3 现浇板模板拆除

现浇（梁）板模板及其支架拆除时的混凝土强度应符合设计要求，拆模之前必须要办理拆模申请手续，在同条件养护试块强度记录达到规定要求时，技术负责人方可批准拆模。

【知识链接】

1. 模板拆除条件

模板拆除时，混凝土强度要求与现浇板跨度有关，若设计无明确规定，按照下列要求执行：跨度在2m以内时，混凝土强度达到设计强度的50%；2～8m范围内时，其强度达到设计强度的75%；大于8m跨的板和悬臂板，混凝土必须达到设计强度的100%时方可拆除。

2. 模板拆除顺序

模板拆除原则是“先支后拆，后支先拆”。拆除顺序如下：拆斜撑→拆水平拉杆→调低底托松动立杆→拆立杆→拆大方木→拆底模。

3. 拆除方法

水平拉杆和斜撑采用手捶敲击卡口拆卸，用扳手调低底托100～150mm，松动立杆及上部大小方木，轻敲模板底面使其脱离板混凝土，再由两人扶持逐根取下大方木，轻放楼面。来回向上支顶下拉小方木，带动底模脱离梁混凝土，并一起拆下，板底模由两人扶持取下，轻放楼面，门架先上后下分层拆除。各型号模板、支撑杆件、连接件分类码放。

【实践操作】

技师演示：现浇板模板完整拆除过程。

角色分配：每个作业组人8人：班长1名总协调，码料2人，拆模4人，安全1人，模拟进行现浇板模板拆除，掌握模板拆除条件、顺序、拆除方法。

学生执行任务：根据教师所给任务，将现浇板模板拆除，并将模板和连接件、支撑等材料分类码放。

过程指导

（1）正确拆除顺序是保证安全和速度的重要因素。

（2）“先松后拆，先上后下，轻拿轻放”是拆除方法的要点。

（3）上层楼板正在浇筑混凝土时，下一层楼板的模板支柱不得拆除，再下一层楼板模板的支柱，仅可拆除一部分；跨度4m及4m以上的梁下均应保留支柱，其间距不得大于3m。

【安全角色模拟】

学生模拟安全员，提前编制安全交底，并在操作前对本组成员进行口头交底，在操作过程中进行安全检查，重点包含以下内容：

（1）拆模间歇时，应将松开的部件和模板运走，防止坠下伤人。

（2）在模板拆装区域周围，应设置围栏并悬挂明显的标志牌，禁止非作业人员入内。

（3）方木、支撑拆除时，上下有人接应，随拆随运走，严禁从高处向下抛掷。

（4）板底模板应逐块拆卸，不得成片松动、撬落。

（5）拆楼层外侧模板时，应有防高空坠落的措施。

（6）拆模后模板或木方上的钉子，应及时拔除。模板、支撑、方木分类码放，及时清运。

（7）现浇板有预留孔洞时，拆模后随即在其周围做安全护栏，或用板将孔洞盖住。

【检查评价】

（1）拆除对成品的影响情况及拆除工作安全情况。

（2）工作进度。

（3）团队合作情况。

知识拓展——其他形式楼板模板

1. 塑料模壳

塑料模壳作为模板，主要应用在密肋钢筋混凝土楼盖（图4-7）的施工中。模板采用增强的聚丙烯塑料制作，其周转使用次数达60次以上。模壳的主要规格为：1200mm × 1200mm、1500mm × 1500mm。

密肋楼板由薄板与间距较小的密肋组成，模板的拼装难度大，且不经济。采用塑料或玻璃钢按密肋楼板的规格尺寸加工成需要的模壳，则具有一次成型、多次周转的便利（图4-8）。

图4-7 采用模壳的密肋楼板

图4-8 密肋楼板浇筑混凝土前施工现场

塑料模壳与钢管支架顶部的可调托配合使用（图4-9），可实现提早拆模，一般混凝土达50%设计强度即可拆模。

图 4-9　塑料模壳与钢管支架

2. 台模

台模又称飞模，是现浇钢筋混凝土楼板的一种大型工具式模板（图 4-10）。一般是一个房间一个台模。台模是一种由平台板、梁、支架、支撑和调节支腿等组成的大型工具式模板，可以整体脱模和转运，借助吊车从浇完的楼板下飞出转移至上层重复使用。台模适用于高层建筑大开间、大进深的现浇混凝土楼盖施工，也适用于冷库、仓库等建筑的无柱帽的现浇无梁楼盖施工。由于它装拆快、人工省、技术要求低，在许多国家得到推广，美国、俄罗斯、日本、法国、德国、瑞典等国家都有自己的模板体系，我国在高层建筑施工中，亦曾有应用，近年来应用较少。

台模吊运时，将支腿折起来，滚轮着地，向前推进 1/3 台模长，可用起重机吊住一端，继续推出 2/3 台模长，在吊住另一端，然后整体吊运到新的位置。

图 4-10　台模施工现场图片

3. 永久性模板

永久式模板是指一些施工时起模板作用而浇筑混凝土后又是结构本身组成部分之一的预制板材。现今国内外常用的有异形（波形、密肋形等）金属薄板（亦称压型钢板）、预应力混凝土薄板、玻璃纤维水泥模板、小梁填块（小梁为倒 T 形，填块放在梁底凸缘上，再浇混凝土)、钢桁架型混凝土板等。

(1) 预应力混凝土薄板在我国已在一些高层建筑中应用，铺设后稍加支撑，然后在其上铺放钢筋浇筑混凝土形成楼板，施工简便。

(2) 压型钢板模板（图4-11）是采用镀锌或经防腐处理的薄钢板，经成型机冷轧成具有梯波形截面的槽型钢板或开口式方盒状钢壳的一种工程模板材料，厚度一般为0.75～1.6mm。在我国一些高层钢结构施工中多有应用，施工简便，施工速度快，但耗钢量较大。压型钢板模板，主要从其结构功能分为组合板的压型钢板和非组合板的压型钢板。

① 组合板的压型钢板既是模板又是用作现浇楼板底面受拉钢筋。压型钢板不但在施工阶段承受施工荷载和现浇层钢筋和混凝土的自重，而且在楼板使用阶段还承受使用荷载，从而构成楼板结构受力的组成部分。此种压型钢板主要用在钢结构房屋的现浇钢筋混凝土有梁式密肋楼板工程。

② 非组合板的压型钢板只作模板作用。即压型钢板在施工阶段，只承受施工荷载和现浇层的钢筋混凝土自重，而在楼板使用阶段不承受使用荷载，只构成楼板结构非受力的组成部分。此种模板，一般用在钢结构或钢筋混凝土结构房屋的有梁式或无梁式的现浇密肋楼板工程。

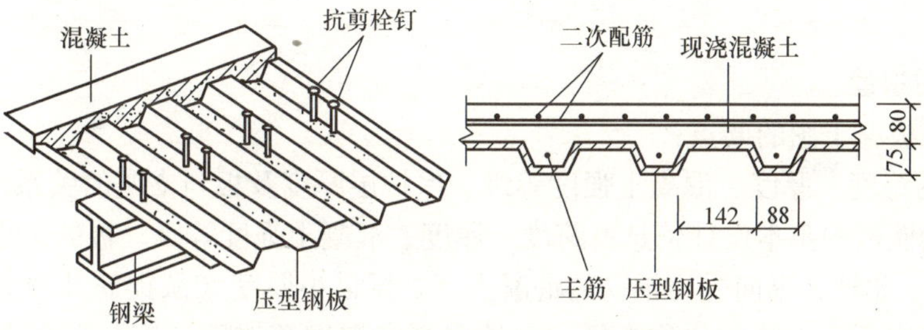

图4-11 压型钢板组合楼板构造

教学情境2 现浇板钢筋施工

【情境描述】

针对某一框架结构施工图，进行现浇板钢筋施工，侧重解决以下问题：

(1) 写出施工准备工作计划。

(2) 进行下料长度计算。

(3) 分小组在实训教师指导下，在实训车间进行钢筋加工、连接等操作；完成现浇板钢筋绑扎，并进行钢筋隐蔽工程验收。

训练目标

要求学生：能根据图纸进行配料计算、编制配料单料牌；能正确进行钢筋加工与安装，能进行钢筋加工安装的质量检查验收。

【任务分解】

任务 1　现浇板施工图识读与钢筋下料

任务 2　现浇板钢筋施工

【任务实施】

任务 1　现浇板施工图识读与钢筋下料

板在钢筋混凝土构件中属于受弯构件。现浇板中钢筋有受力钢筋和分布钢筋两种。

受力钢筋　沿板的跨度方向在受拉区配置。单向板沿短向布置；四边支承板，沿长、短边方向均应布置受力筋。

分布筋　布置在受力筋的内侧，与受力筋垂直。分布筋的作用是将板面上的荷载均匀地传给受力钢筋，同时在浇注混凝土时固定受力筋的位置，且能抵抗温度应力和收缩应力。

【知识链接】

现浇板钢筋施工前的第一个任务是准备工作，主要包括施工图识读、现场材料和施工机具的准备。

1. 施工图识读

读懂现浇板施工图的要点：

(1) 板的跨度、厚度、混凝土强度等级、保护层厚度及板与支座的关系

首先要读懂板的基本设计信息：跨度、厚度、混凝土强度等级。板的最小混凝土保护层厚度是15mm。此外，纵向受力钢筋的混凝土保护层最小厚度（从钢筋外边缘到混凝土表面的距离）尚不应小于钢筋的公称直径。保护层厚度和钢筋锚固长度与混凝土强度等级、抗震等级都有关系。在施工图中的设计说明部分，一般都有对钢筋锚固长度的要求，要仔细看图。

(2) 板块编号

板块编号按表 4-2 的规定。

表 4-2　板块编号

板类型	代号	序号
楼面板	LB	××
屋面板	WB	××
悬挑板	XB	××

(3) 板的集中标注

板块集中标注的内容为：板块标号、板厚、贯通纵筋、以及当板面标高不同时的标高高差。

1）对于普通楼面，两向均以一跨为一板块；对于密肋楼盖，两向主梁（框架梁）均以一跨为一板块（非主梁密肋不计）。所有板块应逐一编号，相同编号的板块可择其一，做集中标注，其他仅注写置于圆圈内的板编号以及当板面标高不同时的标高高差。图 4-12 为现浇板配筋图。

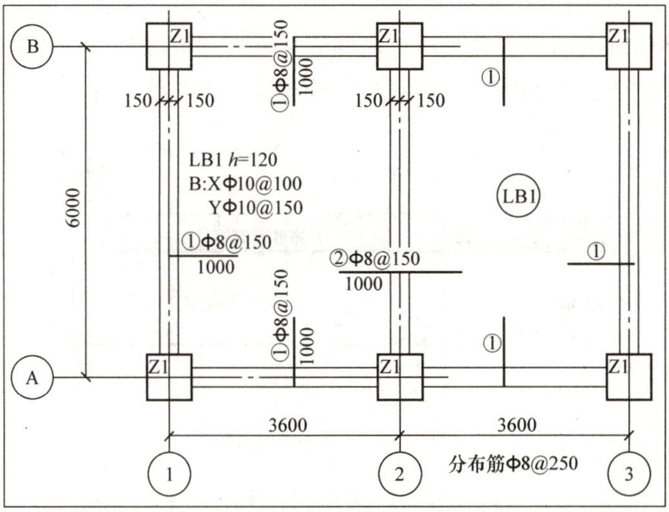

图4-12　现浇板配筋图

2）板厚注写为：h = × × ×（为垂直于板面的厚度）。当悬挑板的端部改变截面厚度时，用斜线分隔根部与端部的高度值，注写为 h = × × ×/× × ×。当设计已在图注中统一注明板厚时，此项可不注。

3）贯通纵筋，按板块的下部和上部分别注写（当板块上部不设贯通纵筋时则不注），并以B代表下部，以T代表上部，B&T代表下部与上部。X向贯通纵筋以X打头，Y向贯通纵筋以Y打头，两向贯通纵筋配置相同时则以X&Y打头。当为单向板时，另一向贯通的分布筋可不必注写，而在图中统一注明。

当在某些板内（例如在延伸悬挑板YXB或纯悬挑板XB的下部）配置有构造钢筋时，则X向以Xc，Y向以Yc打头注写。当Y向采用放射配筋时（切向为X向，径向为Y向）。

4）板面标高差指相对于结构层楼面标高的高差，应将其注写在括号里。

【例题】 有一块楼板，注写为：LB5　h = 110　B：X Φ12@120；Y Φ10@100。表示5号楼板，板厚110mm，板下部配置贯通纵筋：X方向Φ12@120；Y方向Φ10@100；板上部未配置贯通纵筋。

（4）板的原位标注

板的原位标注内容为：板支座上部非贯通纵筋和悬挑板上部受力钢筋。

（5）钢筋的种类、受力筋与构造筋的形状、规格尺寸、间距

板的钢筋强度等级及常用直径：板内钢筋一般有纵向受拉钢筋与分布钢筋两种。板的纵向受拉钢筋常用种类有HPB300、HRB335和HRB400钢筋，常用直径是8mm、10mm和12mm，其中现浇板的板面钢筋直径不宜小于8mm。钢筋的间距一般为70～200mm；当板厚 $h \leqslant 150$mm，间距不宜大于200mm；当板厚 $h > 150$mm，不宜大于1.5h，且不应大于250mm。板的预留洞口四周要配置构造筋。

楼板的上部钢筋，“双层布筋”设置上部贯通纵筋；“单层布筋”不设上部贯通纵筋，而设置上部非贯通纵筋（即扣筋）。对于上部贯通纵筋来说，同样存在双向布筋和单向布筋的区别。对于上部非贯通纵筋来说，需要布置分布筋。图4-13为双层布筋现浇板钢筋相互

位置示意图。

板的负弯矩筋俗称盖筋，其在支座处的锚固尺寸根据混凝土设计规范而定，施工时应该严格执行。原位标注中，负筋线长度尺寸为：伸至支座中心线尺寸。

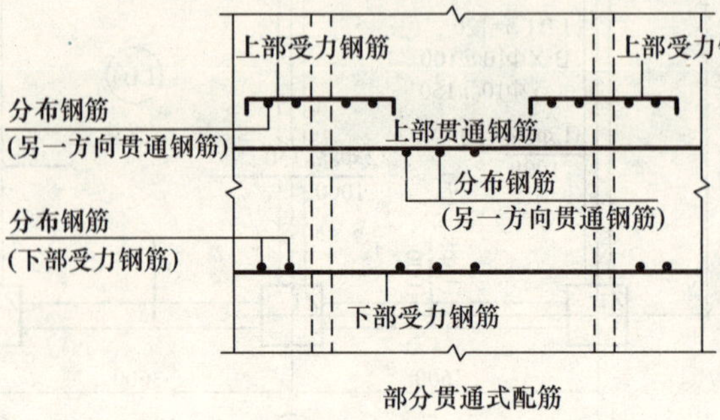

图 4-13　双层布筋现浇板钢筋相互位置示意图

2. 钢筋下料长度计算

（1）板底通长钢筋及根数计算

1）板底通长钢筋的长度 = 板净跨 + 左伸进长度 + 右伸进长度 + 弯钩增加值。

① 弯钩增加值 = $2\times6.25\times d$ 只有Ⅰ级钢筋时需要计算。

② 板受力筋伸入支座为梁、剪力墙时，伸进长度 = max（支座宽/2，$5d$），如图 4-14 所示。

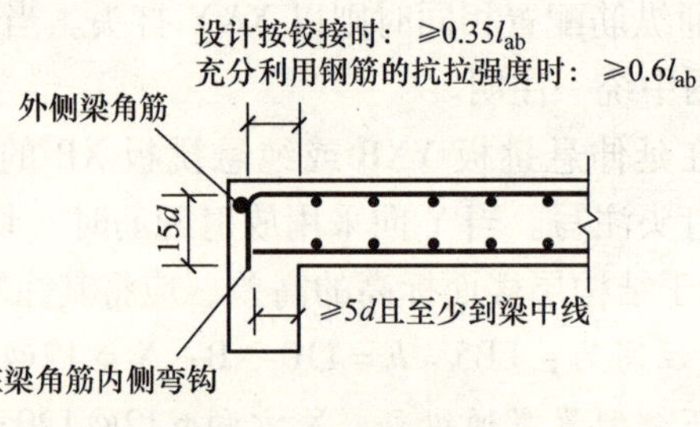

图 4-14　板受力筋锚固

2）板底通长钢筋根数计算（图 4-15）。

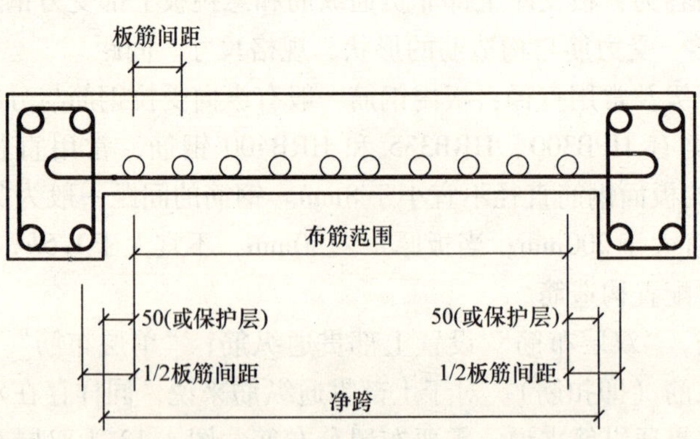

图 4-15　板底通长钢筋根数计算图

计算公式：板底通长钢筋根数 =（净跨 - 100）/间距 + 1

第一根钢筋距梁边 50mm，或第一根钢筋距梁角筋为 1/2 板筋间距。

(2) 板支座负筋长度及根数计算

1) 端支座板负筋长度及根数的计算（图 4-16）。

端支座板负筋长度 = 板内净尺寸 + 锚入长度 + 左（右）弯折长度。

端支座板负筋根数 =（支座间净跨 - 100）/间距 + 1。

其中：锚入长度 = $0.4l_{abE}+15d$

弯折长度 = 板厚 - 保护层厚度 ×2

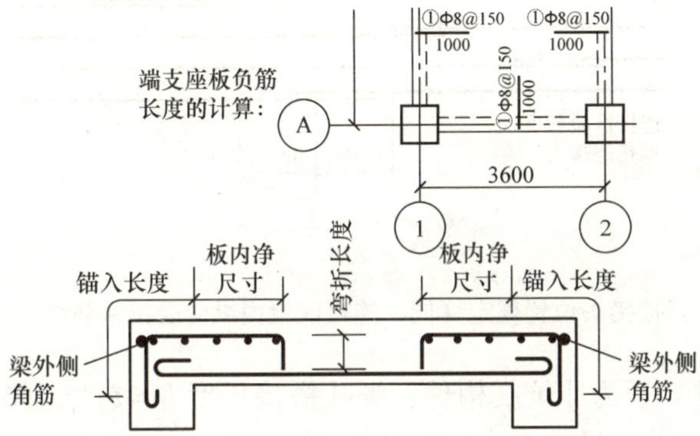

图 4-16 端支座板负筋长度计算

2) 中间支座负筋长度计算（图 4-17）。

中间支座负筋长度 = 水平长度 + 弯折长度 ×2。

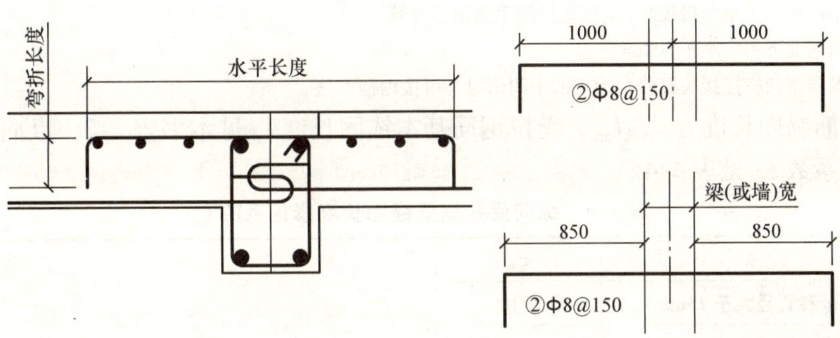

图 4-17 中间支座负筋长度计算

3) 支座负筋根数计算。

支座负筋根数 =（净跨 - 100）/间距 + 1。

(3) 板分布筋计算

分布筋长度 = 两端支座负筋净距 + 150 ×2。

分布筋根数 = 支座负筋板内净长/分布筋间距 + 1。

(4) 多跨板通长钢筋搭接长度计算

1）接头不宜位于构件最大弯矩处，板下部钢筋接头位置一般选在支座处搭接，上部钢筋选在跨中区域搭接。接头位置应相互错开（如图4-18所示），当采用绑扎搭接接头时，在规定搭接长度的任一区段内，有接头的受力钢筋截面面积占受力钢筋总截面面积百分率，受拉区不大于25%，受压区不大于50%。Ⅰ级钢筋绑扎接头的末端应做弯钩（Ⅱ、Ⅲ级可不做弯钩），搭接处应在中心和两端扎牢。

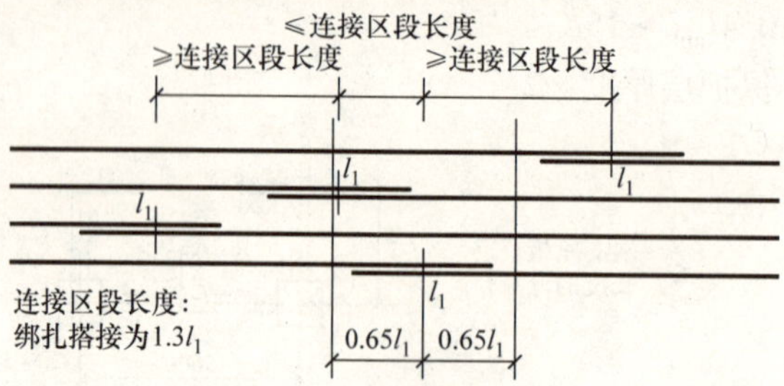

图4-18　搭接接头位置规定（同一连接区段内纵向受拉钢筋绑扎搭接接头）

2）搭接长度求法。板为非抗震构件，绑扎搭接长度 $l_1=\xi_1 l_a$，修正系数 ξ_1 与纵向受拉钢筋搭接接头百分率有关，见表4-3。

表4-3　受拉钢筋搭接长度修正系数 ξ_1

纵向钢筋搭接接头百分率（%）	≤25	50	100
ξ_1	1.2	1.4	1.6

注：1. 当不同直径的钢筋搭接时，l_1按直径较小的钢筋计算。

2. 任何情况下不应小于300mm。

3. 当纵向钢筋搭接接头百分率为表的中间值时，可按内插取值。

受拉钢筋锚固长度 $l_a=\xi_a l_{ab}$，受拉钢筋基本锚固长度 l_{ab}见本书表2-2，纵向受拉钢筋锚固长度修正系数 ξ_a 见表4-4。

表4-4　纵向受拉钢筋锚固长度修正系数 ξ_a

锚固条件		ξ_a	
带肋钢筋的公称直径大于25mm		1.10	—
环氧树脂层带肋钢筋		1.25	
施工过程中易受扰动的钢筋		1.10	
保护层厚度/mm	3*d*	0.8	注：中间时按内插值。*d*为锚固钢筋直径。
	5*d*	0.7	

课堂练习

如图4-19所示，某现浇板混凝土强度等级为C30，保护层厚度为15mm，支座宽300mm，轴线居中布置，二级抗震，计算板中X方向通长钢筋和支座负筋的长度及根数。

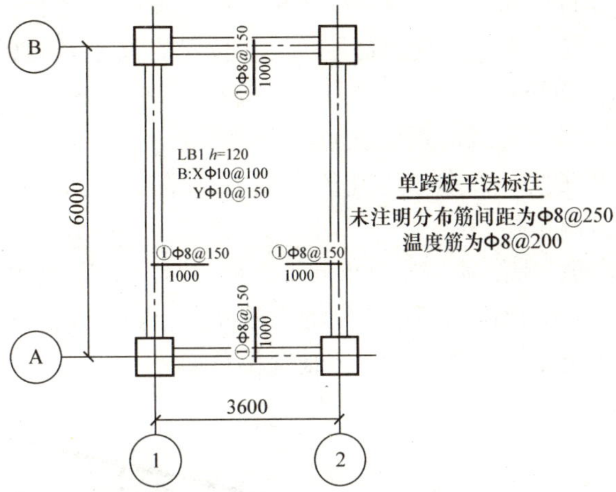

图4-19 某现浇板配筋图

任务2 现浇板钢筋施工

板钢筋施工，首先要确定钢筋的连接方式及所用材料机具，进行现场材料、施工机具及作业条件准备，确定施工工艺流程，并进行板钢筋网片的绑扎。

【知识链接】

1. 施工准备

（1）施工材料准备

按照图纸要求准备现浇板所需钢筋，并抽样进行原材料检验；准备20号~22号铁丝用于钢筋绑扎；粉笔、盒尺、水泥砂浆垫块。

（2）施工机具准备

钢筋调直机、钢筋弯曲机、钢筋切割机、钢筋钩子、钢筋扳子。

（3）作业条件准备

1）运输钢筋的道路畅通，机械用配电箱布置到位，且符合安全要求。

2）钢筋在绑扎安装前，应对照钢筋施工图再次核对钢筋配料单和料牌，单根钢筋加工完毕即可在施工现场成型绑扎。

3）板底模板及支撑系统已搭设并验收合格。

2. 钢筋绑扎工艺流程

清理模板→画线摆筋→绑现浇板下部受力筋→绑现浇板上部受力筋（双层筋时）→绑负弯矩钢筋→放置板钢筋保护层垫块。

3. 钢筋绑扎施工要点

1）清扫模板上刨花、碎木、电线管头等杂物。用粉笔在模板上划好主筋、分布筋间距。

2）按画好的间距，先摆受力主筋，后放分布筋，预埋件、电线管、预留孔等及时配合安装。在现浇楼板钢筋铺设时，对于单向受力板，应先铺设平行于短边方向的受力钢筋，后铺设平行于长边方向分布钢筋；对于双向受力板，应先铺设平行于短边方向的受力钢筋，后铺设平行于长边方向的受力钢筋。钢筋搭接长度、位置的规定图4-16要求。

3）绑扎板下部受力筋网片，绑扎一般用顺扣或八字扣，除外围两根筋的相交点全部绑扎外，其余各点可交错绑扎（双向板相交点须全部绑扎）。在靠近外围两行钢筋的相交点，最好按十字花扣绑扎；在按一面顺扣绑扎的区段内，绑扣的方向应根据具体情况交错地变化，以免网片朝一个方向歪扭。

4）如板为双层钢筋，上层筋绑扎要求同下层筋。两层钢筋之间须加马凳（图4-20）或钢筋撑脚（图4-21），以确保两层钢筋之间的有效高度。如有其他管线穿过时，应在负筋没有绑扎前预埋好，以免施工人员施工时过多地踩倒负筋。

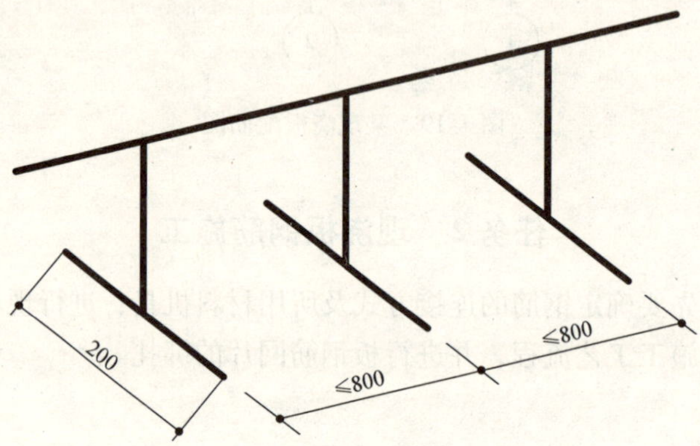

图4-20　马凳制作示意图

5）绑扎负弯矩钢筋，板上部的负筋（盖筋）、主筋与分布钢筋的相交点必须全部绑扎，最后在主筋下垫砂浆垫块，间距1.5m，垫块的厚度等于保护层厚度。

6）板钢筋保护层采用水泥砂浆或塑料垫块及定型马凳，梅花形布置。梁、板、柱节点处钢筋较密，保护层厚度较难控制，施工前先做出大样图并定好绑扎顺序，测量工依据大样图测出梁、柱主筋位置，并用红油漆标出。图4-22为板钢筋施工现场图片。

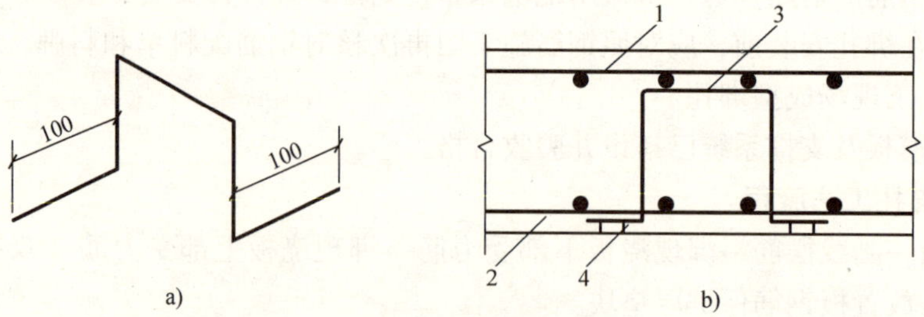

图4-21　钢筋撑脚

a）钢筋撑脚　b）撑脚设置

1—上层钢筋网　2—下层钢筋网　3—撑脚　4—水泥垫块

图 4-22　现浇板钢筋施工

【实践操作】

技师演示：现浇板绑扎全过程。

角色分配：每个作业组 7 人：施工图识读与配料计算 1 人，材料机具准备 1 人，加工与绑扎 3 人，质检员 1 人，安全员 1 人。

学生执行任务：根据工程图分组进行现浇楼板钢筋铺设与绑扎，并进行质量检查验收。

过程指导

（1）板上部的负筋，要防止被踩下；特别是雨篷、挑檐、阳台等悬臂板，要严格控制好负筋位置。

（2）板、次梁与主梁交叉处，板在钢筋上，次梁的钢筋居中，主梁的钢筋在下。

【质检角色模拟】

学生模拟质检员岗位，对钢筋绑扎安装过程进行检查。

1. 主控项目

钢筋安装时，受力钢筋的品种、级别、规格和数量必须符合设计要求。

检查数量：全数检查。

检验方法：观察、钢尺检查。

2. 一般项目

钢筋安装位置的偏差应符合表 4-5 的规定。

表 4-5　钢筋安装位置的允许偏差和检验方法

项　目		允许偏差/mm	检验方法
绑扎钢筋网	长、宽	±10	钢尺检查
	网眼尺寸	±20	钢尺量连续三档，取最大值
受力钢筋	间距	±10	钢尺量两端、中间各一点，取最大值
	排距	±5	

（续）

项目		允许偏差/mm	检验方法
受力钢筋	保护层厚度	±3	钢尺检查
预埋件	中心线位置	5	钢尺检查
	水平高差	3	钢尺和塞尺检查

注：1. 检查预埋件中心线位置时，应沿纵、横两个方向量测，并取其中的较大值。

2. 表中上部纵向受力钢筋保护层厚度的合格点率应达到90%及以上，且不得有超过表中数值1.5倍的尺寸偏差。

检查数量：在同一检验批内，板应按有代表性的自然间抽查10%，且不少于3间；对大空间结构，板可按纵、横轴线划分检查面，抽查10%，且均不少于3面。

【检查评价】

（1）钢筋网绑扎质量。

（2）工作进度。

（3）团队合作情况。

教学情境3　梁板混凝土施工

【情境描述】

针对实训基地某一框架梁板，进行框架梁板混凝土施工，侧重解决以下问题：

（1）写出施工准备工作计划（作业条件、材料、机具准备）。

（2）进行混凝土施工：5～8人为一小组，分别完成一组框架梁板混凝土材料用料单计算。

（3）进行梁板混凝土浇筑养护和缺陷处理。

（4）进行梁板混凝土质量检查：各小组在实训教师指导下，完成模板拆除工作，进行混凝土外观检查。

训练目标：能正确选择施工机械，掌握混凝土浇筑工艺，注意施工过程的操作安全。能处理常见的质量通病，对混凝土工程进行验收和评定。

【任务分解】

任务1　施工准备

任务2　梁板混凝土施工

【任务实施】

任务1　施工准备

通常情况下，框架结构的梁板混凝土同时浇筑，按照工程的真实施工顺序，梁板混凝土施工前，第一个任务是准备工作，主要包括作业条件、现场材料及施工机具的准备。

【知识链接】

1. 作业条件

1）道路畅通，供电、供水情况良好。

2）浇筑混凝土层段的模板、钢筋、预埋件及管线等全部安装完毕，经检查符合设计要求，并办完隐、预检手续。

3）浇筑前应将模板内的垃圾、泥土等杂物及钢筋上的油污清除干净，并检查钢筋的水泥砂浆垫块是否垫好。

2. 物资准备

（1）施工材料准备

1）预拌混凝土基本性能指标（强度、和易性、坍落度）等满足要求。

2）预拌混凝土质量检查：预拌混凝土强度、性能、坍落度、粗骨料最大公称直径等符合施工项目浇筑部位的要求；检查搅拌车的进场时间和卸料时间，商品混凝土的运输时间（拌和后至进场止）超过技术标准或合同规定时，应当退货。

3）养护用品：1mm 厚塑料薄膜。

（2）施工机具准备

1）混凝土罐车。

2）泵送混凝土设备。泵送混凝土的设备主要由混凝土泵、输送管道和布料装置构成。其主要指标：混凝土理论排量、最大水平运距、最大垂直输送高度。混凝土泵送设备可以由施工单位租赁或由商品混凝土站提供。

泵送混凝土是指当混凝土从搅拌运输车中卸入混凝土泵的料斗中后，利用泵的压力，将混凝土通过管道直接输送到浇筑地点的一种运输混凝土的方法，混凝土可同时完成水平运输和垂直运输工作。这种方法具有输送能力大、速度快、效率高、节省人力、连续工作等特点。它已成为施工现场运输混凝土的一种重要方法，在高层及超高层建筑、立交桥、水塔、烟囱、隧道、各种大型混凝土结构工程的施工中，得到了越来越广泛的应用。大功率的混凝土泵最大水平运距可达1520m，最大垂直输送高度已达432m。

① 混凝土拖泵包含电动和柴油泵两类，技术参数示例见表4-6。

表4-6 HBT40C－1408ⅢA 电动机混凝土输送泵技术参数

理论输送压力/MPa	理论输送量（m^3/h）	料斗容积/m^3	电动机额定功率/kW
8	45	0.6	55

基本构造组成：底盘、主动力系统、泵送系统、支腿、液压系统、电控系统（图4-23）。

② 混凝土输送管：泵送混凝土作业中的重要配套部件，有直管、弯管、锥形管和软管等。前三种输送管一般用耐磨锰钢无缝钢管制成，管径有80mm、100mm、125mm、150mm、180mm、200mm等，而常用的是100mm、125mm、150mm三种。直管的标准长度有4.0m、3.0m、2.0m、1.0m、0.5m等，以4m管为主管。弯管的角度有15°、30°、45°、60°、90°五种，以适应管道改变方向的需要。当不同管径的输送管需要连接时，用锥形管过渡，其长度一般为1m。在管道的出口处大都接有软管，以便在不移动钢干管的情况下扩大布料范围。

拖泵全图

主动力系统

电控系统

液压系统

泵送系统

图 4-23　混凝土拖泵

③ 布料装置：由可回转、可伸缩的臂架和输送管组成，常称之为布料杆（图 4-24），根据需要，利用塔机将其移到不同的浇筑地点，不需要特殊固定，具有较大的机动灵活性，能够适应各种不同施工面积及复杂施工现场的布料需要；臂架采用“Z”字形三节折叠臂，可竖向变幅与展折，360°左右回转，极好地实现三维空间全方位、连续浇筑；采用液压驱动、有线遥控操作，工作平稳，操作方便，安全可靠；工作完成后，可利用塔机将其吊至地面，不影响其他施工作业。按驱动型式分：液压式、电动式、手动式；按结构型式分：移动式、内爬式、固定式、车（船）载式、轨道式；按臂架长度分：10m、13m、15m、17m、24m、28m 和 32m。表 4-7 为布料装置技术参数。

图 4-24　布料装置

表 4-7　布料装置技术参数

		HGS13	HGS15	HGS15
布料半径/m		13	15	15
有效高度/m		5.0	4.0	4.0
回转角度/°		360°回转		
驱动方式		手动		电动
重量/t	自重	1.9	2.5	2.6
	带配重	3.1	4.2	4.4

④ 振捣棒：振捣棒（图 4-25）直径有 30mm 和 50mm 两种，按软管长度有 4m、6m 和 8m 三种。表 4-8 以 ZSZD50 振捣棒指标为例介绍。对楼板浇筑混凝土时，当板厚大于 150mm 时，采用插入式振动器，使用插入式振动器时，应做到“快插慢拔”。在振捣过程中，宜将振捣棒上下略为抽动，以使混凝土上下振捣均匀。同时，在振捣上层混凝土时，要

在下层混凝土初凝前进行，以消除两层间的接缝。每一插点要掌握好振捣时间，过短不易密实，过长能引起混凝土产生离析现象，对塑性混凝土尤其要注意。一般应视混凝土表面呈水平，不再显著沉降、不再出现气泡及表面泛出灰浆为准。振动器插点要均匀排列，可采用“行列式”或“交错式”的次序移动，但不能混用。每次移动位置的距离应不大于振动棒作用半径的1.5倍。振动器使用时，振动器距模板不应大于振动器作用半径的0.5倍，又不能紧靠模板，且尽量避开钢筋、预埋件等。

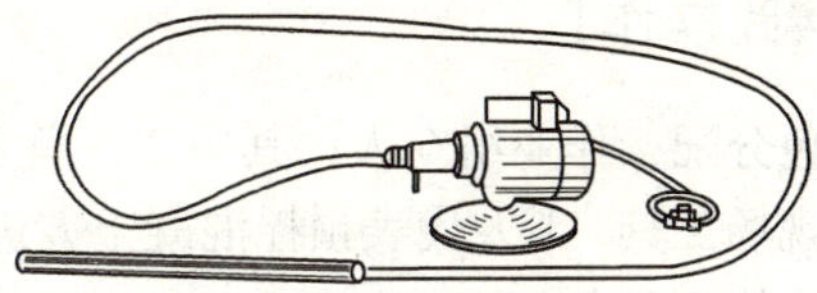

图4-25　行星高频插入式振动器

表4-8　ZSZD50振捣棒各项指标

棒头直径/mm	软轴直径/mm	软管外径/mm	软管长度/m	最大振幅/m	工作效率（m^3/h）	启动方式
50	13	36	4，6，8	1.2	10	手拉反冲

⑤ 平板振动器：又称外部振动器（图4-26），体积小，重量轻，使用方便。使用时，利用螺栓或夹钳等将它固定在模板上，通过模板来将振动能量传递给混凝土，达到使混凝土密实的目的，适用于振捣截面较小而钢筋较密的柱、梁，及墙、楼板、地坪、路面等平面面积大而厚度较小的混凝土结构构件。使用平板振动器，构件密实度提高，成型快；由于振频高，振幅小，在钢模板形变上消耗的能量少，延长模板的使用寿命。

图4-26　平板振动器

平板式振动器的振动力是通过底板传递给混凝土的，故使用时振动器的底部应与混凝土面保持接触。正常情况下，在一个位置振动捣实到混凝土不再下沉、表面出浆时，即可移至下一位置继续进行振动捣实。移动振动器时，应成排依次振捣，前后位置和排与排间相互搭接100mm，严防漏振，以保证衔接处混凝土的密实性。用平板振动器振动楼板混凝土，板式振动器在无筋和单筋平板中的有效作用深度为200mm；在双筋的平板中约为120mm。振动倾斜混凝土表面时，应由低处逐渐向高处移动，以保证振动密实。

⑥ 手扶式抹平机：图4-27对大面积的混凝土表面处理，提供精确而高效的提浆和磨光效果。抹平机抹平直径有760mm、915mm和1220mm三种。

⑦ 其他工具：电箱、手锤、钢钎、绝缘靴、铁锹、安全带、安全帽、手套木抹子、长抹子、胶皮水管、铁板、消火栓、消防水带等。

3. 技术准备

编制梁板混凝土浇筑施工方案，确定流水划分、混凝土浇筑顺序、浇筑方法、试块组数。现场负责人根据施工方案，对操作班组已进行全面施工技术交底。

图4-27　手扶式抹平机

【实践操作】

角色分配：作业组6人，其中2人负责现场作业条件准备，1人负责材料计划编制，2人负责现场工具，1人代表预拌混凝土方进行现场调查沟通。

学生执行任务：

(1) 列出梁板混凝土浇筑作业条件。

(2) 列出浇筑混凝土前应检查的内容（模板、钢筋、保护层和预埋件等）方法、要点。

(3) 列出梁板混凝土施工所需材料设备需求计划。

【检查评价】

(1) 针对任务提问、检查各组填写的材料设备需求计划。

(2) 技术交底内容是否完整，是否有针对性。

任务2　梁板混凝土施工

按照混凝土浇筑与振捣的技术要求确定施工方法，过程中及时检查浇筑质量，对出现问题及时修正，浇筑完毕及时养护。

【知识链接】

1. 工艺流程

核对料单与计划是否相符→检查坍落度→水泥砂浆润滑拖泵输送管道→罐车喂料→拖泵输送→布料杆送至浇筑部位（先梁后板）→振捣（板先插入式振捣再平板振捣）→养护。

2. 施工要点

① 安装输送管道和布料杆，夏季或冬季施工时，应注意对输送管采取隔热降温或保温措施。

② 合理布置泵车停放点，以方便罐车进出和最大浇筑范围为原则，放开支腿，固定拖泵车。

③ 采用坍落筒检测坍落度是否符合计划要求。

④ 泵送混凝土（图4-28）时，首先用1∶2水泥砂浆润滑泵车输送管道，然后罐车喂料，拖泵输送，布料杆准确喂料。混凝土要求连续供应以保证混凝土泵连续工作；如混凝土供应脱节不能连续泵送时，泵机应每隔4~5min交替进行正转和反转两个行程，以防混凝土泌水和离析；当泵送间歇时间超过45min或当混凝土出现离析时，应立即用压力水冲洗管内残留的混凝土；泵送过程中受料斗内应具有足够的混凝土，以防吸入空气产生阻塞，泵送结束后，应及时把残留在缸体内及输送管道内的混凝土清洗干净。沿梁长均匀布料。

⑤ 梁板应同时浇筑，采用赶浆法，根据梁高度，分层成阶梯形浇筑，当达到板底时再与板一起浇筑。高度大于1000mm的梁可单独浇筑。当板下有梁托时，施工缝应留在梁托下部；浇筑有主次梁楼板的施工缝应留在次梁上约1/3跨度处，而不应留在主梁上。见图4-29所示。单向板可在平行于短边的任何位置留置施工缝，也可以在次梁施工缝位置同时设置楼板的施工缝。双向板施工缝应按设计要求留置。

⑥ 使用插入式振动器时，要使振捣棒自然地垂直沉入混凝土中（图4-30）。为使上下

图4-28 泵送混凝土施工

层混凝土结合成整体，振动棒应插入下一层混凝土中50～100mm。振动棒不能插入太深，最好应使棒的尾部留露1/3～1/4，软轴部分不要插入混凝土中。振捣时，应将棒上下抽动50～100mm，以保证上下部分的混凝土振捣均匀。在梁钢筋加密区，用小直径振捣棒振捣。振动棒应避免碰撞钢筋、模板、芯管、吊环和预埋件等。插点间距一般不要超过振动棒有效作用半径R的1.5倍，振动棒与模板的距离不应大于其有效作用半径R的0.5倍。各插点的布置方式有行列式与交错式两种（图4-31所示），其中交错式重叠、搭接较多，能更好地防止漏振，保证混凝土的密实性。振动棒在各插点的振动时间，以见到混凝土表面基本平坦，泛出水泥浆，混凝土不再显著下沉，无气泡排出为止，每点振捣时间大约20～30s。

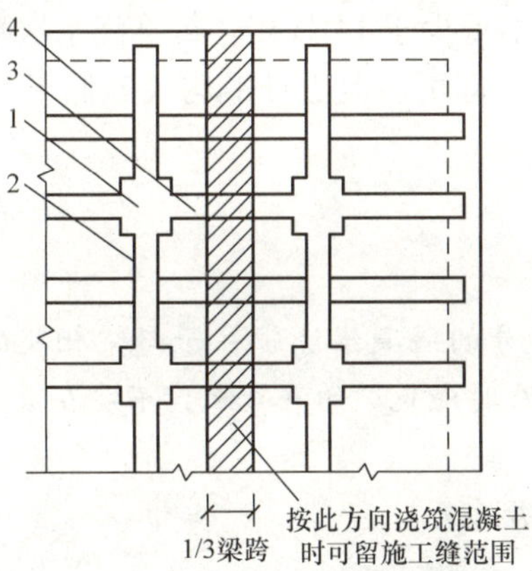

图4-29 浇筑有主次梁楼板的施工缝位置图

1—柱 2—主梁 3—次梁 4—楼板

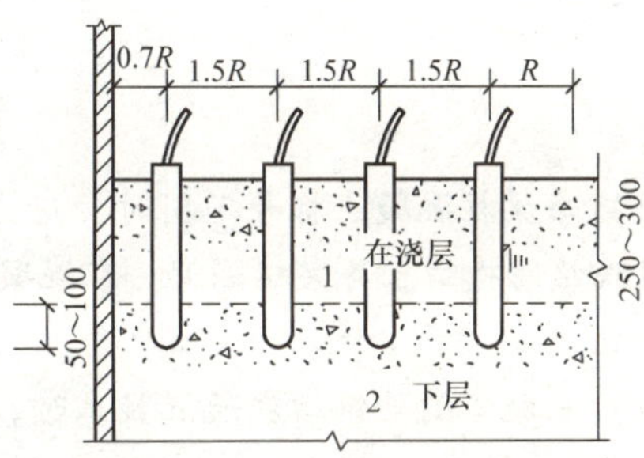

图4-30 振捣棒的插入方向

⑦ 在梁外侧及底部模板用小锤轻敲模板，听声音检查是否密实。

⑧ 覆盖浇水养护。覆盖浇水养护是在混凝土表面覆盖吸湿材料，采取人工浇水或蓄水措施，使混凝土表面保持潮湿状态的一种养护方法。所用的覆盖材料应具有较强的吸水保湿能力，常用的有麻袋、帆布、草帘、芒席、锯末等。

开始覆盖和浇水的时间，一般在混凝土浇筑完毕后3～12h内（根据外界气候条件的具体情况而定）即应进行。浇水养护日期的长短要决定于水泥的品种和用量。在正常水泥用

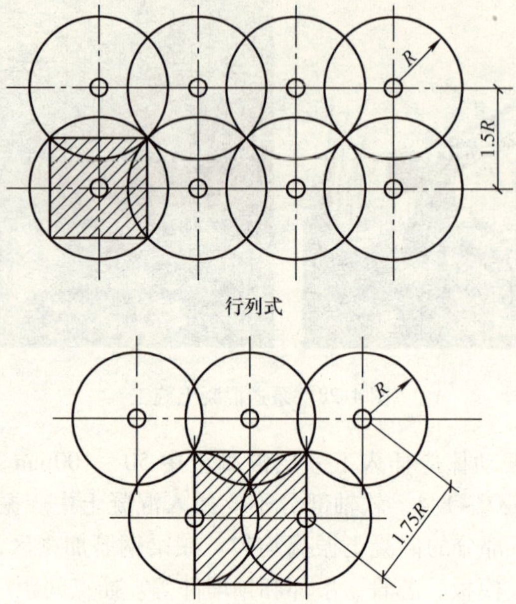

图 4-31　振捣点的布置

量情况下，采用硅酸盐水泥、普通硅酸盐水泥和矿渣硅酸盐水泥拌制的混凝土，不得少于 7 昼夜；掺用缓凝型外加剂或有抗渗性要求的混凝土，不得少于 14 昼夜。每日浇水次数视具体情况而定，以能保持混凝土经常处于足够的润湿状态即可。但当日平均气温低于 5℃时，不得浇水。

重点提示

（1）当梁柱混凝土标号不同时，应先用与柱同标号的混凝土浇筑柱子与梁相交的结点处，用铁丝网将结点与梁端隔开。在混凝土凝结前，及时浇筑梁的混凝土，不要在梁的根部留施工缝。

（2）在施工缝处继续浇筑混凝土时，应符合下列规定：

1）已浇筑的混凝土，其抗压强度不应小于 1.2N/mm^2。

2）在已硬化的混凝土表面上，应清除水泥薄膜、松动石子以及软弱混凝土层，并加以充分湿润和冲洗干净，且不得有积水。

3）在浇筑混凝土前，宜先在施工缝处铺一层水泥浆或与混凝土内成分相同的水泥砂浆。

4）混凝土应细致捣实，使新旧混凝土紧密结合。

【实践操作】

技师演示：梁板混凝土浇筑全过程。

角色分配：作业组11人：班长1人负责总协调，2名振捣工，2名喂料工，1名同步检查工，试验员1名，1名质检员，1名安全员，1名罐车司机，1名遥控泵送司机。

学生执行任务：根据教师所给任务，进行柱浇筑混凝土全过程操作，并进行混凝土缺陷处理。

过程指导

（1）泵车位置合理。

（2）浇筑步骤正确。

（3）振捣方法正确，振捣时间控制精确。

（4）养护及时内容全面。

（5）缺陷处理方法得当。

【质检员角色模拟】

学生模拟质检员岗位，对浇筑过程进行检查。

（1）梁板模板变形及钢筋移位塌陷情况。

检查数量：全数检查。

检验方法：目测、钢尺检查。

（2）漏浆、混凝土密实及养护情况。

检查数量：全数检查。

检验方法：目测、钢尺检查、捶击检查。

（3）拆模后检查（见表4-9）。

表4-9 现浇结构尺寸允许偏差和检验方法

项目		允许偏差/mm	检验方法
轴线位置	梁	8	钢尺检查
截面尺寸		+8，−5	钢尺检查
表面平整度		8	2m靠尺和塞尺检查
预埋设施中心线位置	预埋件	10	钢尺检查
	预埋螺栓	5	
	预埋管	5	
预留洞中心线位置		15	钢尺检查

注：检查轴线、中心线位置时，应沿纵、横两个方向量测，并取其中的较大值。

质量缺陷问题及处理

（1）麻面　麻面是结构构件表面上呈现无数的小凹点，而无钢筋暴露的现象。它是由于模板表面粗糙、未清理干净、润湿不足、漏浆、振捣不实、气泡未排出以及养护不好所致。底面容易出现麻面，一般是由于漏浆、振捣不实所致。

（2）露筋　露筋即钢筋没有被混凝土包裹而外露。主要是由于未放垫块或垫块位移、钢筋位移、结构断面较小、钢筋过密等使钢筋紧贴模板，以致混凝土保护层厚度不够所造成的。有时也因缺边、掉角而露筋。

（3）蜂窝　蜂窝是混凝土表面无水泥砂浆，露出石子的深度大于5mm但小于保护层的蜂窝状缺陷。它主要是由配合比不准确、浆少石子多，或搅拌不匀、浇筑方法不当、振捣不合理，造成砂浆与石子分离、模板严重漏浆等原因产生。

（4）孔洞　孔洞系指混凝土结构内存在着孔隙，局部或全部无混凝土。它是由于骨料粒径过大或钢筋配置过密，造成混凝土下料中被钢筋挡住；或混凝土流动性差、混凝土分层离析、振捣不实、混凝土受冻、混入泥块杂物等所致。

（5）缝隙及夹层　缝隙及夹层是施工缝处有缝隙或夹有杂物。产生原因是因施工缝处理不当、以及混凝土中含有垃圾杂物所致。

（6）缺棱、掉角　缺棱、掉角是指梁、柱、板、墙以及洞口的直角边上的混凝土局部残损掉落。产生的主要原因是混凝土浇筑前模板未充分润湿，棱角处混凝土中水分被模板吸去，水化不充分使强度降低，以及拆模时棱角损坏或拆模过早，拆模后保护不好也会造成棱角损坏。

（7）裂缝　裂缝有温度裂缝、干缩裂缝和外力引起的裂缝。原因主要是温差过大、养护不良、水分蒸发过快以及结构和构件下地基产生不均匀沉陷；模板、支撑没有固定牢固，拆模时受到剧烈振动等。

（8）强度不足　混凝土强度不足原因是多方面的，主要是原材料达不到规定的要求、配合比不准、搅拌不均、振捣不实及养护不良等。

3. 缺陷处理方法

（1）表面抹浆修补

① 对数量不多的小蜂窝、麻面、露筋、露石的混凝土表面，可用钢丝刷或加压水洗刷基层，再用1∶2～1∶2.5的水泥砂浆填满抹平，抹浆初凝后要加强养护。

② 当表面裂缝较细，数量不多时，可将裂缝用水冲并用水泥浆抹补；对宽度和深度较大的裂缝，应将裂缝附近的混凝土表面凿毛或沿裂缝方向凿成深为15～20mm宽为100～200mm的V形凹槽，扫净并洒水润湿，先用水泥浆刷第一层，然后用1∶2～1∶2.5的水泥砂浆涂抹2～3层，总厚控制在10～20mm左右，并压实抹光。

（2）细石混凝土填补

当蜂窝比较严重或露筋较深时，应按其全部深度凿去薄弱的混凝土和个别突出的骨料颗粒，然后用钢丝刷或加压水洗刷表面，再用比原混凝土等级提高一级的细骨料混凝土填补，并仔细捣实。

对于孔洞，可在旧混凝土表面采用处理施工缝的方法处理：将孔洞处不密实的混凝土突出的石子剔除，并凿成斜面避免死角；然后用水冲洗或用钢丝刷子清刷，充分润湿后，浇筑比原混凝土强度等级高一级的细石混凝土。细石混凝土的水灰比宜在0.5以内，并可掺入适量混凝土膨胀剂，分层捣实并认真做好养护工作。

（3）环氧树脂修补

当裂缝宽度在0.1mm以上时，可用环氧树脂灌浆修补。修补时先用钢丝刷清除混凝土表面的灰尘、浮渣及散层，使裂缝处保持干净。然后把裂缝做成一个密闭性空腔，有控制地留出进出口，借助压缩空气把浆液压入缝隙，使它充满整个裂缝。这种方法具有很好的强度和耐久性，与混凝土有很好的粘接效果。

（4）强度不足的处理

对混凝土强度严重不足的承重构件应拆除返工，尤其对结构要害部位更应如此。对强度降低不大的混凝土可不拆除，但应与设计单位协商，通过结构验算，根据混凝土实际强度提出处理方案。

【安全员角色模拟】

学生模拟安全员，提前编制安全交底，并在操作前对本组成员进行口头交底，在操作过程中进行安全检查，重点包含以下内容：

（1）外围安全防护装置搭设完毕并检查合格。

（2）作业前检查管道接头、安全阀是否牢靠，混凝土输送软管末端出口与浇筑面保持0.5～1.0m。

（3）泵送前先试送，检修时先卸压。

（4）振动器操作者穿绝缘靴，戴绝缘手套，检查振动设备的漏电开关是否灵敏有效，电源线不得有破皮、漏电。

（5）雨天将振捣器加以遮盖。夜间应有足够照明，电压不得超过12V。

【检查评价】

（1）设备使用情况。

（2）振捣操作情况。

（3）质量情况。

（4）安全情况。

（5）团队合作情况。

【课后作业题】

1. 上网查询梁板模板及支撑体系设计的荷载有哪些？下载一个计算案例。

2. 上网查询框架梁板模板施工方案的主要内容有哪些？

3. 计算图4-12中①号筋和④号筋的下料长度。

4. 上网或调研：梁板混凝土施工的设备和人员组织情况、程序、材料计划的内容、商品混凝土来料后的检查工作，整理成文件。

项目5 墙体施工

剪力墙结构或框架剪力墙结构中的墙，不但承受竖向荷载，而且承受水平荷载，增加建筑物的抗剪刚度。剪力墙由剪力墙柱、剪力墙身、剪力墙梁三类构件组成。剪力墙施工内容主要包括剪力墙钢筋施工、墙体模板施工和墙体混凝土施工。

教学情境1 剪力墙钢筋施工

【情境描述】

针对某一剪力墙结构施工图，进行剪力墙钢筋施工，侧重解决以下问题：

（1）写出施工准备工作计划。

（2）钢筋加工：调直、下料剪切、弯曲成型。

（3）分小组在实训教师指导下，在实训车间完成钢筋网片的焊接、钢筋绑扎安装。

（4）钢筋隐蔽工程验收。

训练目标

能根据图纸进行配料计算，能正确选用钢筋加工机械进行钢筋加工与连接操作，确定施工程序，并对钢筋工程进行验收和评定。

【任务分解】

任务1 剪力墙施工图识读与钢筋下料

任务2 剪力墙钢筋施工

【任务实施】

任务1 剪力墙施工图识读与钢筋下料

钢筋混凝土剪力墙内根据需要可配置单层或双层钢筋网片，墙体钢筋网片主要由竖筋和横筋组成。竖筋的作用主要是承受水平荷载对墙体产生的拉应力，横筋主要用来固定竖筋的位置并承受一定的剪力作用。在设置双层钢筋网片的墙体中，为了保证两钢筋网片的正确位置，通常应在两片钢筋网片之间设置撑铁。

【知识链接】

1. 施工图识读

剪力墙的钢筋可采用列表注写方式或截面注写方式表达，类似于柱的施工图表示方式。

剪力墙平法施工图如图5-1所示。

(1) 列表注写方式 列表注写方式是分别在剪力墙柱表、剪力墙身表和剪力墙梁表中，对应于剪力墙布置图上的编号，用绘制截面配筋图并注写几何尺寸与配筋具体数值的方式，来表达剪力墙的施工图。

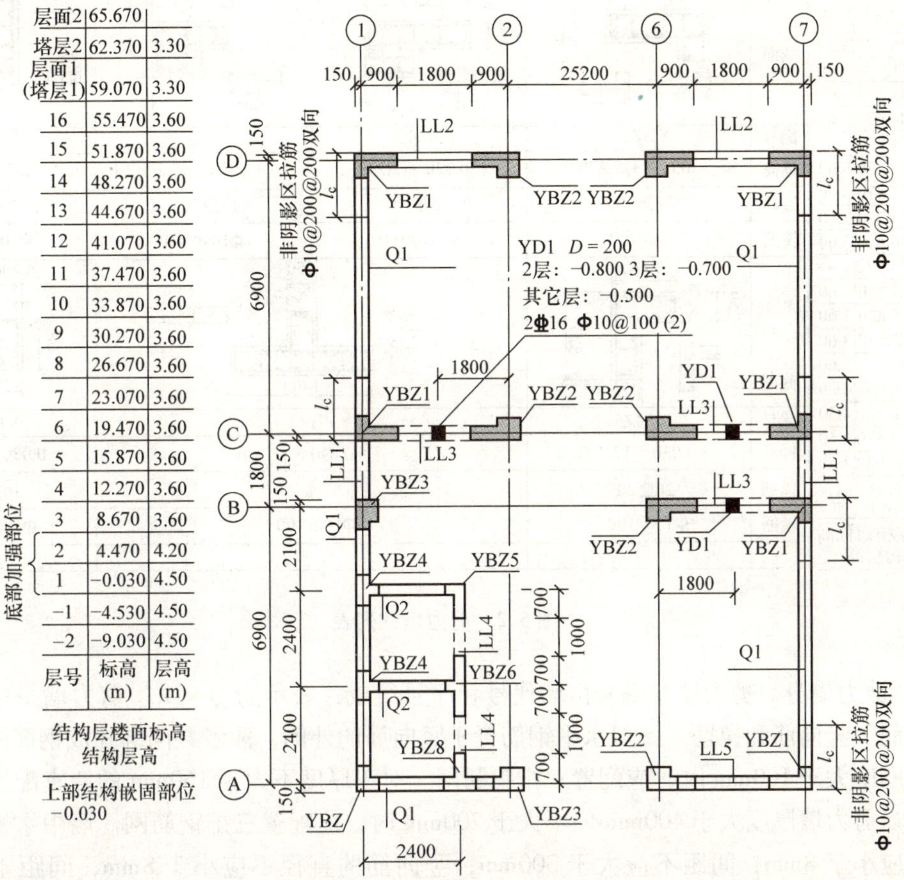

图5-1 剪力墙平法施工图

1) 剪力墙柱。剪力墙柱因其作用的不同可分为不同的类型，编号由墙柱类型代号和序号组成，其类型及代号见表5-1。约束边缘构件比构造边缘构件抗震作用强些，常用于抗震等级高的建筑。当剪力墙肢与其平面外相交的楼面梁刚接时，可设置与墙相连的扶壁柱，其紧靠墙体并与墙体同时施工，增加墙体强度或刚度。

表5-1 剪力墙柱编号

墙柱类型	代 号	序 号
非边缘暗柱	AZ	××
约束边缘构件	YBZ	××
构造边缘构件	GBZ	××
扶壁柱	FBZ	××

墙柱的钢筋有纵筋、箍筋和拉筋。纵筋的下端伸入基础底面的钢筋网上并做弯折锚固，

纵筋在基础顶面及每层楼地面以上连接，连接要求同柱筋；箍筋应做成封闭箍筋，且应在基础顶面（或地下室顶面）上，每层楼面上、下及楼层范围内加密，箍筋不能有内折角，以防止纵向钢筋曲凸时箍筋向外崩裂混凝土。图 5-2 为剪力墙柱列示例。

层号	标高(m)	层高(m)
层面2	65.670	
塔层2	62.370	3.30
层面1(塔层1)	59.070	3.30
16	55.470	3.60
15	51.870	3.60
14	48.270	3.60
13	44.670	3.60
12	41.070	3.60
11	37.470	3.60
10	33.870	3.60
9	30.270	3.60
8	26.670	3.60
7	23.070	3.60
6	19.470	3.60
5	15.870	3.60
4	12.270	3.60
3	8.670	3.60
2（底部加强部位）	4.470	4.20
1（底部加强部位）	-0.030	4.50
-1	-4.530	4.50
-2	-9.030	4.50

结构层楼面标高
结构层高

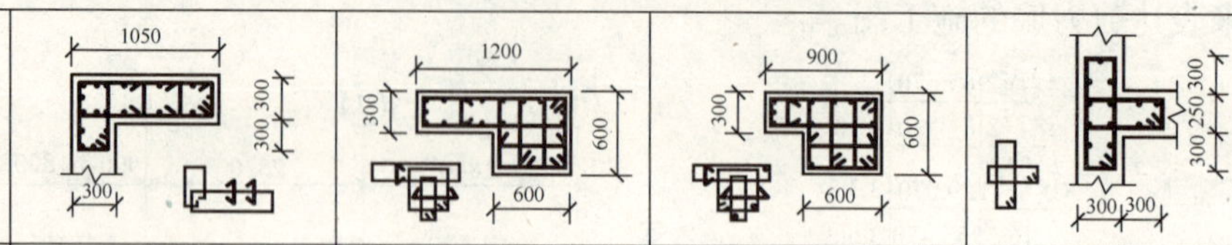

截面	YBZ1	YBZ2	YBZ3	YBZ4
编号	YBZ1	YBZ2	YBZ3	YBZ4
标高	-0.030～12.270	-0.030～12.270	-0.030～12.270	-0.030～12.270
纵筋	24Φ20	22Φ20	18Φ22	20Φ20
箍筋	Φ10@100	Φ10@100	Φ10@100	Φ10@100

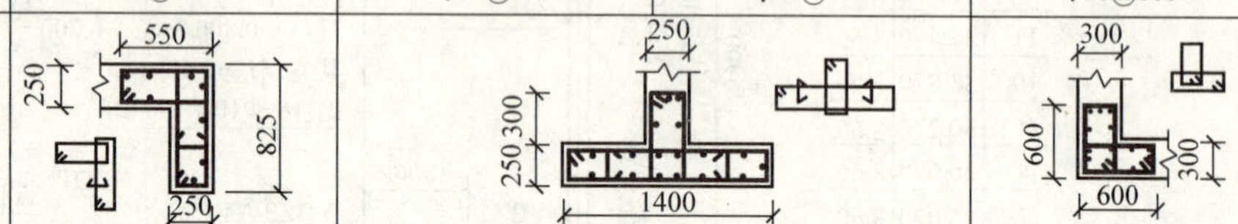

截面	YBZ5	YBZ6	YBZ7
编号	YBZ5	YBZ6	YBZ7
标高	-0.030～12.270	-0.030～12.270	-0.030～12.270
纵筋	20Φ20	23Φ20	16Φ20
箍筋	Φ10@100	Φ10@100	Φ10@100

图 5-2　剪力墙柱列表

2）剪力墙身。剪力墙身编号由墙代号和序号组成，表示为 Q××。剪力墙身中的钢筋有水平筋、竖向筋和拉筋。一般水平钢筋置于竖向筋的外侧，两者共同绑扎成钢筋网片。当剪力墙厚度大于 160mm 时，应配置双排钢筋网。对于厚度不大于 160mm 的墙宜配置双排钢筋网。当剪力墙厚度大于 400mm 但不大于 700mm 时，应配置三排钢筋网。墙中水平钢筋的直径不应小于 8mm，间距不应大于 300mm；竖向筋的直径不应小于 8mm，间距不应大于 300mm。水平筋和竖向筋的配筋率均不应小于 0.2%。

双排钢筋网应沿墙的两个侧面布置，且应采用拉筋固定，拉筋直径不应小于 6mm，间距不应大于 600mm，以梅花状布置，对底部加强区，可适当增加拉筋数量。

在剪力墙的洞口周边部位，应设置不少于 2Φ12 的水平和竖向构造钢筋，该钢筋从洞边算起，伸入墙内的长度不应小于规范规定的受力筋锚固长度。图 5-3 为对应图 5-1 的部分剪力墙身表。

编号	标高	墙厚	水平分布筋	垂直分布筋	拉筋(双向)
Q1	-0.030～30.270	300	Φ12@200	Φ12@200	Φ6@600@600
	30.270～59.070	250	Φ10@200	Φ10@200	Φ6@600@600
Q2	-0.030～30.270	250	Φ10@200	Φ10@200	Φ6@600@600
	30.270～59.070	200	Φ10@200	Φ10@200	Φ6@600@600

图 5-3　剪力墙身表

3）剪力墙梁。剪力墙梁指连梁、暗梁和边框梁，其类型及代号见表5-2。连梁一般位于门窗洞口上，由于此处为受弯构件，故应在墙洞口上加水平受力筋，受力筋的两端锚入洞口两侧的长度不小于规范规定的锚固长，且不小于6mm。暗梁和边框梁位于每层墙身的顶部，起加强作用，暗梁截面宽度不超过墙体厚度，边框梁截面宽度大于墙体厚度。

表5-2 墙梁类型及代号

墙梁类型	代　号	序　号
连梁	LL	××
暗梁	AL	××
边框梁	BKL	××

墙梁中钢筋种类有水平受力筋、侧面纵筋（一般为剪力墙水平筋伸入）、箍筋和拉筋。图5-4为对应图5-1的部分剪力墙梁配筋表。

Φ10@200@200双向

编号	所在楼层号	梁顶相对标高高差	梁截面 $b×h$	上部纵筋	下部纵筋	箍筋
LL1	2～9	0.800	300×2000	4Φ22	4Φ22	Φ10@100(2)
	10～16	0.800	250×2000	4Φ20	4Φ20	Φ10@100(2)
	屋面1		250×1200	4Φ20	4Φ20	Φ10@100(2)
LL2	3	−1.200	300×2500	4Φ22	4Φ22	Φ10@150(2)
	4	−0.900	300×2070	4Φ22	4Φ22	Φ10@150(2)
	5～9	−0.900	300×1770	4Φ22	4Φ22	Φ10@150(2)
	10～屋面1	−0.900	250×1770	3Φ22	3Φ22	Φ10@150(2)
LL3	2		300×2070	4Φ22	4Φ22	Φ10@100(2)
	3		300×1770	4Φ22	4Φ22	Φ10@100(2)
	4～9		300×1170	4Φ22	4Φ22	Φ10@100(2)
	10～屋面1		250×1170	3Φ22	3Φ22	Φ10@100(2)

图5-4 剪力墙梁配筋表

（2）截面注写方式　截面注写方式（图5-5）即原位注写方式，在分标准层绘制的剪力墙平面布置图上，直接在墙柱、墙身、墙梁上注写截面尺寸和配筋具体数值的方式，

塔层2	62.370	3.30
屋面1（塔层1）	59.070	3.30
16	55.470	3.60
15	51.870	3.60
14	48.270	3.60
13	44.670	3.60
12	41.070	3.60
11	37.470	3.60
10	33.870	3.60
9	30.270	3.60
8	26.670	3.60

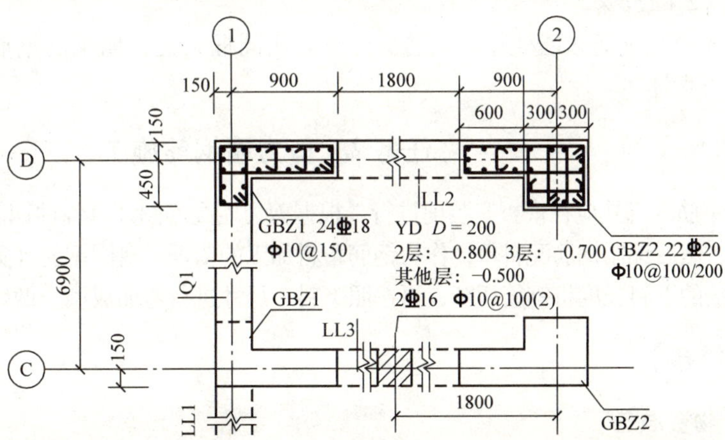

图5-5 剪力墙截面表示法

2. 剪力墙钢筋下料

根据墙体的配筋图，计算出各钢筋的直线下料长度、根数及重量，然后编制钢筋配料单，作为钢筋备料加工的依据。剪力墙钢筋的搭接长度不应小于 $1.2l_{ae}$（l_{ae}为钢筋锚固长度）。同排水平分布钢筋的搭接接头之间及上、下相邻水平分布钢筋的搭接接头之间，沿水平方向的净间距不宜小于500mm。竖向钢筋搭接及机械连接构造规定如图5-6所示。剪力墙洞口连梁应沿全长配置箍筋，在顶层洞口连梁纵向钢筋伸入墙内的锚固长度范围内，应设置间距不大于150mm的箍筋。

剪刀墙身水平钢筋下料长度计算公式：

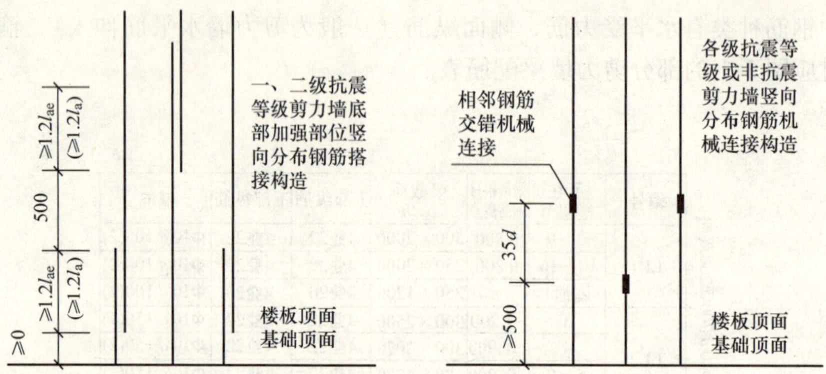

图5-6 剪力墙竖向分布钢筋连接构造

1）墙体端部无暗柱和端柱时，墙身水平钢筋长度 = 墙长 − 保护层厚度 ×2 + 10d

2）墙体端部为暗柱，外侧钢筋连续通过时，墙身外侧水平钢筋长度 = 墙长 − 保护层厚度 ×2；墙身内侧水平钢筋长度 = 墙长 − 保护层厚度 ×2 + 15d ×2

3）墙体端部为暗柱，外侧钢筋不连续通过时，墙身外侧水平钢筋长度 = 墙长 − 保护层厚度 ×2 + 0.8l_a ×2；墙身内侧水平钢筋长度 = 墙长 − 保护层厚度 ×2 + 15d ×2

4）墙体端部为端柱时，墙身内侧水平钢筋长度 = 墙身外侧水平钢筋长度 = 墙长 − 保护层厚度 ×2 + 15d ×2

墙体竖向钢筋和墙柱竖向钢筋的计算方法同框架柱，墙梁的钢筋计算方法参见框架梁，这里不再赘述。

任务2 剪力墙钢筋施工

墙钢筋的绑扎应在模板安装前进行。根据剪力墙配筋图计算各种钢筋的直线下料长度、根数及重量，然后编制钢筋配料单，作为钢筋备料加工的依据。盘圆钢筋（如箍筋）须先拉直，根据各种钢筋的下料长度将钢筋切断，再按照下料单尺寸进行弯曲成型。做好施工准备工作。

【知识链接】

1. 物资准备

（1）施工材料准备

钢筋：钢筋的级别、直径必须符合设计要求，有出厂证明书及复试报告单。进口钢筋还应有化学复试单，其化学成分应满足焊接要求，并应有可焊性试验。

焊剂：焊剂的性能应符合 GB5293 碳素钢埋弧焊用焊剂的规定。焊剂型号为 HJ401，常用的为熔炼型高锰高硅低氟焊剂或中锰高硅低氟焊剂。焊剂应存放在干燥的库房内，防止受潮。如受潮，使用前须经 250～300℃烘焙 2h。使用中回收的焊剂，应除去熔渣和杂物，并应与新焊剂混合均匀后使用。焊剂应有出厂合格证。

套筒、绑扎箍筋用的 20 号～22 号铁丝。

（2）施工机具准备

钢筋调直机、钢筋弯曲机、钢筋切割机、钢筋焊接机械、钢筋钩子、钢筋扳子。

（3）作业条件准备

1）运输钢筋的道路畅通，机械用配电箱布置到位，且符合安全要求。

2）钢筋在绑扎安装前，应对照钢筋施工图再次核对钢筋配料单和料牌，单根钢筋加工完毕，即可在施工现场成型绑扎。

3）基层清理完毕，操作脚手架已搭设并验收合格。

2. 钢筋绑扎工艺流程

墙体弹线→混凝土表面凿毛→修理预留搭钢筋→绑横竖向定位筋→绑竖向筋→绑横向筋→绑拉筋→卡保护层垫圈→绑扎横向梯子凳筋。

3. 现浇墙体钢筋的绑扎操作要点

1）墙体弹线：在工作面（楼板）上弹出墙边线、门洞口边缘线。

2）墙线内区域表面进行凿毛，并用吹风机吹净表面。

3）将预留钢筋调直理顺，矫正由下层墙体或基础伸出的插筋时，如插筋偏离墙体太大，应加绑立筋，并将插筋慢慢弯曲与立筋搭接好，弯曲角度应不大于 15°。

4）墙体钢筋绑扎时首先绑扎 2～4 根立筋（纵向筋），如图 5-7a 所示，并在上面画出横向钢筋分档标志；然后在立筋的下部和齐胸处绑上两根横向钢筋定位，如图 5-7b 所示，同时在横向钢筋上画出竖向钢筋的分档标志。

5）按标志绑扎其他竖向钢筋，如图 5-7c 所示；竖筋下部与预留筋搭接绑扎固定，上部与横向定位筋固定。竖向筋在内，水平筋在外，钢筋的弯钩应朝向墙内侧。

6）竖筋临时固定完后再由下而上按标志绑扎横向钢筋，如图 5-7d 所示。如墙中有暗梁、暗柱时，应先绑暗梁、暗柱，再绑周围横筋。墙体水平筋放置在墙体暗柱主筋外，墙体连梁放置在墙筋内。全部钢筋的相交点都要扎牢，绑扎时相邻绑扎点的钢丝扣成八字形，以免网片歪斜变形。

暗柱、端柱的箍筋绑扎：箍筋与受力筋垂直，弯钩叠合处应沿受力筋方向错开设置，箍筋转角与纵向钢筋交叉点应扎牢（箍筋平直部分与纵向钢筋交叉点可间隔扎牢），绑扎箍筋时绑扣相互间应成八字形，箍筋要平、直，开口对角错开呈螺旋形绑扎，规格间距依据图纸确定，钢丝尾部朝向柱心，墙体水平筋与暗柱箍筋间距错开 20mm。

当柱、墙截面有变化时，其下层钢筋应先行收缩准确。连梁的钢筋应放在柱、墙的纵向钢筋的内侧。

7）拉筋按间距要求按梅花形布置，拉钩拉在横竖筋交叉点，并勾住最外侧横筋。

8）保护层垫圈按间距要求进行梅花形布置。

9）最后绑扎横向梯子凳筋。在墙模板上口以下 150～200mm 绑扎一道横向梯子凳筋，

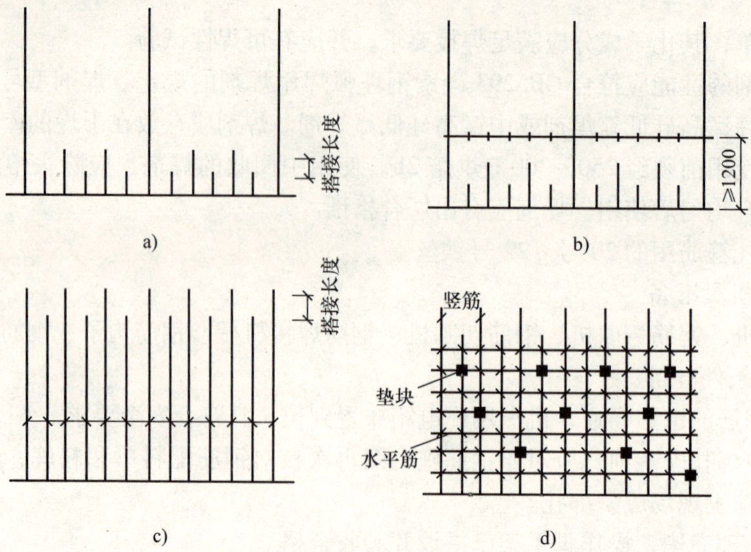

图 5-7　现浇墙板钢筋绑扎顺序

a）墙体插筋　b）绑扎横向定位钢筋　c）绑扎竖向分布筋　d）绑扎横向分布筋

对墙体竖向钢筋起定位作用。由于梯子凳筋采用点焊连接，钢筋直径要大于纵向钢筋一个规格。梯子凳筋简图如图 5-8 所示。剪力墙施工现场图片见 5-9。

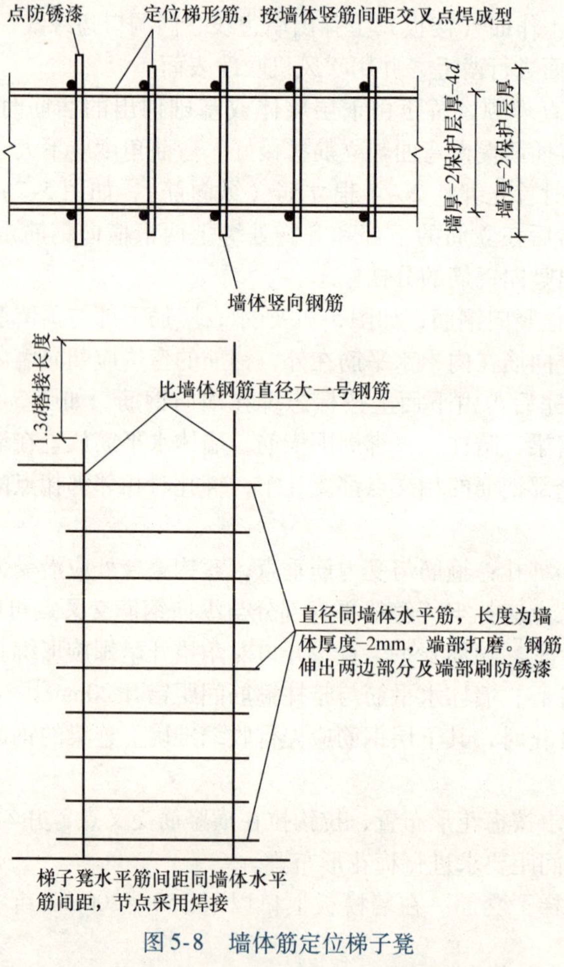

图 5-8　墙体筋定位梯子凳

图 5-9 剪力墙施工

【实践操作】

技师演示：墙体钢筋绑扎过程。

角色分配：每个作业组6人：材料机具准备1人，加工与绑扎3人，质检1人，安全1人。

学生执行任务：学生分组实施，每组5~8人，根据教师所给任务进行钢筋配料加工与绑扎。

过程指导

（1）墙的钢筋弯钩，应朝向混凝土内。

（2）钢筋绑扎接头的长度范围内应采用铁丝绑扎三点。

（3）墙体钢筋的绑扎应在模板安装前进行。

教学情境2 大模板施工

【情境描述】

针对某一高层剪力墙结构施工图，进行大模板施工，侧重解决以下问题：

（1）写出施工准备工作计划（作业条件、机具）。

（2）进行模板安装：5~8人为一小组，分别完成一组剪力墙大模板配模计算，填写模板材料用料单，并完成模板安装。

（3）进行模板工程验收。

（4）进行模板拆除：各小组在实训教师指导下，完成模板拆除工作。

训练目标

能根据图纸进行合理配料，能按正确顺序和方法安装模板，并达到牢固严密尺寸精确。能按正确顺序和方法拆除模板。对模板工程进行验收和评定。

【任务分解】

任务1　施工准备
任务2　模板安装
任务3　大模板拆除

【任务实施】

任务1　施工准备

剪力墙模板工程施工前的第一个任务是准备工作，主要包括施工图识读、现场材料和施工机具的准备。

【知识链接】

1. 施工图识读

剪力墙施工图的识读要点：剪力墙的截面尺寸、高度、墙顶标高。

2. 物资准备

高层建筑剪力墙结构施工用模板的种类有大模板、隧道模板、滑升模板及爬升模板。大模板是指单块模板的高度相当于楼层的层高、宽度约等于房间的宽度或进深的大块定型模板，由面板、加劲肋、竖楞、支撑桁架、稳定机构和操作平台、穿墙螺栓等组成，是一种现浇钢筋混凝土墙体的大型工具式模板。大模板通常根据面板材料分全钢大模板、钢框竹胶板大模板、钢框塑料板大模板等，优点是模板安装和拆除工序简单、墙面平整，缺点是一次投资大、通用性差。

在实际工程中，剪力墙模板主要采用全钢大模板、钢框竹胶板大模板。本次任务以全钢大模板为例进行大模板施工。

（1）大模板准备

1）大模板的作用：面板及其钢肋主要是保证剪力墙混凝土的平整度、垂直度及其密实性，支撑系统主要是承受混凝土浇筑时的侧压力，操作平台提供施工作业平台，保证施工人员操作方便和安全。

2）大模板构造：大模板主要由面板及其钢肋、支承系统、操作平台和附件组成，如图5-10所示。整片墙体部位大模板构造如图5-11所示，在丁字墙交接处为保证混凝土接缝顺直，宜配置阴角模。剪力墙上门窗洞口模板构造示意图如图5-11所示。

所谓组拼大模板，即用一定模数的模板组拼成所需长度的模板，通过横背楞将这几块模板连接起来，横背楞为10号槽钢，采用活背楞的形式，用背楞连接器及背楞压板与大模板连接。模板按一定的模数制作，以1.2m模板为界（包括1.2m模板），以下为子口大模板；以100mm为模数，最小模板规格宽度600mm；1500mm以上宽度为母口大模板；以300mm为模数，最大模板规格宽度3000mm，组拼时子母口相配组拼。

① 面板。面板是直接与混凝土接触的部分，通常采用钢面板（3~5mm厚的钢板）制成。面板要求板面平整，接缝严密，具有足够的刚度。

② 加劲肋。加劲肋的作用是固定面板，可做成水平肋或垂直肋。加劲肋把混凝土传给

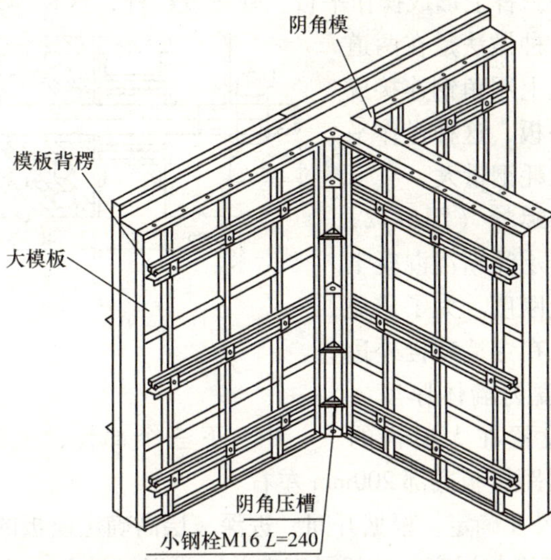

图5-10 整片墙体部位大模板构造图

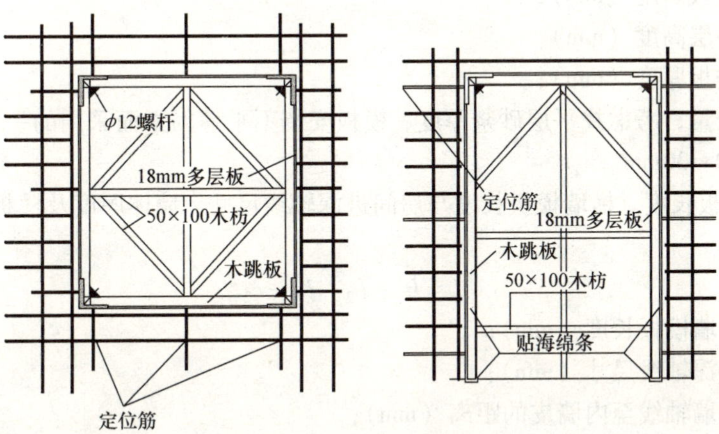

图5-11 门窗洞口模板示意图

面板的侧压力传递到竖楞上去，加劲肋与金属面板焊接固定，与胶合板面板可用螺栓固定。加劲肋一般采用∟65或∟65制作，肋的间距根据面板的大小、厚度及墙体厚度确定，一般为300～500mm。

③ 竖楞。竖楞的作用是加强大模板的整体刚度，承受模板传来的混凝土侧压力和垂直力，并作为穿墙螺栓的支点。竖楞一般采用∟65或∟80制作，间距一般为1.0～1.2m。

④ 支撑桁架与稳定机构。支撑桁架采用螺栓或焊接方式与竖楞连接在一起，其作用是保持大模板稳定性，码放时承受风荷载及混凝土浇筑时部分混凝土侧压力，防止大模板倾覆。稳定机构为在大模板两端的桁架底部伸出支腿上设置的可调整螺旋千斤顶，在模板使用阶段，用以调整模板的垂直度，并把作用力传递到地面或楼板上；在模板堆放时，用来调整模板的倾斜度，以保证模板的稳定。

⑤ 操作平台。操作平台是施工人员的操作场所，有两种做法：第一种做法是将脚手板

直接铺在支撑桁架的水平弦杆上形成操作平台，外侧设栏杆，这种操作平台工作面较小，但投资少，装拆方便。第二种做法是在两道横墙之间的大模板的边框上用角钢连接成为搁栅，在其上满铺脚手板，这种操作平台的优点是施工安全，但耗钢量大。

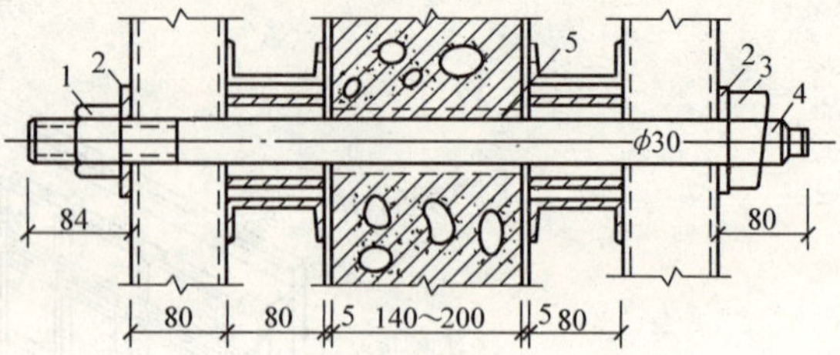

图 5-12　穿墙螺栓的联结构造

1—螺母　2—垫板　3—板销　4—螺杆　5—套管

⑥ 穿墙螺栓。穿墙螺栓（图5-12）的作用是控制模板间距，承受新浇混凝土的侧压力，并能加强模板刚度。为了避免穿墙螺栓与混凝土粘结，在穿墙螺栓外边套一根硬塑料管，其长度为墙体厚度 + 300mm。穿墙螺栓一般设置在大模板的上、中、下三个部位，上穿墙螺栓距模板顶部 250mm 左右，下穿墙螺栓距模板底部 200mm 左右。

3）大模板外形几何尺寸确定。根据开间、进深、层高确定模板的外形尺寸。

① 模板高度。模板高度与层高、楼板厚度有关。可以通过下式计算：

$$H = h - h_1 - c_1$$

式中　H——模板高度（mm）；

h——楼层高度（mm）；

h_1——楼板厚度（mm）；

c_1——余量，考虑找平层砂浆厚度、模板安装不平等因素而采用的一个常数，通常取 20 ~ 30mm。

② 横墙模板长度。横墙模板长度与房间进深轴线尺寸、墙体厚度及模板搭接方法有关，按下式确定：

$$L = L_1 - L_2 - L_3 - c_2$$

式中　L——横墙模板长度（mm）；

L_1——进深轴线尺寸（mm）；

L_2——外墙轴线至内墙皮的距离（mm）；

L_3——内墙轴线至墙面的距离（mm）；

c_2——拆模方便设置的常数，一般为 50mm，此段空隙用角钢填补（mm）。

③ 纵墙模板长度。纵墙模板长度与开间轴线尺寸、墙体厚度、横墙模板厚度有关，按下式确定：

$$B = b_1 - b_2 - b_3 - c_3$$

式中　B——纵墙模板长度（mm）；

b_1——开间轴线尺寸（mm）；

b_2——内横墙厚度（mm），如为端部开间时，b_2尺寸为内横墙厚度的 1/2 加山墙轴线到内墙皮的尺寸；

b_3——横墙模板厚度（mm）；

c_3——模板搭接余量，为使模板能适应不同墙体的厚度而取的一个常数，通常为 40mm。

4）大模板结构计算。包括：验算模板在新浇混凝土侧压力作用下的强度和刚度；验算穿墙螺栓的强度；计算模板存放时在风力作用下的自稳角等。

模板各构件的挠度要求控制在≤l/500。

大模板承受的荷载主要是混凝土侧压力，其计算方法与一般模板相同。

荷载求得后，大模板的面板、横肋、竖肋、穿墙螺栓等，皆根据其支承情况按相应的钢结构构件进行计算。

（2）施工其他辅料：隔离剂、木楔、海绵条、脚手板。

（3）材料配置计划：分平板模和角模，包括地脚螺栓及垫板，穿墙螺栓及套管，护身栏，爬梯及作业平台板等。

3. 大模板的平面组合方案

采用大模板浇筑混凝土墙体，模板尺寸不仅要和房间的开间、进深、层高相适应，模板一般为整高度配置。开间平面墙配一块或多块平模，墙角处配小角模或大角模，电梯间配整套筒形模。模板规格要少，尽可能做到定型、统一。在施工中，模板要便于吊运、组装和拆卸，保证墙面平整，减少修补工作量。

1）小角模方案

一个房间的模板由四块平模和四根∟100×8 角钢组成。∟100×8 的角钢称为小角模。小角模方案在相邻的平模转角处设置角钢，使每个房间墙体的内模形成封闭的支撑体系。小角模方案纵横墙混凝土可以同时浇筑，房屋整体性好，墙面平整，模板装拆方便。但浇筑的混凝土墙面接缝多，阴角不够平整。图5-13为小角模位置和小角模外形图。

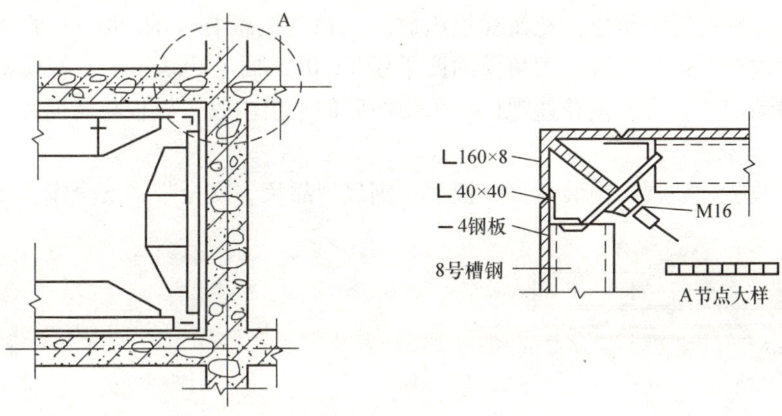

图5-13 小角模位置和小角模外形

① 带合页式小角模，如图5-14a所示，平模上带合页，角钢能自由转动和装拆。安装模板时，角钢有偏心压杆固定，并用花篮螺栓调整。模板上设转动铁拐可将角模压住，使角模稳定。

② 不带合页式小角模，如图5-14b所示，采用以平模压住小角模的方法，拆模时先拆平模，后拆小角模。

2）大角模方案

虽然小角模有纵横墙可一起浇筑，模板整体性好等优点，但也有模板拼缝多，墙面修理工作量大，加工精度要求高，模板安装较困难等缺点。施工时可采用大角模（大角模构造见图5-15），大角模是由两块平模组成的L形大模板。在组成大角模的两块平模连接部分装置大合页，使一侧平模以另一侧平模为支点，以合页为轴可以转动。

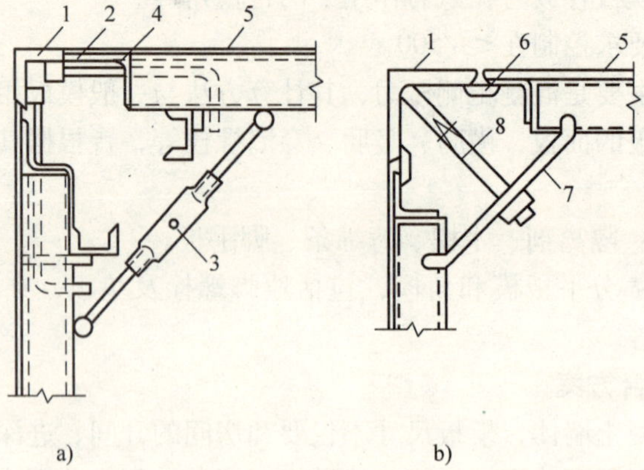

图 5-14 小角模构造

a）带合页的小角模 b）不带合页的小角模

1—小角模 2—合页 3—花篮螺栓 4—转动铁拐 5—平模 6—扁铁 7—压板 8—螺栓

大角模方案是在房屋四角设四个大角模（图 5-16），使之形成封闭体系。如房屋进深较大，四角采用大角模后，较长的墙体中间可配以小平模。采用大角模方案时，纵横墙混凝土可以同时浇筑，房屋整体性好。大角模拆装方梗，且可保证自身稳定。采用大角模方案，墙体阴角方整，施工质量好，但模板接缝在墙体中部，影响墙体平整度。

大角模的装拆装置由斜撑及花篮螺栓组成。斜撑为两根叠合的L90 ×9 的角钢，组装模板时使斜撑角钢叠合成一直线。大角模的两平模呈 90°，插上活动销子，将模板支好。拆模时，先拔掉活动销子，再收紧花篮螺栓，角模两侧的平模内收，模板与墙面脱离。

4. 施工机具准备

水平尺、线坠、撬棍、吊装索具、扳手、钢尺、靠尺、安全带、安全帽、手套。

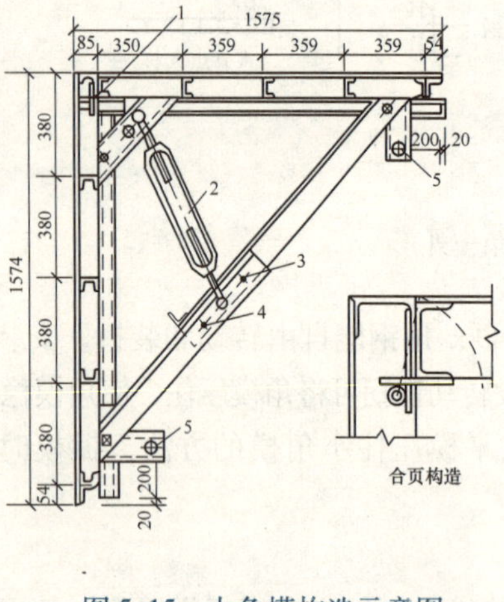

图 5-15 大角模构造示意图

1—合页 2—花篮螺栓 3—固定销子

4—活动销子 5—调整用螺旋千斤顶

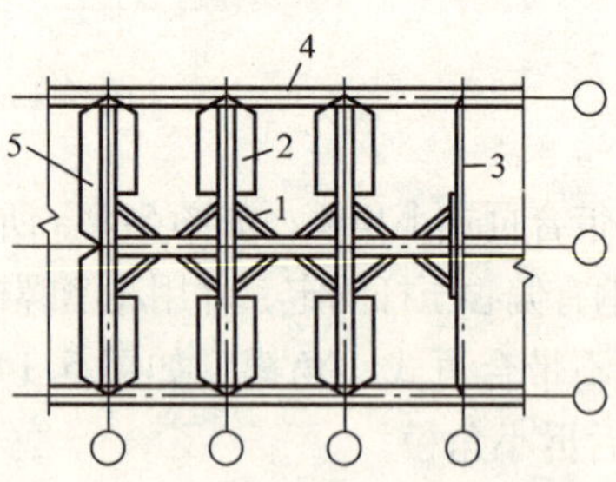

图 5-16 大角模平面布置示意图

1—大角模 2—平模 3—已完成的墙体

4—外墙板 5—流水段端部平模

【实践操作】

角色分配：作业组6人，其中施工图识读1人，配模单绘制2人，材料准备1人，机具准备1人，作业条件准备1人。

学生执行任务：

（1）读懂所给任务的施工图，熟悉剪力墙的模板组成及拼装方法，能陈述模板组成，准确绘制拼装简图。

（2）列出大模板施工所需材料设备需求计划。

（3）清点数量进行编号，并涂刷脱模剂（图5-17）。

图5-17 涂刷模板脱模剂

【检查评价】

（1）针对任务书绘制的拼装简图。

（2）检查各组填写的材料设备需求计划。

任务2 大模板安装

大模板进场后，应检查修整，清点数量进行编号，并刷脱模剂，安装前将楼面清理干净。按照正确工序安装模板，支撑系统牢固可靠，模板安装尺寸控制精确、拼缝严密，准确检查安装质量。

【知识链接】

1. 工艺流程

挂外架子→弹模板位置控制线→水泥砂浆找平→安装门窗洞口模板→安装内横墙模板→安装内纵墙模板→安装角模→安装外墙内侧模板→安装外墙外侧模板→模板预检。

2. 施工要点

（1）在下层外墙混凝土强度不低于7.5MPa时，利用下一层外墙螺栓孔挂金属三角平台架。

（2）压垫层或楼板上弹出墙的中心线和边线，并核对标高、找平。大模板位置控制线一般为墙外侧300mm位置，墨线应清晰顺直。

（3）大模板安装前，在其下部抹1∶3水泥砂浆找平层条带，宽度为100mm，条带不得深入结构边线内。

（4）门窗洞口模板：采用钢板预制或钢框模，尺寸比设计尺寸大20～30mm，厚度比墙体厚度小5～10mm，转角处采用铁件和螺栓连接。采用附加钢筋临时固定（图5-18）。

图5-18 门窗洞口模板

（5）组装内横墙、内纵墙模板时，先用塔吊将内横墙平模板吊运至墙边线附近（图

5-19），平模板斜立放稳。用撬棍按墙位线将平模板贴紧墙身边线，对称调整平模板的一对地脚螺栓或斜杆螺栓，至基本垂直。另一侧平模板也同样立好后，随即在两侧平模板间旋入穿墙螺栓及套管，加以临时固定。进一步微调地脚螺栓和对拉螺栓，至垂直度、平整度、板间尺寸位置完全符合要求，拧紧螺栓固定。采用同样方法安装好内纵墙平模板。

（6）插入角模并进行调整固定（图 5-20）。纵、横内墙模板和角模安装好后应形成一个整体。

（7）外墙模板安装时先安装外墙内侧模板，然后安装外侧模板。墙身较高时要合理设置混凝土浇筑口。

（8）模板安装完后，检查角模与墙模，模板与楼板。楼梯间、墙面间隙必须严密，防止有漏浆、错台现象。检查每道墙上口是否平直，用扣件或螺栓将两块模板上口固定。办完模板工程预检验收，方可浇筑混凝土。图 5-21 为墙体模板施工现场图片。

图 5-19　大模板吊装

图 5-20　墙体角模

图 5-21　墙体模板施工现场

【实践操作】

技师演示： 演示大模板安装全过程

角色分配： 作业组 9 人：班长 1 名总协调，吊装、运料 2 人，安装 4 人，质检 1 人，安全 1 人。

学生执行任务： 根据教师所给任务进行大模板安装全过程模拟，编写技术交底，有条件的深入施工现场，进行岗位角色模拟训练。

过程指导

(1) 弹线内容全面，弹线清晰、精确。

(2) 模板拼装顺序正确、严密。

(3) 大模板之间平整顺直。

(4) 支撑系统稳固。

【质检员角色模拟】

学生模拟质检员岗位，对大模板安装过程进行检查。

(1) 支撑稳固情况，地脚螺栓、对拉螺栓紧固情况，模板之间接缝情况。

检查数量：全数检查。

检验方法：观察、钢尺检查、捶击检查。

(2) 模板轴线位置、尺寸应符合设计要求，其偏差应符合表5-3的规定。

检查数量：在同一检验批内，应抽查构件量的10%，且不少于3件。

检验方法：钢尺检查。

表5-3 现浇结构模板安装的允许偏差及检验方法

项　目	允许偏差/mm	检验方法
轴线位置	5	钢尺检查
截面内尺寸	+4，-5	钢尺检查
相邻两板表面高低差	2	钢尺检查
表面平整度	5	2m靠尺和塞尺检查
垂直度	大于5m时，8 小于5m时，6	

注：检查轴线位置时，应沿纵、横两个方向量测，并取其中的较大值。

【质量通病分析及防治】

墙体大模板施工过程中通常出现墙身超厚、墙体上口过大等质量缺陷事故，具体分析如下：

(1) 墙身超厚：墙身放线时误差过大，模板就位调整不认真，穿墙螺栓没有全部穿齐、拧紧。

(2) 墙体上口过大：支模时上口卡具没有按设计要求尺寸卡紧。

(3) 混凝土墙体表面粘连：由于模板清理不好，涂刷隔离剂不匀，拆模过早所造成。

(4) 角模与大模板缝隙过大跑浆：模板拼装时缝隙过大，连接固定措施不牢靠。应加强检查，及时处理。

(5) 角模入墙过深：支模时角模与大模板连接凹入过多或不牢固。应改进角模支模方法。

(6) 门窗洞口混凝土变形：门窗洞口模板的组装及与大模板的固定不牢固。必须认真进行洞口模板设计，能够保证尺寸，便于装拆。

（7）墙模板炸模：对拉螺栓选用过小或未拧紧。混凝土浇筑分层过厚，模板受侧压力过大，支撑变形。

（8）墙体厚薄不均：模板刚度小，应增加刚度或螺栓数量。墙根跑浆、露筋，模板底部被混凝土及砂浆裹住，拆模困难。

（9）墙角模板拆不出：角模与墙模板拼接不严，水泥浆滑出，包裹模板。木模板制作不平整，厚度不一致，相邻两块墙模板拼接不严、不平，支撑不牢。

（10）倾斜变形：一侧支撑未紧固，浇筑时外力作用下变形，支撑紧固度两侧要一致。有几道混凝土墙时，除顶部设通长连接木方定位外，相互间均应用剪刀撑撑牢。

【安全角色模拟】

学生模拟安全员，提前编制安全交底，并在操作前对本组成员进行口头交底，在操作过程中进行安全检查，重点包含以下内容：

（1）模板放置时应满足自稳角要求，两块大模板应采取板面相对的存放方法，没有支架或自稳角不足的大模板，要存放在专用的插放架上，不得靠在其他物体上。

（2）在楼层上放置大模板遇有大风天气时，应将大模板与建筑物固定。

（3）吊装大模板必须采用带卡环吊钩。当风力超过5级时应停止吊装作业。

（4）安装外侧大模板时，必须确保三角挂架、平台板的安装牢固，及时绑好护身栏和安全网。大模板安装后，应立即拧紧穿墙螺栓。安装三角挂架和外侧大模板的操作人员必须系好安全带。

（5）拆模后起吊模板时，应检查所有穿墙螺栓和连接件是否全都拆除，在确认无遗漏、模板与墙体安全脱离后，方准起吊。待起吊高度超过障碍物后，方准转臂行车。

【检查评价】

（1）安装前弹线准确性，出现问题及原因分析。

（2）模板严密性、垂直度及平整度情况，出现问题及原因分析。

（3）支撑系统稳定性、牢固情况。

（4）技术交底编写是否完整。

任务3　大模板拆除

施工时及时拆除模板可以提高模板的周转率，也可为后续工作创造条件。但是过早拆模，混凝土会因强度不足以承担本身自重或因外来作用而变形甚至断裂。大模板及其支架拆除时的混凝土强度应符合设计要求。本次任务重点掌握模板拆除条件、顺序、拆除方法。

1. 模板拆除条件

在常温条件下，墙体混凝土强度必须达1MPa，冬期施工外板内模结构、外砖内模结构，墙体混凝土强度达4MPa以上才准拆模。全现浇结构外墙混凝土强度在7.5MPa以上，内墙混凝土强度在4MPa以上，才准拆模。拆模时应以同条件养护试块抗压强度为准。

2. 模板拆除顺序

拆除原则是：“先外墙，后内墙；先外侧板，后内侧板；先平模，后角模；先纵墙，后横墙”。顺序如下：对拉螺栓→地脚螺栓→撬板底→吊起→放置→清理→涂隔离剂。

3. 拆除方法

（1）拆除模板顺序与安装模板顺序相反，先拆纵墙模板后拆横墙模板；首先拆下穿墙螺栓，再松开地脚螺栓，使模板向后倾斜与墙体脱开。如果模板与混凝土墙面吸附或粘结不能离开时，可用撬棍撬动模板下口，不得在墙上口撬模板或用大锤砸模板。应保证拆模时不晃动混凝土墙体，尤其拆门窗洞模板时不能用大锤砸模板。

（2）清除模板平台上的杂物，检查模板是否有钩挂兜绊的地方，调整塔臂至被拆除的模板上方，将模板吊出。

（3）大模板吊至存放地点时，必须一次放稳，保持自稳角为75°~80°，及时进行板面清理，涂刷隔离剂，防止粘连灰浆。

重点提示

（1）拆模时，必须保证表面和棱角不被破坏。

（2）正确拆除顺序是保证安全和速度的重要因素。

（3）先松后拆、轻拿轻放，是拆除方法的要点。

（4）经检查各种连接附件拆除后，方准起吊模板。

【实践操作】

技师演示： 大模板完整拆除过程。

角色分配： 每个作业组人9人：班长1名总协调，吊运2人，拆模4人，清理1人，安全1人，模拟进行大模板拆除，掌握模板拆除条件、顺序、拆除方法。

学生执行任务： 根据教师所给任务将大模板拆除，并将模板和连接件、支撑等材料分类码放。

【安全角色模拟】

学生模拟安全员，提前编制安全交底，并在操作前对本组成员进行口头交底，在操作过程中进行安全检查，重点包含以下内容：

（1）吊装作业要建立统一的指挥信号。吊装工要经过培训，当大模板等吊件就位或落地时，要防止摇晃碰人或碰坏墙体。

（2）全现浇大模板工程安装外侧大模板时，必须确保三角挂架、平台板的安装牢固，及时绑好护身栏和安全网。大模板安装后，应立即拧紧穿墙螺栓。安装三角挂架和外侧大模板的操作人员必须系好安全带。

（3）大模板的存放应满足自稳角的要求，并进行面对面堆放，中间留出60cm宽的人行道，以便清理和涂刷脱模剂。长期堆放时，应将各块大模板连在一起。没有支架或自稳角不足的大模板，要存放在专用的插放架上，不得靠在其他物体上，防止滑移倾倒。

（4）在拼装式大模板进行组装时，场地要坚实平整，骨架要组装牢固，然后由下而上逐块组装。组装一块立即用连接螺栓固定一块，防止滑脱。整块模板组装以后，应转运到专用堆放场地放置。

（5）吊装大模板必须采用带卡环吊钩。当风力超过 5 级时，应停止吊装作业。起吊大模板前，应将吊装位置调整适当，稳起稳落，就位准确，严禁大幅度摆动。

（6）在楼层上放置大模板时，必须采取可靠的防倾倒措施，防止碰撞，造成坠落。遇有大风天气，应将大模板与建筑物固定。

（7）大模板安装就位后，要采取防止触电保护措施，将大模板加以串联，并同避雷网接通，防止漏电伤人。

（8）拆模后起吊模板时，应检查所有穿墙螺栓和连接件，是否全都拆除，在确认无遗漏，模板与墙体安全脱离后，方准起吊。待起吊高度超过障碍物后，方准转臂行车。

（9）电梯井内和楼板洞口要设置防护板。电梯井口、主楼梯处要设置护身栏。电梯井内，每层都要设立一道安全岗。

【检查评价】

（1）拆除对成品的影响情况，拆除工作安全情况。

（2）拆除物品的堆放及环境保护情况。

（3）工作进度。

（4）团队合作情况。

知识拓展——爬模施工

爬升模板是综合大模板与滑升模板工艺和特点的一种模板工艺，具有大模板和滑升模板共同的优点。爬模按爬升方式可分为“有架爬模”（模板爬架子、架子爬模板）和“无架爬模”（模板爬模板）。爬模按爬升设备可分为电动爬模和液压爬模。

1. 工作原理

以建筑物的钢筋混凝土墙体为支承主体，通过附着于已浇筑完成的钢筋混凝土墙体上的爬升支架或大模板，利用连接爬升支架与模板的爬升设备，使一方固定，另一方相对运动，交替向上爬升，以完成模板的爬升、下降、就位和校正等工作。

2. 基本组成

爬升模板系统通常由爬升模板、爬架（也有的爬模没有爬架）和爬升设备三部分组成。

1）爬升模板：由模板和模板附件组成。模板由横肋、竖向大肋、对销螺栓等组成。面板一般用组合钢模板或薄钢板，也可用木（竹）胶合板。横肋用 6.3 号槽钢。竖向大肋用 8 号或 10 号槽钢。模板附件包括爬升装置（吊环或千斤顶座）和外附脚手架。

2）爬架：由立柱和底座组成。立柱用作悬挂和提升大模板，由角钢焊成方形桁架标准节，节与节及底座均用法兰螺栓连接。

3）爬升设备：爬升设备有液压千斤顶、油路和自控电路。千斤顶有单作用液压千斤顶和双作用液压千斤顶两种。①单作用液压千斤顶即滑模施工用的滚珠式或卡块式穿心液压千斤顶。它能同步爬升、动作平稳、操作人员少，但爬升模板和爬升爬架各需一套液压千斤顶，且每爬升1个楼层后，需抽、插1次爬杆。②双作用液压千斤顶中各有一套向上和向下动作的卡具，既能沿爬杆向上爬升，又能使爬杆向上提升，因此用一套双作用液压千斤顶，在其爬杆上下端分别固定模板和爬架，在油路控制下就能分别完成爬升模板和爬升爬架的工作。图5-22是整体爬模构造组成示意图。

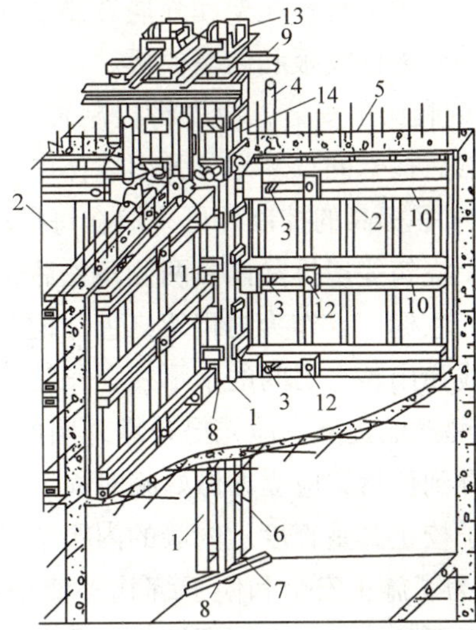

图5-22 整体爬模构造组成示意图

1—内爬架 2—内模架 3—固定插销 4—提升动力机构 5—混凝土 6—穿墙螺栓 7—短横扁担 8—内爬架通道口 9—顶架 10—横肋 11—缀板 12—垫板 13—外爬架 14—外模架

3. 工艺流程

导墙弹线→升内架（外墙边）→升外架→升外模→绑墙筋→升内模→铺楼底模板→绑楼板钢筋，浇筑楼板混凝土→校正内外模搭台模架→浇筑墙体混凝土→循环（图5-23）。

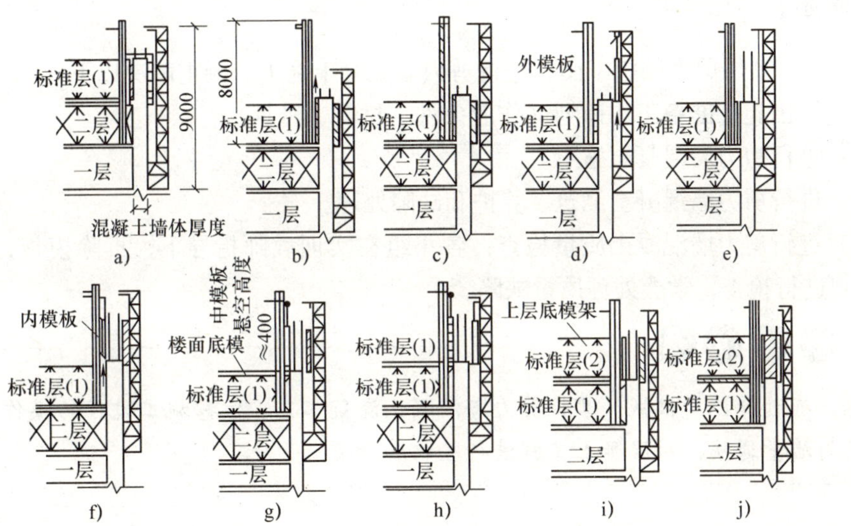

图5-23 整体爬模工艺流程

a）现浇导墙 b）升内架（外墙边） c）升外架 d）升外模 e）绑墙筋 f）升内模 g）楼板底模 h）楼板钢筋、混凝土浇筑 i）校正内外模搭台模架 j）浇筑墙体混凝土

4. 施工要点

① 第一层墙体混凝土的浇筑，仍采用大模板工程一般常规施工方法进行。待一层外墙

拆模后，即可进行外爬架和外墙外侧模板的组装。待一层楼顶板浇筑混凝土后，即可安装内爬架及外墙内侧模板和内墙模板。

② 内爬架的安装，应先将控制轴线引测到楼层，并按“偏心法”放出 50cm 通长控制轴线，然后按开间尺寸划分弹出墙体中心线，才能作内爬架限位。

③ 水平标高的控制，可采取在每根内爬架上画出 50cm 高的红色标记；另外，当一层墙体混凝土浇筑完毕拆除内模两侧角铁后，立即将下一层墙体上的水平线引到上一层墙体上，亦做好红色标记，作为内爬架红色标记对齐的依据。当内墙模板和外墙内侧模板提升后，据此用墨线弹出整个房间的水平线，作为支撑楼板模板控制标高的依据。

④ 爬架的提升，应先提升靠外墙的内爬架，作为以后提升内、外模板的连接依靠。内爬架提升到位后，应立即做好临时固定，并在其底部加小横扁担搭在楼板上作安全支承。同时用楔子校正其垂直度。内墙的内爬架可根据施工要求穿插提升。

⑤ 为了施工安全和便于绑扎外墙钢筋，当外爬架提升后，应立即提升外墙外侧模板，并在模板到位后，立即用螺栓与内爬架连接，随即清理模板和涂刷脱模剂。

⑥ 当墙体钢筋绑扎完毕，内爬架全部就位后，即可提升内墙模板和外墙内侧模板。

⑦ 每层墙体混凝土施工缝应错开留设，楼板应整块浇筑混凝土。

教学情境 3　剪力墙混凝土施工

【情境描述】

针对某一高层剪力墙施工图，进行剪力墙混凝土施工，侧重解决以下问题：

（1）写出施工准备工作计划（作业条件、材料、机具）。

（2）进行剪力墙混凝土施工。

（3）进行剪力墙混凝土浇筑、养护和缺陷处理。

（4）进行剪力墙混凝土质量检查：各小组在实训教师指导下，拆除模板，对剪力墙混凝土外观进行检查，学会处理质量缺陷。

训练目标

能正确选择施工机械，掌握剪力墙混凝土浇筑工艺，注意施工过程的操作安全。能处理常见的质量通病，对混凝土工程进行验收和评定。

【任务分解】

任务 1　施工准备

任务 2　剪力墙混凝土施工

【任务实施】

任务1　施工准备

按照混凝土工程的真实施工顺序，第一个任务应该是施工前的准备工作，主要包括作业条件准备、现场材料和施工机具的准备。另外，还有剪力墙混凝土施工方案的技术交底工作，与木工、钢筋工的交接验收工作及清理工作。

【知识链接】

1. 作业条件准备

（1）道路条件准备　混凝土搅拌站至浇筑地点的临时道路已经修筑，且能确保运输道路畅通。

（2）作业面准备　场内浇筑剪力墙混凝土必需的脚手架和马道已经搭设，经检查符合施工需要和安全要求。

（3）天气条件准备　及时了解天气情况，雨期施工应准备好抽水设备及防雨、防暑物资，冬期混凝土施工前准备好防冻物资。

（4）供电准备　振捣及照明用配电箱布置到位，经检查符合安全要求。

（5）剪力墙的截面尺寸及顶标高要满足设计要求，检查钢筋、埋件及模板质量，清理垃圾、泥土、钢筋上的泥污。

2. 物资准备

（1）施工材料准备

1）预拌混凝土强度、和易性、坍落度等要满足设计要求。

① 和易性指混凝土拌和物能保持组成成分均匀，不会发生分层离析和泌水现象，适于运输、浇筑、振捣、成型等施工工序，并能获得均匀密实的混凝土的性能。

② 流动性：混凝土拌和物在自重或机械压力的作用下能产生流动的性能。

③ 保水性：保证水分不能泌出的能力。

④ 粘聚性：混凝土拌和物内部组分间有一定的粘聚力。

2）预拌混凝土质量检查：预拌混凝土强度、性能、坍落度、粗骨料最大公称直径等符合施工项目浇筑部位（墙体）的要求；检查搅拌车的进场时间和卸料时间，商品混凝土的运输时间（拌和后至进场止）超过技术标准或合同规定时，应当退货。表5-4为预拌混凝土订购单示例。

表5-4　预拌混凝土订购单

混凝土强度	坍落度/cm	用量/m^3	时间	联系人	地点	项目名称	部位
C30	16～18	80	02.20.09:30	孟翔	石景山杨庄东街36号	豪特弯酒店	1～12轴地上一层剪力墙

3）养护用品：1mm厚塑料薄膜。

（2）施工机具准备

混凝土罐车、混凝土拖泵、振捣棒、平板振捣器等。

3. 技术准备

编制技术方案，确定流水段划分、浇筑顺序、浇筑方法和混凝土试块组数。

【实践操作】

角色分配：

作业组 6 人：2 人负责现场作业条件准备，1 人负责材料计划编制，2 人负责现场工具，1 人代表预拌混凝土方，进行现场调查沟通。

学生执行任务：

（1）列出剪力墙混凝土浇筑作业条件。

（2）列出浇筑混凝土前应检查的内容（模板、钢筋、保护层和预埋件等）方法、要点。

（3）列出剪力墙混凝土施工所需材料设备需求计划。

【检查评价】

针对任务提问、检查各组填写的工作任务单。

任务 2　剪力墙混凝土施工

【知识链接】

剪力墙结构的混凝土多为高强混凝土，一般采用混凝土泵输送。施工过程中检查浇筑情况及质量。

1. 工艺流程

管道与设备安装→检查坍落度→管道润滑→泵送→浇筑→振捣→检查密实度→墙上口找平→拆模→养护。

2. 施工要点

（1）输送管道及设备安装：布置合理泵车停放点，以方便罐车进出和最大浇筑范围为原则，放开支腿，固定拖泵车。安装输送管道和布料杆，夏季或冬季施工时，应注意对输送管采取隔热降温或保温措施。

（2）检查混凝土坍落度：施工单位应当在监理单位的监督下，会同生产单位对进场的每一车商品混凝土进行坍落度的测定。坍落度不能满足合同要求时，商品混凝土不得使用。施工单位认为合同规定的坍落度无法满足泵送要求而需增大坍落度时，应当征得监理（建设）单位同意后书面通知生产单位调整。

（3）管道润滑：泵送混凝土前先用 1∶2 水泥砂浆润滑管道，并检测管道密封情况。

（4）泵送混凝土：泵车输送管道润滑后，开始罐车喂料，拖泵输送，布料杆准确喂料。

（5）剪力墙混凝土浇筑过程中，注意以下几点：

1）剪力墙混凝土浇筑应分段浇筑，均匀上升。在新浇混凝土与下层混凝土结合处，应在底面上均匀浇筑 50mm 厚与墙体混凝土成分相同的水泥砂浆。砂浆应用铁锹入模，不应用料斗直接灌入模内。墙体浇筑混凝土时应用铁锹或混凝土输送泵管均匀入模，不应用吊斗直接灌入模内。进行分层浇筑、振捣，每层混凝土的浇筑厚度控制在 500mm 左右。混凝土下料点应分散布置。浇筑墙体混凝土应连续进行，如必须间歇，其间歇时间应尽量缩短，间隔时间不超过 2h，并应在前层混凝土初凝前，将次层混凝土浇筑完毕。墙体混凝土施工缝宜设在门洞过梁的跨中 1/3 区段。当采用大模板时，宜留在纵横墙的交界处，墙应留垂直缝。

接槎处应振捣密实。浇筑时随时清理落地灰。

柱、墙连为一体的混凝土浇筑时，如柱、墙的混凝土强度等级相同时，可以同时浇筑；当柱、墙混凝土标高不同时，宜采取先浇高标号混凝土柱、后浇低标号剪力墙混凝土，保持柱高0.5m混凝土高差上升，至剪力墙浇筑最上部时与柱浇齐的浇筑方法，始终保持高强度混凝土侵入低强度剪力墙混凝土0.5m的要求。

2）墙体上的门窗洞口浇筑混凝土时，宜从两侧同时投料浇筑。振捣棒应距洞边300mm以上，从两侧同时振捣，使洞口两侧浇筑高度对称均匀，以防止洞口变形。因此，必须预先安排好混凝土下料点位置、振捣器操作人员数量及振捣器的数量，使其满足使用要求，以防止洞口变形。混凝土的浇筑次序是先浇筑窗台以下部位的混凝土，后浇筑窗间墙混凝土。长度较大的洞口下部模板应开口，并补充混凝土及振捣，以防止窗台下面混凝土出现蜂窝、空洞现象。

3）外砖内模、外板内模大角及山墙构造柱应分层浇筑，每层不超过500mm，内外墙交界处加强振捣，保证密实。外砖内模应采取措施，防止外墙鼓胀。

（6）振捣：用振捣棒振捣，振捣时插点顺序为从墙的一端开始向另一端赶着振捣，门窗洞口处振捣至混凝土不再流动开始振捣洞口另一侧。插点间距一般50cm，在暗柱处单独振捣，大截面暗柱插点位置同框架柱（图5-24）。

图5-24　墙体混凝土浇筑

（7）检查密实度：窗框模板下端墙体模板要留些气眼，由专人查看气眼冒浆情况，同时轻敲窗下墙模板，听声音判断是否振捣密实。在墙外侧模板用小锤轻敲模板，听声音检查是否密实。

（8）墙上口找平：混凝土浇筑完毕，将上口甩出的钢筋加以整理，用木抹子按预定标高线，将表面找平。

（9）混凝土拆模：常温时柱、墙体混凝土强度大于1MPa，冬期时掺防冻剂，混凝土强度达到4MPa以上时方可拆模。拆除模板时先拆一个柱或一面墙体，观察混凝土不粘模、不掉角、不坍落，即可大面积拆模。拆模后及时修整墙面及边角。

（10）覆盖浇水养护。

【实践操作】

技师演示：演示墙体混凝土浇筑全过程。

角色分配：每个作业组12人：班长1人负责总协调，2名振捣工，2名喂料工，2名布料杆控制工，1名同步检查工，1名质检员，1名安全员，1名罐车司机，1名拖泵控制司机。

学生执行任务：深入施工现场观看剪力墙浇筑混凝土全过程，进行角色模拟，编写技术交底，并进行混凝土缺陷处理。

过程指导

(1) 泵车位置合理。

(2) 浇筑步骤正确。

(3) 振捣方法正确，振捣时间控制精确。

(4) 养护及时，内容全面。

(5) 缺陷处理，方法得当。

【质检角色模拟】

学生模拟质检员岗位，对浇筑过程进行检查。

(1) 梁板模板变形及钢筋移位塌陷情况。

检查数量：全数检查。

检验方法：目测、钢尺检查。

(2) 漏浆、混凝土密实及养护情况。

检查数量：全数检查。

检验方法：目测、钢尺检查、捶击检查。

(3) 拆模后检查（墙体混凝土允许偏差表见 5-5）。

表 5-5　墙体混凝土浇筑质量允许偏差

<table>
<tr><th>项次</th><th colspan="3">项　目</th><th>允许偏差/mm</th><th>检验方法</th></tr>
<tr><td>1</td><td colspan="3">轴线位移</td><td>5</td><td>钢尺检查</td></tr>
<tr><td>2</td><td colspan="3">截面尺寸</td><td>+8，-5</td><td>钢尺检查</td></tr>
<tr><td>3</td><td colspan="3">表面平整度</td><td>8</td><td>2m 靠尺和塞尺检查</td></tr>
<tr><td rowspan="3">4</td><td rowspan="3">垂直度</td><td rowspan="2">层高</td><td>≤5m</td><td>8</td><td rowspan="3">经纬仪、钢尺检查</td></tr>
<tr><td>>5m</td><td>10</td></tr>
<tr><td colspan="2">全高（H）</td><td>H/1000 且≤30</td></tr>
<tr><td rowspan="2">5</td><td rowspan="2">标高</td><td colspan="2">层高</td><td>±10</td><td rowspan="2">水准仪或拉线、钢尺检查</td></tr>
<tr><td colspan="2">全高</td><td>±30</td></tr>
<tr><td>6</td><td colspan="3">预埋件中心线位置</td><td>10</td><td>钢尺检查</td></tr>
<tr><td>7</td><td colspan="3">预埋螺栓中心、预埋管</td><td>5</td><td>钢尺检查</td></tr>
<tr><td>8</td><td colspan="3">预留洞中心线位置</td><td>15</td><td>钢尺检查</td></tr>
<tr><td rowspan="2">9</td><td rowspan="2">电梯井</td><td colspan="2">井筒长、宽对定位中心线</td><td>+25，0</td><td>钢尺检查</td></tr>
<tr><td colspan="2">井筒全高（H）垂直度</td><td>H/1000 且≤30</td><td>经纬仪、钢尺检查</td></tr>
</table>

注：检查轴线、中心线位置时，应沿纵、横两个方向量测，并取其中的较大值。

【安全员角色模拟】

学生模拟安全员，提前编制安全交底，并在操作前对本组成员进行口头交底，在操作过程中进行安全检查，重点包含以下内容：

（1）外围安全防护装置搭设完毕并检查合格。

（2）作业前检查管道接头、安全阀是否牢靠，软管末端出口浇筑面保持0.5～1.0m。

（3）泵送前先试送，检修时先卸压。

（4）振动器操作者穿绝缘靴，戴绝缘手套，检查振动设备的漏电开关是否灵敏有效。电源线不得破皮、漏电。

（5）雨天将振捣器加以遮盖。夜间应有足够照明，电压不得超过12V。

【检查评价】

（1）设备使用情况。

（2）浇筑操作情况。

（3）安全与质量情况。

（4）团队合作情况。

【课后作业题】

1. 上网查询剪力墙中有暗梁和暗柱时钢筋绑扎的工艺流程。
2. 上网搜集一份大模板施工方案，归纳要点。
3. 墙体混凝土施工常出现的质量通病有哪些？请分析原因，写出相应的处理措施。

项目6　现浇楼梯施工

楼梯在钢筋混凝土构件中主要承受竖向荷载，为受弯构件。现浇楼梯施工内容主要包括楼梯钢筋施工、楼梯模板施工和楼梯混凝土施工。

教学情境1　现浇楼梯模板施工

【情境描述】

针对是一现浇板式楼梯施工图，进行楼梯模板施工，侧重解决以下问题：

（1）写出施工准备工作计划（作业条件、机具）

（2）进行模板安装：5～8人为一小组分别完成一组现浇楼梯模板配模计算，填写模板材料用料单，并完成模板安装。

（3）进行模板工程验收。

（4）进行模板拆除：各小组在实训教师指导下，完成楼梯模板拆除工作。

训练目标

能根据图纸进行合理配料，能按正确顺序和方法安装楼梯模板，并达到牢固严密、尺寸精确。能按正确顺序和方法拆除模板。对模板工程进行验收和评定。

【任务分解】

任务1　施工准备

任务2　楼梯模板安装与拆除

【任务实施】

任务1　施 工 准 备

楼梯模板施工前首先要读懂楼梯施工图，确定楼梯模板所用材料、施工机具，并做好施工前的物资准备工作。

【知识链接】

1. 施工图识读

楼梯施工图的识读要点：

（1）了解楼梯形式及组成部分，现浇混凝土楼梯可以分为板式楼梯、梁式楼梯、悬挑楼梯和旋转楼梯等，以板式楼梯居多（图6-1），板式楼梯所包含的构件内容一般有踏步段、层间梯梁、层间平板、楼层梯梁和楼层平板等。

（2）了解熟悉楼梯板的截面尺寸、跨度、楼梯板底标高、踏步步数高度及宽度。

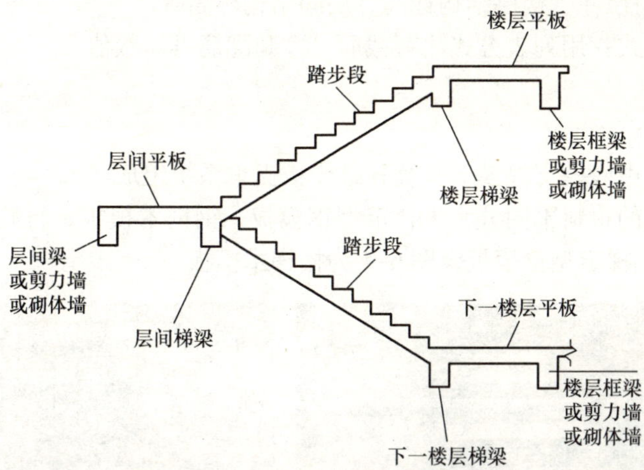

图6-1 楼梯的组成

（3）平法标注楼梯图识读

1）梯板平面注写方式：以图6-2所示AT楼梯板为例，集中标注中需要标注的内容有：梯板类型及编号、梯板厚度、踏步总高度、踏步级数、梯板上部、下部纵向配筋及分布筋的设置情况。外围标注，主要是梯板的长宽尺寸、平台宽度等。

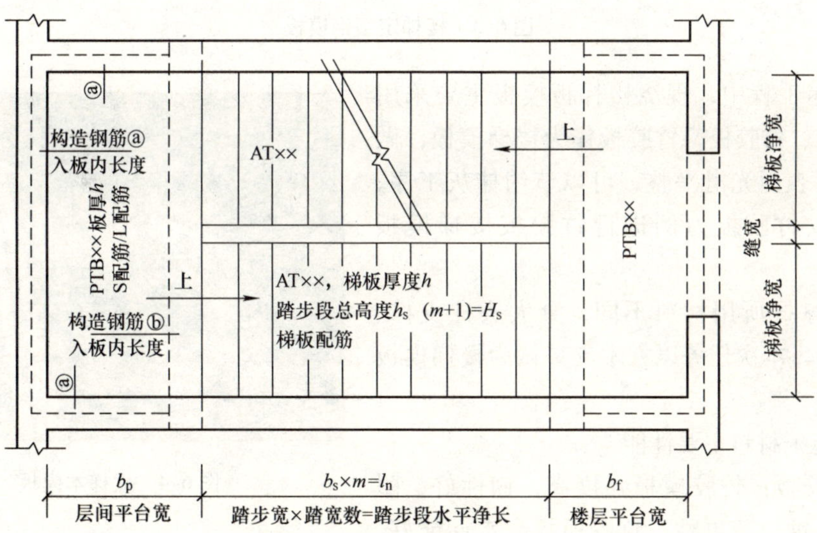

图6-2 楼梯的平法标注示意

2）剖面注写方式：指在平法施工图中绘制楼梯平面布置图和剖面图，注写方式分：平面注写和剖面注写。楼梯平面布置图注写的内容有：楼梯间平面尺寸、楼层结构标高、层间结构标高、楼梯的上下方向、梯板的平面几何尺寸、梯板类型及编号、平台板配筋、梯梁及梯柱配筋等。楼梯剖面图注写的内容有：梯板集中标注（同平面注写方式）、梯梁梯柱编号、梯板水平及竖向尺寸、楼层结构标高、层间结构标高等。

3）列表注写方式：用列表方式注写截面尺寸和配筋具体数值。

2. 物资准备

（1）楼梯板模板的组成

1）组成：主要由底模支撑模板系统和踏步板支承系统组成。

2）模板按所用的材料不同分为组合定型钢模板、钢框木模板、竹胶板、塑料模板、木模板等。图 6-3 为楼梯定型钢模板，图 6-4 为楼梯木模板。

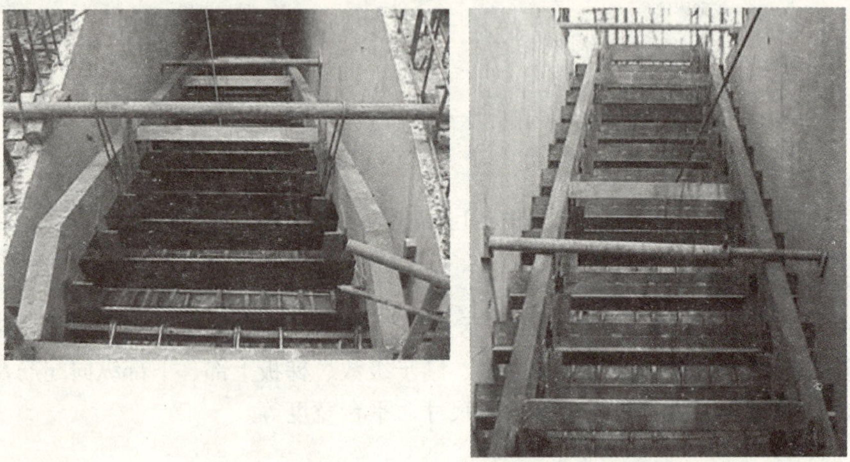

图 6-3　楼梯定型钢模板

在实际工程中，现浇楼梯板模板主要采用钢框木模板、竹胶板，竹胶板作为楼梯模板，做出的混凝土表面光滑平整，可以节约抹灰工序，本次任务以竹胶板为例进行竹胶板楼梯模板施工。

图 6-4　楼梯木模板

3）支撑按所用材料不同，分大头柱支撑、方木支撑等。本次任务以方木支撑做为楼梯模板支撑。

（2）施工材料主要性能

① 竹胶板：竹胶模板强度高，韧性好，耐酸碱，防腐蚀，防虫蛀，竹胶模板耐水性能好，竹胶模板的使用周转次数多，并可正反两面使用。可以根据需要锯成所需要的各种尺寸。

② 方木：与竹胶板配套的方木，次龙骨一般采用 50mm × 80mm 方木，方木间距 250 ~ 300mm。主龙骨采用 100mm × 100mm 规格方木，间距为 800 ~ 1200mm。

③ 其他辅料：钢钉、木楔、海绵条、脚手板。

(3) 材料配置计划

支撑系统：立柱纵向间距1000～1200mm，立柱顶上方放100mm×100mm大方木，大方木上方垂直大方木放50mm×80mm小方木，间距200～300mm。

模板系统：小方木上方满铺竹胶板，竹胶板长向垂直大方木，尽可能减少对板的切割。

(4) 施工机具准备

手锤、撬棍、木工锯、木工刨、扳手、钢尺、靠尺、安全带、安全帽、手套。

【实践操作】

角色分配：每个作业组6人，其中施工图识读1人，配模单绘制2人，材料准备1人，机具准备1人，作业条件准备1人。

学生执行任务：

(1) 读懂所给任务的施工图，熟悉楼梯板的模板组成及拼装方法，能陈述模板组成，准确绘制拼装简图。

(2) 列出楼梯模板施工所需材料设备需求计划。

【检查评价】

针对图纸提问、检查各组填写的工作任务单。

任务2　楼梯模板安装与拆除

楼梯模板安装前按照配模单准备好所需模板及其他材料工具，模板使用前刷脱模剂并运至所需位置。楼梯模板配模设计时要注意梯步高度应均匀一致，最下一步及最上一步的高度，必须考虑到楼地面最后的装修厚度，防止由于装修厚度不同而形成梯步高度不协调。

【知识链接】

1. 工艺流程

立柱→铺大方木→铺小方木→铺板底模→画梯段宽度线→外帮侧板→三角木板→踏步侧板。

2. 施工要点

(1) 安装立柱：根据承载情况安装木立柱，立柱下要先铺小块垫板，立柱顶端铺大方木，大方木顺梯段宽度方向。

(2) 在大方木上固定小方木，小方木顺梯段长度方向铺设，小方木间距400～500mm。

(3) 在小方木上钉楼梯模板底板。

(4) 在底板上划出梯段宽度线。

(5) 按照楼梯尺寸在外帮板上画出踏板形状，对准梯段宽度线将梯段侧板（楼梯踢面模板）立在底板上方架空，架空高度为梯板厚度 h，用夹木和斜撑固定。

（6）按照踏步形状锯制三角木板，将三角木板连续地钉在50mm×100mm的木坊上制成反三角，然后将反三角钉牢于平台梁及楼梯基础模板的侧板上。

反三角的作用固定楼梯踢面模板，是由若干三角木块连续钉在方木上而成，三角木块的直角边长等于踏步的高及宽，厚为50mm，方木断面为50mm×100mm，每一梯段至少配一块反三角，梯段较宽者要多配。外帮板的宽度至少等于梯段总厚（包括踏步及板厚），厚为50mm，长度依梯段长而定，在外帮板内面划出各踏步形状及尺寸，并在踏步高度线一侧留出踏步侧板厚钉上木挡，以便钉踏步侧板用，如图6-5所示。

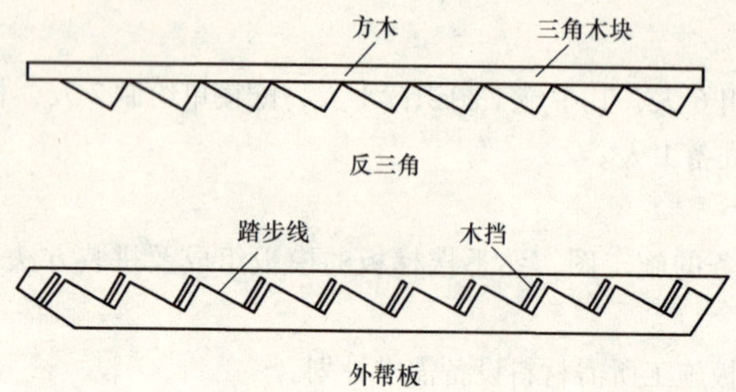

图6-5　反三角及外帮板

（1）根据承载情况安装立柱，其顶端铺大方木，大方木顺梯段长度方向。

（2）在大方木上固定小方木，小方木间距400～500mm。

（3）在小方木上钉楼梯模板底板。

（4）在底板上划出梯段宽度线。

（5）按照楼梯尺寸在外帮板上画出踏板形状，对准梯段宽度线将梯段侧板立在底板上，用夹木和斜撑固定。

（6）按照踏步形状锯制三角木板，将三角木板连续地钉在50mm×100mm的木方上制成反三角，然后将反三角钉牢于平台梁及楼梯基础模板的侧板上。

（7）将踏步侧板一块块钉牢于外帮板的木挡和反三角的三角木侧面上。

（8）按照上述方法将各梯段楼梯模板钉好。

（9）当梯段较宽时，还要在外帮侧板和反三角中间再加一道反三角。中间反三角以横担和吊木固定，横担担在外帮侧板和靠墙反三角上。图6-6为楼梯模板及支撑示意图，图6-7为楼梯模板施工现场图片。

3. 楼梯模板拆除

楼梯模板拆除原则、拆除顺序和方法同现浇板，当楼梯作为施工通道时必须待混凝土达到设计强度的100%才可以拆底模；楼梯不做施工上下通道时，楼梯踏步板拆模混凝土强度要求与跨度有关，同现浇板相关规定。

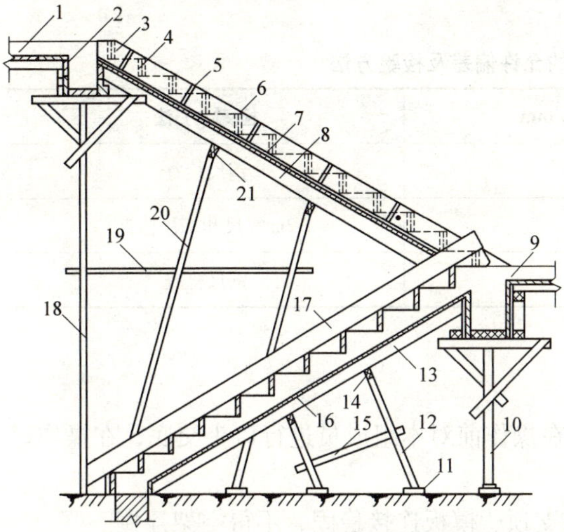

图 6-6 楼梯模板

1—楼面平台模板 2—楼面平台梁模板 3—外帮侧板 4—木挡 5—外帮板木挡 6—踏步侧板 7、16—楼梯底板门 8、13—格栅 9—休息平台梁及平台板模板 10、18—木顶撑 11—垫板 12、20—牵杠撑 14、2l—牵杠 15、19—拉撑 17—反三角

图 6-7 楼梯模板施工

【实践操作】

技师演示：楼梯模板安装全过程。

角色分配：每个作业组 9 人，其中班长 1 名总协调，弹线找平 2 人，运料 2 人，模板安装 2 人，质检 1 人，安全 1 人。

学生执行任务：根据教师所给任务进行楼梯模板安装全过程操作。

重点提示

（1）弹线内容全面，弹线清晰、精确。

（2）模板拼装顺序正确、严密。

（3）模板平整稳固，方木间距合理。

（4）支撑系统稳固，斜撑、水平支撑牢固。

【角色模拟】

学生模拟质检员岗位，对模板安装过程进行检查。

（1）支撑、斜撑牢固。

检查数量：全数检查。

检验方法：观察、钢尺检查、捶击检查。

（2）模板位置、尺寸应符合设计要求，其偏差应符合表6-1 的规定。

检验方法：钢尺检查。

表 6-1　楼梯模板安装的允许偏差及检验方法

项　目	允许偏差/mm	检 验 方 法
相邻两板表面高低差	2	钢尺检查
表面平整度	5	2m 靠尺和塞尺检查
踏步高宽差	5	钢尺检查

【安全角色模拟】

学生模拟安全员，提前编制安全交底，并在操作前对本组成员进行口头交底，在操作过程中进行安全检查，重点包含以下内容：

（1）支模过程中若中途停歇，应将就位的支顶、模板连接稳固，不得空架浮搁。

（2）支撑、方木、竹胶板吊装时必须采用钢丝绳扎紧，试吊无误后再正式起吊。

（3）材料堆放不宜集中，应分散放置。

（4）禁止在同一垂直面上操作，上部支模时禁止下部穿行。

【检查评价】

（1）弹线准确性，出现问题及原因分析。

（2）模板严密性及平整度情况，出现问题及原因分析。

（3）支撑系统稳定性、间距合理情况。

（4）团队合作情况。

教学情境 2　现浇楼梯钢筋施工

【情境描述】

针对某一框架结构施工图，进行楼梯钢筋施工，侧重解决以下问题：

（1）写出施工准备工作计划（作业条件、机具）。

（2）进行钢筋加工：调直、下料剪切、弯曲成型。

（3）分小组在实训教师指导下，完成在实训车间进行钢筋网片的绑扎安装。

（4）进行钢筋隐蔽工程验收。

训 练 目 标

会准确识读楼梯钢筋图，能根据楼梯结构施工图进行配料计算，能正确选用钢筋加工机械进行钢筋加工与连接操作，确定施工程序并对钢筋工程进行验收和评定。

【任务分解】

任务 1　楼梯施工图识读与钢筋下料

任务 2　现浇楼梯钢筋施工

【任务实施】

任务 1　楼梯施工图识读与钢筋下料

楼梯相当于一个倾斜放置的现浇板，其配置的钢筋有底板受力钢筋和分布筋，在高端和低端支座处配有支座负筋。施工前先要读懂楼梯钢筋图并进行下料长度计算。

【知识链接】

1. 施工图识读

楼梯钢筋施工图的识读要点：平法标准图集（11G101－2）对现浇混凝土板式楼梯标注做了详细规定。

板式楼梯平面标注方式是指在楼梯平面布置图上标注截面尺寸和配筋具体数值的方式来表达楼梯施工图，包括集中标注和外围标注（图 6-8）。

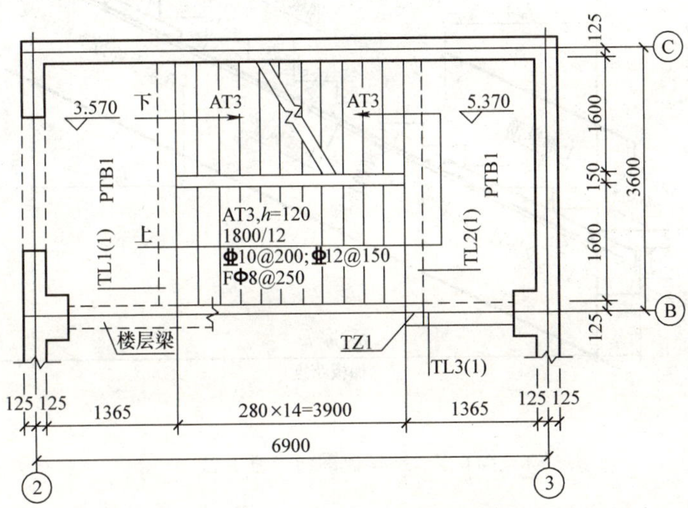

图 6-8　楼梯平面标注示例图

（1）楼梯集中标注的内容

1）梯板类型代号与序号，如“AT××”。

2）梯板厚度，标注为 h＝×××。

3）踏步总高度和踏步级数，之间以“/”分隔。

4）梯板支座上部纵筋与下部纵筋之间以“;”分隔。

5）楼梯分布筋，以 F 打头注写分布钢筋具体值，该项也可以在图中统一说明。

（2）外围标注的内容

楼梯间的平面尺寸、楼层结构标高、层间结构标高、楼梯的上下方向、楼梯的平台板配筋、梯梁和梯柱配筋等。

2. 钢筋配料

根据楼梯的配筋图计算各钢筋的直线下料长度、根数及重量，然后编制钢筋配料单，作为钢筋备料加工的依据。将每一编号的钢筋制作一块料牌，作为钢筋加工的依据与钢筋安装的标志。配料单和料牌应严格校核，必须准确无误，以免返工浪费。

下面以 AT 楼梯为例，介绍楼梯板钢筋的配置及计算过程，如图 6-9 所示。

(1) 梯板底部钢筋计算

1) 梯板底部纵筋长度的计算：

梯板下部纵筋位于 AT 踏步段斜板的下部，其计算依据为梯板净跨度 l_n；梯板下部纵筋两端分别锚入高端梯梁和低端梯梁。其锚固长度满足≥5d 且≥楼板厚 h；根据上述分析，梯板底部纵筋的计算过程为：

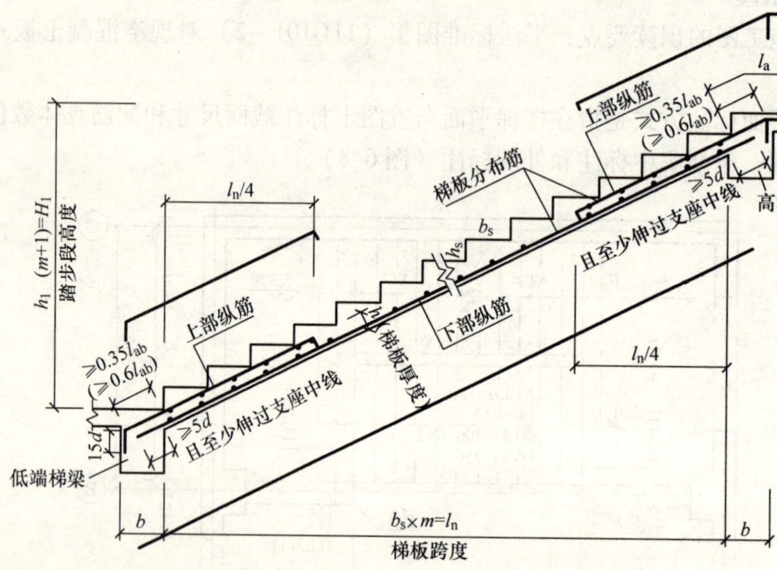

图 6-9 楼梯板钢筋构造示意

梯板底部纵筋的长度 = 梯板投影净长 l_n × 斜坡系数 k + 伸入左端支座内长度 + 伸入右端支座内长度 + 弯钩增加长度 ×2（非光圆钢筋无弯钩）；

式中 梯板投影净长 l_n；斜度系数 $k=\sqrt{(b_s^2+h_s^2)}/b_s$。

伸入左（右）端支座内长度 = 伸入端支座内长度 a = max（5d，b/2）；

弯钩增加长度 =6.25d；

梯板底部纵筋的根数 = （b_n −2 × 保护层）/间距 +1；

2) 梯板底部分布筋计算：

分布筋长度 = 楼板净宽 b_n −2 × 保护层厚度；

分布筋的根数 = （l_n × 斜坡系数 k − 起步距离 50 ×2）/间距 +1。

(2) 梯板上部钢筋（支座负筋）计算

梯板上部纵筋计算一端扣在踏步段斜板上，直钩长度为 h_1；另一端锚入端部梯梁内，弯锚长度由锚入直段长度 $0.35l_{ab}$（或 $0.6l_{ab}$）和直钩长度 $15d$ 组成），$0.35l_{ab}$ 用于设计按铰接的情况，$0.6l_{ab}$ 用于设计充分考虑钢筋抗拉强度的情况；扣筋的延伸长度水平投影长度为 $l_n/4$。

根据上述分析，梯板低端扣筋的计算过程为：

1）上部纵筋长度以及根数的计算：

上部纵筋长度 $= l_n/4 \times$ 斜坡系数 $k + 0.35l_{ab}$（或 $0.6l_{ab}$）$+ 15d + h_1$；

式中　$h_1 =$（$h -$ 保护层厚度）。

梯板上部纵筋的根数 =（$b_n - 2 \times$ 保护层）/间距 +1。

2）分布筋长度以及分布筋根数的计算：

分布筋长度 $= b_n - 2 \times$ 保护层；

分布筋的根数 =（$l_n/4 \times$ 斜坡系数 k）/间距 +1。

注：从图6-9可以看出，梯板高端上部纵筋长度计算方法与低端相同，有条件时高端上部纵筋也可以锚入平台板，从进入支座开始记锚固长度 l_a。

【例题】已知某钢筋混凝土楼梯AT3平面图（图6-10），混凝土保护层厚度15mm，钢筋锚固长度 l_{ab} 为 $34d$，梯梁宽度为200mm，请计算楼梯钢筋的下料长度。

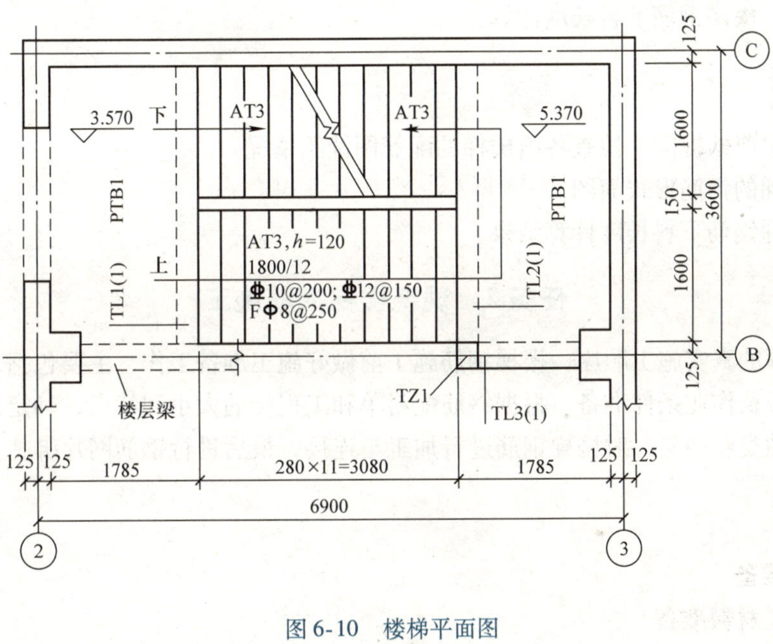

图6-10　楼梯平面图

解：由AT3楼梯平面图的尺寸标注图得知：

$h = 120$mm，$b_s = 280$mm，$h_s = 150$mm，踏步总高度：$150 \times 12 = 1800$mm

梯板投影净长 $l_n = 280 \times 11 = 3080$；梯板净宽度尺寸 $b_n = 1600$mm；楼梯井宽度150mm；楼层平台板宽度1785mm；层间平台板宽度1785mm，梯板上部纵筋Φ10@200，下部纵筋Φ12@150。

按照斜坡系数计算公式求得 $k=1.134$

下部纵筋锚固长度 $l_{ab}=34d=34\times12=408\text{mm}$，上部纵筋锚固长度 $l_{ab}=34d=340\text{mm}$

$$a=\max(5d, b/2)=100\text{mm};\ h_1=120-15=105\text{mm}$$

（1）梯板底部钢筋的计算：

1）梯板底部纵筋的长度 $=l_n\times k+2a=3693\text{mm}$

梯板底部纵筋的根数 =（$b_n-2\times$保护层）/间距 $+1=12$ 根

2）梯板底部分布筋长度 $=b_n-2\times$保护层 $=1570\text{mm}$

分布筋根数 =（$l_n\times k-50\times2$）/250 + 1 = 15 根

（2）楼梯上部纵筋（支座负筋）计算（以低端支座为例）

上部支座负筋长度 $=l_n/4\times$斜坡系数 $k+0.35l_{ab}+15d+h_1=873+119+150+105=1211\text{mm}$

梯板上部纵筋的根数 =（$b_n-2\times15$）/150 + 1 = 12 根。

楼梯上部支座分布筋长度及根数计算过程略。

【实践操作】

学生执行任务：

（1）读懂所给任务的施工图，熟悉楼梯的配筋标注方法，能陈述钢筋标注规则和钢筋图尺寸标注方法，准确绘制钢筋形式简图。

（2）进行楼梯钢筋下料长度计算。

【检查评价】

（1）针对图纸提问、检查各组楼梯的配筋图读图情况。

（2）楼梯的钢筋形式简图。

（3）楼梯钢筋下料长度计算结果。

任务2　现浇楼梯钢筋施工

按照工程的真实施工顺序，楼梯钢筋施工前做好施工准备工作，主要包括现场材料、施工机具的准备及作业条件准备。根据钢筋配料单和工程量的大小和特点，确定加工与连接机械的数量、种类和型号，对楼梯钢筋进行加工与连接，最后进行钢筋网片绑扎。

【知识链接】

1. 施工准备

（1）施工材料准备

钢筋：钢筋的级别、直径必须符合设计要求，有出厂证明书及复试报告单。进口钢筋还应有化学复试单，其化学成分应满足焊接要求，并应进行可焊性试验。

焊剂：焊剂的性能应符合 GB5293 碳素钢埋弧焊用焊剂的规定。焊剂型号为 HJ401，常用的为熔炼型高锰高硅低氟焊剂或中锰高硅低氟焊剂。焊剂应存放在干燥的库房内，防止受潮。如受潮，使用前须经 250 ~ 300℃烘焙 2h。使用中回收的焊剂，应除去熔渣和杂物，并应与新焊剂混合均匀后使用。焊剂应有出厂合格证。

绑扎箍筋用的 20 号 ~22 号铁丝。

（2）施工机具准备

钢筋调直机、钢筋弯曲机、钢筋切割机、钢筋焊接机械、钢筋钩子、钢筋扳子。

（3）作业条件准备

1）运输钢筋的道路畅通，机械用配电箱布置到位，且符合安全要求。

2）钢筋在绑扎安装前，应对照钢筋施工图再次核对钢筋配料单和料牌。

3）基层清理完毕，操作脚手架已搭设并验收合格。

2. 钢筋的加工

根据图纸及下料单进行钢筋调直、切断和成型工作。

3. 现浇楼梯钢筋的绑扎

（1）工艺流程

板式楼梯钢筋绑扎的工艺流程为：画钢筋位置线→布放钢筋→绑扎梯梁钢筋→绑扎梯板钢筋→垫混凝土垫块。

（2）操作要点

1）画线。按设计要求，在楼梯底板模板上画出楼梯梯段板受力钢筋和横向分布钢筋的位置线，并将上下楼梯平台梁箍筋位置标到平台梁模板上。

2）布放钢筋。先将梯段板纵向钢筋按弹放好的位置线放好，然后将上下楼梯平台梁的箍筋和纵向钢筋在模板内穿好。

3）绑扎梯梁钢筋。按画线位置，按梁钢筋的绑扎方法和要求，绑扎好上下梯梁的钢筋。

4）绑扎梯板钢筋。楼梯梯段板是斜的，为了保证纵向钢筋不向下移，可以先在上下平台梁边各先绑扎一根横向分布钢筋，再逐点绑扎好其他横向分布钢筋，梯段的板底主钢筋绑扎完成后，再绑扎上部负弯矩钢筋和负弯矩钢筋的分布钢筋，并把交叉点全部绑牢。主筋接头数量和位置均要符合设计和施工质量验收规范的规定。

5）垫混凝土垫块。按照图纸和施工规范要求的保护层厚度和垫块间距，分别垫上楼梯梁和梯段板混凝土保护层垫块。图 6-11 为楼梯钢筋施工现场图片。

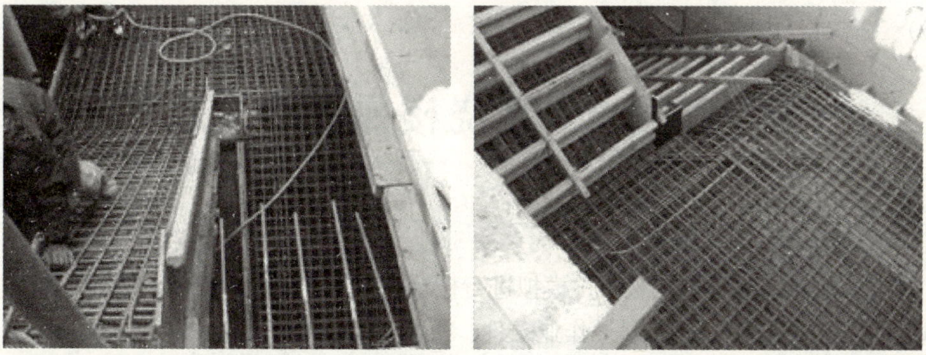

图 6-11　楼梯钢筋施工

【实践操作】

技师演示：楼梯钢筋绑扎过程。

角色分配：每个作业组 6 人，其中材料机具准备 1 人，加工与绑扎 3 人，质检 1 人，安全 1 人。

学生执行任务：学生分组实施，根据教师所给任务，进行楼梯钢筋配料加工与绑扎。

过程指导

（1）楼梯钢筋弯钩应朝向混凝土内。

（2）楼梯有梁时，先绑钢筋，后绑扎楼梯板钢筋，板钢筋要锚固到梁内。

（3）不准踩在钢筋骨架上进行绑扎。

【角色模拟】

学生模拟质检员岗位，对钢筋加工成型过程进行检查。

1. 主控项目

钢筋安装时，受力钢筋的品种、级别、规格和数量必须符合设计要求。

检查数量：全数检查。

检验方法：观察、钢尺检查。

2. 一般项目

钢筋安装位置的偏差应符合验收规范的规定（详见板钢筋施工表 4-5）。

检查数量：在同一检验批内，板应按有代表性的自然间抽查 10%，且不少于 3 间；对大空间结构，板可按纵、横轴线划分检查面，抽查 10%，且均不少于 3 面。

【检查评价】

（1）楼梯钢筋施工准备工作计划。

（2）老师评价楼梯钢筋施工过程及工作质量。

（3）工作过程中的团队协作。

教学情境 3　现浇楼梯混凝土施工

【情境描述】

针对某一框架结构楼梯施工图，模拟进行楼梯混凝土施工，侧重解决以下问题：

（1）写出施工准备工作计划（作业条件、机具）。

（2）进行楼梯混凝土施工的技术交底。

训练目标

能按正确选择施工机械，掌握楼梯混凝土浇筑工艺，注意施工过程的操作安全。能处理常见的质量通病，对混凝土工程进行验收和评定。

【任务分解】

任务1 施工准备
任务2 楼梯混凝土施工

【任务实施】

任务1 施 工 准 备

楼梯混凝土施工前的准备工作主要包括现场作业条件准备，材料计划编制，现场工具准备，预拌混凝土订货，技术交底编制。

【知识链接】

1. 作业条件

（1）道路、作业面、天气条件、供电准备。

（2）浇筑混凝土的模板、钢筋、预埋件及管线等全部安装完毕，经检查符合设计要求，并办完隐、预检手续。

（3）对模板内杂物进行清除，在浇筑前同时对木模板进行浇水湿润，以免木模板吸收混凝土中的水分，影响混凝土浇筑后的正常硬化。

2. 物资准备

（1）施工材料准备

1）编制预拌混凝土订购单，内容包括强度、坍落度、用量、使用时间、联系人、使用地点（如表6-2所示）

表6-2 预拌混凝土订购单

混凝土强度	坍落度	用量	使用时间	联系人	地点	项目名称	部位
C30	12～14cm	$10m^3$	02.20.09：30	孟翔	石景山杨庄东街36号	豪特弯酒店	1层楼梯

2）预拌混凝土质量检查：预拌混凝土强度、性能、坍落度、粗骨料最大公称直径等符合施工项目浇筑部位（墙体）的要求；检查搅拌车的进场时间和卸料时间，商品混凝土的运输时间（拌和后至进场止）超过技术标准或合同规定时，应当退货。

3）养护用品：1mm厚塑料薄膜。

（2）施工机具准备

混凝土泵车、振捣棒、木抹子。

3. 技术准备

编制技术交底，确定施工缝位置、浇筑顺序和浇筑方法。

【实践操作】

角色分配：作业组6人，其中2人负责现场作业条件准备，1人负责材料计划编制，2人负责现场工具，1人代表预拌混凝土方进行现场调查沟通。

学生执行任务：

(1) 列出楼梯所需材料设备需求计划。

(2) 列出浇筑混凝土前应检查的内容（模板、钢筋、保护层和预埋件等）方法、要点。

(3) 模拟技术员写出楼梯混凝土施工的技术交底。

【检查评价】

针对任务提问、检查各组填写的工作任务单及技术交底，主要考查以下内容：

(1) 信息收集是否全面。

(2) 填写工程技术资料的能力。

(3) 编制准备工作计划的能力。

(4) 小组内协调工作的能力。

任务2　楼梯混凝土施工

楼梯混凝土施工的工艺要求与梁板混凝土施工很相似，通常在梁板混凝土施工完毕以后，紧接着进行楼梯混凝土施工。本次任务重点掌握楼梯混凝土施工与梁板混凝土施工的不同之处。

【知识链接】

楼梯混凝土浇筑要点

1）在浇筑混凝土前，先铺一层水泥浆或与混凝土内成分相同的水泥砂浆，然后再浇筑混凝土。

2）楼梯段混凝土自下而上浇筑。先振实底板混凝土，达到踏步位置与踏步混凝土一起浇筑，不断连续向上推进，并随时用木抹子（或塑料抹子）将踏步上表面抹平。图6-12为楼梯混凝土施工现场照片。

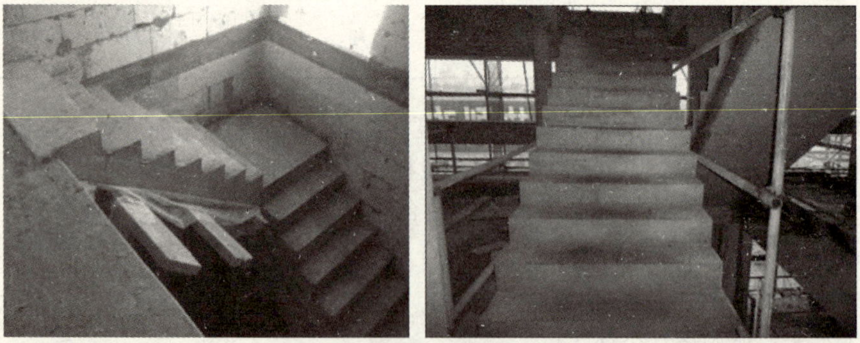

图6-12　楼梯混凝土施工现场图片

3）施工缝位置：楼梯混凝土宜连续浇筑完成，多层建筑的楼梯，根据结构情况可留设于楼梯段 1/3 范围内。在施工缝处继续浇筑混凝土时，已浇筑混凝土的抗压强度应不小于 $1.2N/mm^2$，继续浇筑前，应清除已硬化混凝土表面上的水泥薄膜和松动石子以及软弱混凝土层，并加以充分湿润和冲洗干净，且不得积水。

4）楼梯混凝土养护与成品保护：混凝土浇筑完毕及时洒水养护，楼梯拆模后，应采用 L 型木板或竹胶板对踏步棱角进行保护，如图 6-13 所示。

图 6-13　楼梯踏步保护

【实践操作】

技师演示：演示楼梯混凝土浇筑全过程。

角色分配：每个作业组 11 人：班长 1 人负责总协调，2 名振捣工，2 名喂料工，2 名布料杆控制工，1 名质检员，1 名安全员，1 名罐车司机，1 名拖泵控制司机。

学生执行任务：

（1）深入施工现场观看楼梯混凝土施工全过程。

（2）模拟质检员进行楼梯混凝土施工质量检查。

【检查评价】

（1）设备使用情况。

（2）浇筑操作情况。

（3）养护情况。

（4）质量情况。

（5）安全情况。

（6）团队合作情况。

知识拓展——混凝土冬期施工

冬期施工期间，由于受到环境（持续低温、大的温差、强风、降雪、反复冰冻等）的影响，容易发生质量事故，且质量事故在春季解冻后才暴露出来，即质量事故的发生具有隐蔽性和滞后性。因此，冬期施工的计划性和时间性很强。要保证施工质量，冬期施工必须选用适宜的施工方法和有效的技术措施。我国规范规定：根据当地多年气温资料，连续5d室外日平均气温稳定低于5℃时，应采取冬期施工技术措施进行混凝土施工；当室外日平均气温连续5d高于5℃时，解除冬期施工。

1. 冬期施工混凝土的冻害

（1）早期冻害。

混凝土所以能凝结、硬化并取得强度，是由于水泥和水进行水化作用的结果。水化作用的速度在一定湿度条件下主要取决于温度，温度愈高，强度增长也愈快，反之则慢。当温度降至0℃以下时，水化作用基本停止。温度再继续降至-2～-4℃时，混凝土内的水开始结冰，水结冰后体积增大8%～9%，在混凝土内部产生冰胀应力，使强度很低的混凝土结构内部产生微裂纹，同时减弱了水泥与砂石和钢筋之间的粘结力，导致结构强度降低。受冻的混凝土在解冻后，其强度虽然能继续增长，但已不能再达到原设计的强度等级。

（2）拆模不当引起的冻害

混凝土冬期施工须注意拆模不当带来的冻害。混凝土构件拆模后表面急剧降温，由于内外温差较大会产生较大的温度应力，亦会使表面产生裂纹。在冬期施工中应力求避免这种冻害。

2. 混凝土受冻临界强度

试验证明，混凝土遭受冻结带来的危害，与遭冻的时间早晚、水灰比等有关。遭冻时间愈早，水灰比愈大，则强度损失愈多，反之则损失少。混凝土经过预先养护达到一定强度后再遭冻结，其后期抗压强度损失就会减少。一般把遭冻结的混凝土，后期抗压强度损失在5%以内的预养强度值定为“混凝土受冻临界强度”。我国现行规范对混凝土受冻临界强度规定为：硅酸盐水泥和普通硅酸盐水泥配制的混凝土不得低于其设计强度标准值的30%；矿渣硅酸盐水泥、粉煤灰硅酸盐水泥、火山灰质硅酸盐水泥、复合硅酸盐水泥配制的混凝土不得低于其设计强度标准值的40%；强度等级等于或高于C50的混凝土，不宜低于其设计强度标准值的30%；有抗渗要求的混凝土，不宜小于其设计强度标准值的50%；有抗冻耐久性要求的混凝土，不宜低于其设计强度标准值的70%，C10及以下的混凝土不得低于5.0N/mm^2；掺防冻剂的混凝土温度降低到防冻剂规定温度以下时，混凝土的强度不得低于3.5N/mm^2。

3. 冬期施工防止混凝土冻害的措施

1）早期增强。提高混凝土早期强度，使其达到或超过混凝土受冻临界强度。具体措施有：使用早强水泥或超早强水泥；掺早强剂或早强型减水剂；早期保温蓄热；早期短时加热等。

2）改善混凝土内部结构。增加混凝土的密实度，排除多余的游离水，或掺用减水型引气剂，提高混凝土的抗冻能力；还可以掺用防冻剂，降低混凝土的冰点温度。

3）注意拆模时间。拆模不得过早，避免混凝土表面产生冻害。

4. 混凝土冬期施工要求

混凝土受冻后，冰胀应力使混凝土内部产生微裂纹（受冻越早则裂纹越多、越大），钢筋和粗骨料表面形成冰膜而影响粘结力，造成最终强度损失。冻结越早、水灰比越大，则强度损失越多。《建筑工程冬期施工规程》JGJ/T104—2011关于冬期制备混凝土时对原材料及加热有如下要求：

（1）对材料的要求

1）水泥。配制冬期施工的混凝土，宜选用硅酸盐水泥或普通硅酸盐水泥，并应符合下列规定：

① 当采用蒸汽养护时，宜选用矿渣硅酸盐水泥。

② 混凝土最小水泥用量不宜低于 280kg/m^3，水胶比不应大于 0.55。

③ 大体积混凝土的最小水泥用量，可根据实际情况决定。

④ 强度等级不大于 C15 的混凝土，其水胶比和最小水泥用量可不受以上限制。

2）骨料。混凝土所用骨料必须清洁，不得含有冰、雪等冻结物及易冻裂的矿物质。在掺加含有钾、钠离子防冻剂的混凝土中，不得掺有活性骨料。冬期骨料所用贮备场地，应选择在地势较高不积水的地方。

3）外加剂。冬期浇筑的混凝土，宜使用无氯盐类防冻剂。对抗冻性要求高的混凝土，宜使用包括引气减水剂或引气剂在内的外加剂，但掺用防冻剂、引气减水剂或引气剂的混凝土施工，应符合现行国家标准《混凝土外加剂》（GB 8076—2008）、《混凝土外加剂应用技术规范》（GB 50119—2013）等和有关环境保护的规定。如在钢筋混凝土中掺用氯盐类防冻剂时，应严格控制氯盐掺量，且一般不宜采用蒸汽养护。

4）钢筋。钢筋的焊接宜在室内进行。如必须在室外焊接，其最低气温不低于 -20℃，且应有防雪和防风措施。刚焊接的钢筋接头严禁立即碰到雪，避免造成冷脆现象。钢筋冷拉可在负温下进行，但冷拉温度不宜低于 -20℃。当采用控制应力方法时，冷拉控制应力较常温下提高 30N/mm^2；采用冷拉率控制方法时，冷拉率与常温时相同。

（2）混凝土材料的加热

冬期拌制混凝土时宜优先加热拌合水，水的热容量大，加热方便，但加热温度不得超过表 1 所规定的数值。水温的控制可按热工计算确定，但当拌合水温度超过 80℃时，不得直接与水泥接触，否则易引起急凝、速凝或假凝现象。砂、石骨料不易加热，宜放至暖棚内存放，可减少雨、雪的影响。水泥、掺合料等粉体材料不得直接进行加热。

当加热水仍不能满足要求时，再对骨料进行加热，水及骨料的加热温度应根据热工计算确定，但不得超过表 6-3 的规定。当水、骨料达到规定温度仍不能满足热工计算要求时，可提高水温到 100℃。

表 6-3　拌合水及骨料加热最高温度　（单位:℃）

项目	水泥品种及强度等级	拌合水	骨料
1	强度等级 <42.5 级的普通硅酸盐水泥、矿渣硅酸盐水泥	80	60
2	强度等级 >42.5 级的普通硅酸盐水泥、硅酸盐水泥	60	40

5. 混凝土冬期施工工艺要求

（1）混凝土的搅拌

搅拌前应用热水或蒸汽冲洗搅拌机，搅拌时间应较常温延长 50%。投料顺序为先投入骨料和已加热的水，然后再投入水泥，且水泥不应与 80℃以上的水直接接触，避免水泥假凝。混凝土拌合物的出机温度不宜低于 10℃，混凝土在运输过程中要覆盖保温材料，入模温度不得低于 5℃。对搅拌好的混凝土应常检查其温度及和易性，若有较大差异，应检查材料加热温度和骨料含水率是否有误，并及时加以调整。在运输过程中要有保温措施，以防止混凝土热量散失和被冻结。

（2）混凝土的浇筑

混凝土在浇筑前，应清除模板和钢筋上的冰雪和污垢；且不得在强冻胀性地基上浇筑混凝土；当在弱冻胀性地基上浇筑混凝土时，地基土不得遭冻；当在非冻胀性地基土上浇筑混凝土时，混凝土在受冻前，其抗压强度不得低于临界强度。

当分层浇筑大体积结构时，已浇筑层的混凝土在被上一层混凝土覆盖前，其温度不得低于按热工计算的温度，且不得低于2℃。

对加热养护的现浇混凝土结构，混凝土的浇筑程序和施工缝的位置，应能防止在加热养护时产生较大的温度应力；当加热温度在40℃以上时，应征得设计同意。

对于装配式结构，浇筑承受内力接头的混凝土或砂浆，宜先将结合处的表面加热到正温；浇筑后的接头混凝土或砂浆在温度不超过40℃的条件下，应养护至设计要求强度；当设计无专门要求时，其强度不得低于设计的混凝土强度标准值的75%；浇筑接头的混凝土或砂浆，可掺用不致引起钢筋锈蚀的外加剂。

6. 冬期养护方法

混凝土冬期养护方法有蓄热法、蒸气加热法、电热法、暖棚法以及掺外加剂法等。但无论采用什么方法，均应保证混凝土在冻结以前，至少应达到临界强度。

（1）蓄热法：利用原材料预热的热量及水泥水化热，通过适当的保温，延缓混凝土的冷却，保证混凝土能在冻结前达到所要求强度的一种冬期施工方法。蓄热法适用于室外最低温度不低于－15℃的地面以下工程或表面系数（指结构冷却的表面积与其全部体积的比值）不大于15的结构。蓄热法养护具有施工简单、不需外加热源、节能、冬期施工费用低等特点。因此，在混凝土冬期施工时应优先考虑采用。只有当确定蓄热法不能满足要求时，才考虑选择其他方法。蓄热法养护的三个基本要素是混凝土的入模温度、围护层的总传热系数和水泥水化热值。应通过热工计算调整以上三个要素，使混凝土冷却到0℃时，强度能达到临界强度。

（2）外加剂法：在混凝土拌合料中掺入抗冻、早强、催化、减水剂等单一或复合外加剂，混凝土在负温下不冻结，继续硬化。室外最低温度不低于－15℃；要注意严格限制氯化物外加剂掺量。

（3）暖棚法：在被养护的构件和结构外围搭设围护物，形成棚罩，内部安设散热器、热风机或火炉等作为热源，加热空气，从而使混凝土获得正温的养护条件。由于空气的热辐射低于蒸汽，因此为提高加热效果，应使热空气循环流通，并应注意保持暖棚内有一定的湿度，以免混凝土内水分蒸发过快，使混凝土干燥脱水。当在暖棚内直接燃烧燃料加热时，为防止混凝土早期碳化，要注意通风，以排除二氧化碳。采用暖棚法养护混凝土时，棚内加热至5℃以上。

（4）加热养护法：加热养护法耗能多，费用高，混凝土强度增长快，但是要严格控制升降温速度。加热养护法按加热媒介主要分为蒸汽养护和电热养护。

1）蒸汽养护是利用蒸汽对新浇筑混凝土进行养护的方法，又可细分为棚罩法、蒸汽套法、热模法、内部通汽法等。

① 棚罩法：用帆布或其他罩子扣罩，内部通蒸汽养护混凝土。棚罩法的特点是设施灵活，施工简便，费用较小，但耗汽量大，温度不宜均匀。

② 蒸汽套法：制作密封保温外套，分段送汽养护混凝土。其特点是温度能适当控制，加热效果取决于保温构造，设施复杂。

③ 热模法：模板外侧配置蒸汽管，加热模板养护。其特点是加热均匀、温度易控制，养护时间短，设备费用大。

④ 内部通汽法：结构内部留孔道，通蒸汽加热养护。其特点是节省蒸汽，费用较低，入汽端易过热，需处理冷凝水。

2）电热养护是利用电能作为热源来加热养护混凝土的方法。这种方法设备简单、操作方便、热损失少、能适应各种施工条件。但耗电量较大，冬期施工附加费用较高。按电能转换为热能的方式不同，电热法可分为：电极加热法、电热器加热法和电磁感应加热法。混凝土低强度时效果较好。

① 电极加热法：在混凝土构件内安设电极（Φ6～Φ12 钢筋），通以交流电，利用混凝土作为导体和本身的电阻，使电能转化为热能，对混凝土进行加热。为保证施工安全和防止热量损失，通电加热应在混凝土的外露表面覆盖后进行。所用的工作电压宜为 50～110V。其优点是热效率较高。缺点是升温慢、电能消耗大、电极用钢量大。适用于少筋和无筋结构。

② 电热器加热法：它是将电热器贴近于混凝土表面，靠电热元件发出的热量来加热混凝土。电热器可以用红外线电热元件或电阻丝电热元件制成，热效率不如电极加热法好，耗电量也大。但它不受构件中钢筋疏密与位置的影响，施工较简便。

③ 电磁感应加热法：在结构模板的表面缠上连续的感应线圈，线圈中通入交流电后，在钢模板及钢筋中产生涡流循环磁场。感应加热就是利用铁质材料在电磁场中会发热的原理，使钢模板及钢筋发热，并将产生的热量传给混凝土，以达到加热养护混凝土的目的。

（5）混凝土负温养护法：混凝土负温养护法指在混凝土中掺入防冻剂，使其在负温条件下能够不断硬化，在混凝土温度降到防冻剂规定温度前达到受冻临界强度的施工方法。负温养护法适用于不易加热保温，且对强度增长要求不高的一般混凝土结构工程。在负温条件下需保持液相存在，液相中防冻剂浓度较高，即防冻剂掺量较高，对其结构耐久性产生负面影响，对耐久性要求较高的重要结构应慎用负温养护法。

（6）综合蓄热法：综合蓄热法是掺早强剂或复合型早强外加剂的混凝土浇筑后，利用原材料加热及水泥水化放热，并采取适当保温措施延缓混凝土冷却，使混凝土温度降到0℃以前达到受冻临界强度的施工方法。该方法适用于不太寒冷的地区（室外平均气温 -15℃以上）的厚大结构（表面系数不大于5）和地下结构等。综合蓄热法具有施工简单，不需外加热源，节能，冬施施工费用低等特点。因此，在混凝土冬期施工时应优先考虑采用。只有当确定该方法不能满足要求时，才考虑使用其他方法。

7. 混凝土工程温度测定与强度估算

（1）混凝土工程施工期间的测温项目与频次应符合表6-4 规定。

表6-4 混凝土工程施工期间的测温项目与频次

测温项目	频次
室外气温	测量最高最低气温
环境温度	每昼夜不少于4次
搅拌机棚温度	每一工作班不少于4次
水、水泥、矿物掺和料、砂、石及外加剂溶液温度	每一工作班不少于4次
混凝土出机浇筑入模温度	每一工作班不少于4次

（2）养护期间的温度测量应符合下列规定：

1）采用蓄热法或综合蓄热法时，在达到受冻临界强度之前应每隔 4～6h 测量一次。

2）采用负温养护法时，在达到受冻临界强度之前应每隔 2h 测量一次。

3）采用加热法时，升温和降温阶段应每隔 1h 测量一次，恒温阶段每隔 2h 测量一次。

4）混凝土在达到受冻临界强度后，可停止测温。

5）大体积混凝土养护期间的温度测量尚应符合现行国家标准《大体积混凝土施工规

范》GB 50496 的相关规定。

测温工作必须定时定点进行，全部测温孔均应进行编号，绘制布置图，现场应设置明显标识，做好测温记录。测温的温度表应与外界妥善隔离，测温元件测量位置应处于结构表面下20mm 处，温度表在测温孔内停留 3 ~5min，再进行读数。测温孔应设置在混凝土温度较低和有代表性的部位。采用不加热养护方法时，应设置在易于散热的部位；采用加热养护方法时，应选在离热源距离远近不同的部位；对于厚大结构应设置在表面和内部有代表性的部位。

（3）测温孔留置位置

1）现浇混凝土梁板的测温孔垂直插入留置。梁测温孔每 3m 长设置 1 个，每跨宜至少设置 2 个，孔深 1/3 已浇筑混凝土梁的高度。楼板每 $15m^2$ 设置 1 个，每间宜至少设 1 个，孔深 1/2 板厚。各区域技术员绘制出测温孔平面布置图，测温孔应全部编号，测温孔应设置在有代表性的结构部位和温度变化大易冷却部位，孔深 10 ~ 15cm，也可为板厚的 1/2 或墙厚的 1/2。同时需对测温人员进行技术交底和安全交底。

2）剪力墙横墙每条轴线测一块模板，纵墙测温的模板在横墙轴线之间梅花形布置。每块板单面设测孔 3 个，沿对角线布置，上、下测孔距大模板上、下边缘 30cm。

3）底板每 $30m^2$ 设测温孔一个，孔深设在底板中部。现浇悬挑阳台每个设 2 个孔。

（4）测温孔留置方法：梁板测温孔用 ϕ20 薄铁管在混凝土刚浇筑完毕未凝固前插入混凝土内留置，并按测温孔编号插上相对应的三角旗（三角板两直边边长分别为 80 和 150，采用旧竹胶板，上面用红笔写上编号）。

1）现浇混凝土梁上的测温孔应垂直于梁轴线，每 3m 设置一个，每跨至少两个，孔深 1/3 梁高。圈梁每跨，每 3m 至少一个，孔深 10cm。

2）现浇混凝土板（包括基础底板）上每 $15m^2$ 设置一个，每间至少设置一个，孔深1/2 板厚，测孔垂直于板面。对于箱型底板，每 $20m^2$ 设置测孔设置一个，孔深 15cm。厚大的底板应在板中、下部增设一层或两层测温点，以掌握混凝土的内部温度，测孔垂直于板面。

3）柱在柱头和柱脚各设置测温孔 2 个，与柱面成 30°倾斜角。孔深 1/2 柱断面边长。

4）砖混结构构造柱：每根柱上下各设置一个测温孔，与柱面成 30° 倾斜角，孔深 10cm。

5）条形基础：每 5m 长设置测温孔 1 个，孔深 15cm。

6）现浇框架结构的墙体：当墙体厚度≤20cm 时，应单面设置测温孔，孔深 1/2 墙厚；当墙厚 >20cm 时，可双面设设置测温孔，孔深 1/3 墙厚且不小于 10cm，测温孔与墙板面成 30°倾斜角。每 $15m^2$ 设置测孔设置一个，每道墙至少设置一个，孔深 10cm。大面积墙体测温孔按纵、横方向不大于 5m 的间距设置。

7）框架剪力墙结构（大模板工艺）：墙体横墙每条轴线测一块模板，纵墙轴线之间采取梅花形布置，每块板单面设置测温孔 3 个，对角线布置，上、下测孔距大模板边缘 30 ~ 50cm，孔深 10cm。

8）现浇阳台挑檐、雨罩及室外楼梯休息平台等零星构件。凡以个为单位的，每个设置测温孔 2 个。凡以长度为单位的，宜每隔约 3 ~4m 设置 1 个测温孔。孔深 1/2 板厚。

8. 同条件养护试件强度检验相关规定

同条件养护试件的试压强度值是反映混凝土结构实体强度的重要指标，它是指混凝土试块脱模后放置在混凝土结构或构件一起，进行同温度、同湿度环境的相同养护，达到等效养护龄期时进行强度试验的试件。其试验强度是作为结构验收的重要依据。在冬期施工时同条件养护试件的留取尤为重要。同条件养护试件拆模后，应放置在靠近相应结构构件或结构部位的适当位置，并应采取相同的养护方法。

（1）同条件养护试件的留置方式和取样数量，应符合下列要求：

1）同条件养护试件所对应的结构构件或结构部位，应由监理（建设）、施工等各方共同选定。

2）对混凝土结构工程中的各混凝土强度等级，均应留置同条件养护试件。

3）同一强度等级的同条件养护试件，其留置的数量应根据混凝土工程量和重要性确定，不宜少于 10 组，且不应少于 3 组。

（2）用于混凝土结构实体检验同条件养护试件应在达到等效养护龄期时进行强度试验。等效养护龄期应根据同条件养护试件强度与在标准养护条件下 28d 龄期试件强度相等的原则确定。同条件自然养护试件的等效养护龄期及相应的试件强度代表值，宜根据当地的气温和养护条件，按下列规定确定：

1）等效养护龄期可取按日平均温度逐日累计达到 600℃ · d 时所对应的龄期，0℃及以下的龄期不计入；等效养护龄期不应小于 14d，也不宜大于 60d。

2）同条件养护试件的强度代表值应根据强度试验结果按现行国家标准《混凝土强度检验评定标准》GB/T 50107—2010 的规定确定后，乘折算系数取用；折算系数宜取为 1.10，也可根据当地的试验统计结果作适当调整。

（3）冬期施工、人工加热养护的结构构件，其同条件养护试件的等效养护龄期可按结构构件的实际养护条件，由监理（建设）、施工等各方根据第 2 条的规定共同确定。

（4）冬期施工时掺加外加剂（防冻剂）的混凝土试件的取样和留置

1）应在浇筑地点制作一定数量的混凝土试件进行强度检验，其中一组试件应在标准条件下养护，其余放置在工作条件下养护。在达到受冻临界强度时、拆模前、拆除支撑前及与工程同条件 28d 转标准养护 28d 均应进行试验。

2）按照新的标准规定，冬施转常温试件应统一采用同条件 28d 转标准养护 28d 试验。其取样频次与普通混凝土试件留置的规定一致。

（5）抗渗混凝土留置

1）连续浇筑混凝土每 500m^3 应留置一组抗渗试件（一组为 6 个抗渗试件），且每项工程不得少于 2 组。采用预拌混凝土的抗渗试件，留置数量应视结构的规模和要求而定。

2）冬期施工检验有防冻剂的混凝土抗渗性能时应增加留置与工程同条件养护 28d 转标准养护 28d 的抗渗试验试件。

3）抗渗混凝土抗水渗透性应成型 28 ~ 90d 内完成试验，同转标则需在 56 ~ 90d 完成，该项目检测周期较长，一般在成型第 60 天左右完成检测出具报告。

【课后作业题】

1. 楼梯钢筋工程隐蔽验收的内容有哪些？
2. 搜集楼梯支模板的现场图片，写出楼梯模板工程施工要点。
3. 上网搜集有关混凝土工程在高温和雨期施工的规范要求，整理成文。

综合实训

某框架结构工程施工方案设计任务书

一、课程题目

编制某钢筋混凝土框架结构工程施工方案。

二、工程概况

1. 基础形式

采用柱独立基础与地梁相结合的条形钢筋混凝土联合基础，基础垫层为C10混凝土，垫层底标高4.25m。

2. 主体结构

钢筋混凝土框架结构，梁、板、柱均采用C30现浇混凝土。

3. 建筑形式及建筑面积

建筑形式：建筑物平面呈一字形。

建筑面积：6012m^2

4. 建筑方案

房间开间4.8m，进深6m，走廊宽2.4m，底层层高4.5m，其他层高3.6m，室内外高差0.6m，檐高37.5m，总长度48m，总宽度14.4m。

5. 构件截面尺寸

柱截面尺寸：700mm×700mm，梁截面尺寸：300mm×600mm，板厚：180mm；内外墙用轻骨料混凝土砌块砌筑，外墙厚240mm，内墙厚200mm。

6. 工程地质条件

地层土质情况：

（1）杂填土　厚度0.6m，地表以下深度0.5m，硬塑状态。

（2）砂质粘土　厚度1.2m，地表以下深度1.7m，可塑状态。

（3）粘质粉土　厚度1.3m，地表以下深度3m，可塑状态。

（4）细砂层　厚度5m以上（未钻透），地表以下深度8m，以下密实状态。

7. 地基持力层承载力标准值

设计要求：从细砂层表面以下0.5m定为持力层，承载力标准值f_k=300kPa。

8. 地下水情况

勘测期间，勘测范围内未见地下水。

三、施工任务与施工内容

1. 施工任务

（1）基础施工。

(2) 主体施工

1) 柱、梁、板和楼梯施工。

2) 外墙、内墙施工。

2. 施工内容

放线抄平、基坑（槽）开挖、脚手架搭设、模板工程、钢筋工程、混凝土工程、围护结构施工。

四、施工方案编制要求

综合运用本课程所学专业知识，编制从基础到主体工程的施工方案，要求内容齐全，施工方案科学合理，文档格式要规范，排版、装订符合要求，培养严谨的工作作风。

钢筋混凝土工程施工设计指导书

一、设计目的

通过设计，熟悉框架结构工程的施工程序、从基础到主体工程施工各分部的施工方法，编写出一个较全面合理的施工方案，巩固所学内容。

本设计应包括的主要内容：测量放线、基础工程、钢筋、模板、混凝土工程及围护结构砌筑。

二、测量放线

工程采用机械大开挖，开挖之前，由测量人员放线，结合“建筑工程测量”及相关知识，找轴线控制桩，引出槽线。

三、基础工程

基础工程施工顺序：挖土→垫层→绑筋→支模→浇筑基础混凝土→养护→拆模→回填土

(1) 确定开挖方法，选择土石方机械。

(2) 根据土质、开挖深度及场地情况确定边坡系数或基坑支护形式。

(3) 选择验槽方法及注意事项。

(4) 垫层施工的技术要求：轴线、标高控制、支模及混凝土浇筑。

(5) 独立柱基础的施工技术要求。

(6) 回填土的技术要求。

四、钢筋工程

(1) 选择钢筋的加工、绑扎及焊接方法。

(2) 结合“隐检”内容写出梁、板、柱钢筋工程安装应注意的技术问题。

五、模板工程

(1) 选择模板及支撑材料，根据任务书中的数据画出底层和标准层模板放样图。

(2) 模板工程施工的技术要求：按模板“预检”内容写出，如形状尺寸、标高、支设牢固、是否涂刷隔离剂、留设清扫口等。

六、混凝土工程

(1) 选择混凝土的搅拌，运输及浇筑顺序和方法，确定所需搅拌机械的类型、规格、数量。确定施工缝的留设位置。

(2) 写出确保混凝土浇筑质量的技术要求：施工配合比的调整。搅拌、浇注、振捣、养护应注意的问题及相应的处理措施。

(3) 混凝土工程冬雨期施工措施。

七、围护结构砌筑

(1) 砌筑材料。

(2) 施工工艺：砂浆制备、脚手架搭设、砌筑质量要求。

八、安全措施

(1) 针对季节性施工的安全措施，如防雷击、防冻、防滑等。

(2) 针对土石方工程中保证边坡稳定的措施、高空作业的防护措施等。

参 考 文 献

[1] 中华人民共和国建设部 . GB 50204—2002 混凝土结构工程施工质量验收规范［S］. 北京：中国建筑工业出版社，2002.

[2] 中国建筑标准设计研究院 . 11G101 - 1、11G101 - 2、11G101 - 3　混凝土结构施工图平面整体表示方法制图规则和构造详图［S］. 北京：中国计划出版社，2011.

[3] 肖明和，张保生，范忠波 . 新平法识图与钢筋计算［M］. 北京：人民交通出版社，2012.

[4] 瞿义勇 . 模板工长实用技术手册［M］. 北京：中国电力出版社，2008.

[5] 瞿义勇 . 钢筋工长实用技术手册［M］. 北京：中国电力出版社，2008.

[6] 张若美 . 混凝土结构施工［M］. 北京：高等教育出版社，2005.

[7] 钟汉华，李念国 . 建筑工程施工技术［M］. 北京：北京大学出版社，2009.